SUPERHÉROES en el CINE

DEL CÓMIC A LA PANTALLA

«Otra definición de un héroe es alguien a quien
le importa el bienestar de los demás y hace
todo lo posible por ayudar, aunque no haya
ninguna recompensa. Esa persona que ayuda
a los demás, simplemente porque es lo que
hay que hacer, porque es lo correcto, es sin
duda un verdadero superhéroe.»

—Stan Lee.

Redbook

Para Francesc Martínez, mi enciclopedia viviente de Spider-Man.

Para Víctor Gómez, que me dice «mimimimi» cuando me equivoco.

Para Juli Bazooka, el experto local en Tortugas Ninja.

Para Kurt Belcher y Kyle J. Kaczmarczyk, que me asesoran en todo lo referente a la historia y cultura estadounidense.

SUPERHÉROES EN EL CINE. Del cómic a la pantalla

© 2022, Jöse Sénder Quintana

© 2022, Redbook Ediciones, s. l., Barcelona

Diseño de cubierta: Dani Domínguez

Diseño de interior: David Saavedra

Fotografías: Wikimedia Commons / APG imágenes

Todas las imágenes son © de sus respectivos propietarios y se han incluido a modo de complemento para ilustrar el contenido del texto y/o situarlo en su contexto histórico o artístico. Aunque se ha realizado un trabajo exhaustivo para obtener el permiso de cada autor antes de su publicación, el editor quiere pedir disculpas en el caso de que no se hubiera obtenido alguna fuente y se compromete a corregir cualquier omisión en futuras ediciones.

ISBN: 978-84-18703-31-7

Depósito Legal: B-9.040-2022

Impreso por Ingrabar, Industrias Gráficas Barcelona, c/ Perú. 144, 08020 Barcelona

Impreso en España - *Printed in Spain*

SUPERHÉROES en el CINE

DEL CÓMIC A LA PANTALLA

JÖSE SÉNDER

LOOK

ÍNDICE

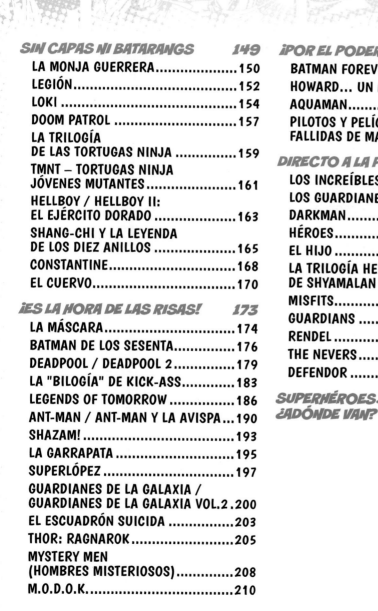

SUPERHÉROES... ¿DE DÓNDE VIENEN?

Cuando hablamos de cómics, «¿cuál fue el primer superhéroe?» tiende a ser la pregunta del millón, además de una de las que más enfrentamientos provocan entre el intenso *fandom*. Aunque sin duda estarás pensando en cierto extraterrestre bonachón con la extraña manía de ponerse los calzoncillos por encima de los pantalones, catalogarlo como el primero no sería del todo exacto. Antes que nada, ¿qué consideras un superhéroe? Dependiendo de la definición, puedes razonar que la tradición la inició uno u otro. Algunos diccionarios lo definen como un personaje con superpoderes que lucha contra el mal, pero esta descripción dejaría fuera de la lista a personajes como Batman, Ojo de Halcón o Iron Man, a los que todos a día de hoy consideramos parte del género aunque no tengan poderes sobrenaturales. Sería entonces más adecuado decir que un superhéroe es alguien con habilidades fuera de lo común –un concepto más ambiguo, que puede comprender desde lanzar rayos por los ojos hasta un excepcional manejo de la espada–, que se oculta tras un disfraz curioso y un nombre de guerra para pelear contra malvados y ayudar al prójimo.

Aunque los antecedentes más lejanos de los superhéroes los encontramos en los semidioses mitológicos que ayudaban a la humanidad, como Heracles, Beowulf o Gilgamesh, aquí hemos venido a hablar de tebeos y películas. Hay quien considera a Superman el primero «completo», que combina todos los rasgos de un superhéroe en un solo personaje y no se deja ni uno: nombre llamativo, disfraz vistoso, identidad secreta y superpoderes. El problema es que el bueno de Kal-El no apareció como superhéroe hasta 1938, en el *Action Comics* nº 1. Su primera aparición fue como villano en 1933, en un relato breve autopublicado de los mismos autores, que cinco años más tarde decidirían reescribirlo y venderlo como héroe. En lo que sí coinciden muchos estudiosos del cómic es en que a esta versión primigenia se la podría considerar el primer supervillano con todas sus letras –aunque no aparecía en viñetas, sino en una historia narrada en texto, así que tampoco cuenta–.

Algunos historiadores coinciden en señalar como el primer superhéroe de la ficción a la Pimpinela Escarlata, héroe de una obra de teatro homónima de 1903 que se adaptó al cine mudo en 1917 y que ya mostraba rasgos superheroicos: identidad secreta, nombre llamativo, disfraz y gran destreza como espadachín –aunque su cometido en la vida era salvar a la nobleza francesa de los «malvados rebeldes», así que lo de considerarlo un héroe ya lo dejamos al criterio de cada uno–. Luego vendría, por supuesto, el mítico Zorro, que apareció en 1919 en la literatura de las revistas *pulp* y enseguida fue adaptado al cine en 1920, con *La marca del Zorro*. Como curiosidad, esta es, canónicamente, la película que había ido a ver Bruce Wayne al cine cuando asesinaron a sus padres, con lo que nos dejaban claro en qué superhéroe anterior estaba inspirado Batman.

Pero estos primeros superhéroes mencionados no nacieron en el cómic, sino en el teatro o la novela –el Zorro no daría el salto al arte secuencial hasta 1948–. Entonces, ¿cuál fue el primero que se creó específicamente como personaje de tebeo?

Pues nada menos que Mandrake el Mago.

Se trataba de un hechicero hipnotizador con capa y chistera, que ya combatía con sus poderes a criminales, mafiosos, alienígenas y monstruos en 1934, cuatro años antes que Clark Kent. Le seguirían otros como Ka-Zar, el Avispón Verde, el Hombre Enmascarado, La Sombra, el Llanero Solitario, Batman o el Capitán Marvel original –o sea, Shazam–. En 1939, el nº 1 de la revista *Marvel Comics* haría historia con las apariciones de la Antorcha Humana, Namor y el Ángel. Y en 1940 lo haría la editorial Fiction House creando a la primera superheroína, Fantomah.

En cuanto a sus adaptaciones audiovisuales, que a fin de cuentas es el tema sobre el que has venido a leer, pasó exactamente lo mismo. Los primeros en ser adaptados al cine fueron, respectivamente, la Pimpinela Escarlata y el Zorro, que por algo habían sido también los primeros en ser escritos. Y de los superhéroes de cómic, el primero fue también Mandrake, cuyo primer serial se estrenó en cines en 1939. Le seguiría el Capitán Marvel en 1940, Superman unos meses más tarde, tanto el Hombre Enmascarado como Batman en 1943 y el Capitán América en 1944. Por tanto, el hechicero Mandrake acapara los honores tanto de ser el primer superhéroe de cómic como el primero en dar el salto al celuloide.

Desde ese momento, el género superheroico siempre ha tenido un lugar en las pantallas –en unas épocas más y en otras menos–, pero no fue hasta la primera década del siglo XXI cuando se dio la verdadera explosión que aún estamos viviendo, gracias al nacimiento del Universo Cinematográfico Marvel, o MCU. A día de hoy, con montones de películas y series de superhéroes bombardeando nuestras sinapsis a todas horas, hay quien dice que es un género con fecha de caducidad y que la gente acabará por aburrirse. Pero en fin, lo mismo decían de los grandes *blockbusters* de aventuras que Spielberg y compañía inauguraron en los años setenta y, hasta donde he visto, es un género que sigue arrasando medio siglo después.

Así pues, los fans de los superhéroes no tenemos por qué preocuparnos: nuestros cines van a seguir rebosando de capas, mallas y mamporros durante mucho, mucho tiempo.

EN EL DÍA MÁS BRILLANTE...

AVENTURAS DE SUPERHÉROES PARA PASARLO EN GRANDE

> «Vengadores... ¡reuníos!»
> –Capitán América.

No nos engañemos: la inmensa mayoría de películas y series del género superheroico tienen un objetivo muy sencillo: que disfrutemos y nos olvidemos por un rato del mundo real, igual que lo hacemos con cualquier *blockbuster* de Spielberg, Zemeckis, Donner o Dante.

Aunque algunas obras hayan decidido adoptar un aire más sombrío, el grueso del género está pensado para divertirnos y emocionarnos al máximo. Lo que no significa que estas historias carezcan de profundidad ni que nos vayan a atrofiar el cerebro: algunas están escritas de una forma tremendamente inteligente. Pero sí que en ellas tiende a primar la épica y la espectacularidad por encima de otros conceptos más «adultos» –faltan comillas en los teclados del mundo para remarcar lo relativa y pedante que resulta esta nomenclatura–, como el realismo o el drama social.

En este capítulo, vamos a pasar un buen rato recordando las mejores obras pensadas para la emoción superheroica al cien por cien.

SUPERMAN

Creerás que un hombre puede volar

Superman (1978), Richard Donner.
Intérpretes: Christopher Reeve, Margot Kidder, Gene Hackman, Marlon Brando, Glenn Ford, Terence Stamp. **Cómic:** DC. **Película:** Warner Bros.

Richard Donner fue el amo y señor del cine de aventuras. De su privilegiada mente nacieron leyendas como *Arma letal*, *Los Goonies*, *Lady Halcón*, *La profecía*, *Maverick*, *Conspiración* o *Los fantasmas atacan al jefe*. Y, por supuesto, la película de superhéroes más emblemática de todos los tiempos: el *Superman* de 1978, donde el héroe titular se enfrenta a un plan maligno de Lex Luthor para construir unas multipropiedades –«Marina Luthor, ciudad de vacaciones»–.

Nadie puede dudar que Christopher Reeve es uno de los casos más claros de un actor que ha nacido para interpretar a un superhéroe, hasta el punto de fundirse con el personaje en la memoria colectiva. En otras obras en que nos intentan colar a un fornido héroe de acción que se hace pasar por pardillo –Schwarzenegger en *Poli de guardería* o el Superman de Henry Cavill–, resulta risible que los demás personajes no sospechen nada. Pero Reeve consigue que nos creamos que Clark Kent pase desapercibido, con su asombrosa capacidad para cambiar su porte y expresión hasta convertirse en dos personas distintas, algo que nadie volvería a clavar así hasta la llegada de Brandon Routh.

La película se toma su tiempo para narrar el origen del héroe, a un nivel casi Nolan de exceso de presentación, pero en este caso la parte introductoria resulta divertida. Nos deja escenas legendarias, como el joven Clark echándole una carrera a un tren, el momento del helicóptero o la entrevista en la azotea de Lois Lane. Una de sus mayores bazas es el innegable talento de Gene Hackman, un espléndido Lex Luthor que resulta temible e hilarante a partes iguales. La banda sonora de John Williams es una de las más reconocibles de la historia del cine y los decorados fantásticos aún resultan impresionantes a día de hoy. Y aunque con los efectos especiales se nos escape la risa, en su momento conmocionaron al mundo.

Para su segunda parte, despidieron a Donner con unas tres cuartas partes ya rodadas –los productores querían una película barata y *camp*, al estilo del *Batman* de Adam

LO MEJOR:
Lex Luthor.

LO PEOR:
La triquiñuela de hacer retroceder el tiempo dando vueltas a la Tierra.

West, y Donner quería algo digno de su primera entrega, así que se pasaba de presupuesto como un niño haciendo la compra familiar–. Le sustituyó Richard Lester, director de *¡Qué noche la de aquel día!*, que regrabó muchas escenas. No supimos cómo era la obra original hasta un cuarto de siglo después, con el esperado montaje del director. Lo mejor de esta entrega fueron sus míticos villanos, con un Terence Stamp rebosante de carisma en la piel de Zod.

La tercera y la cuarta entregas fueron infinitamente peores y ni los puntuales momentos en que Gene Hackman hacía brillar la pantalla con su humor lograron salvar aquel despropósito. Afortunadamente, aquel bochorno no empaña la épica inolvidable de la obra que nos ocupa, la primera que a todos nos viene a la cabeza cuando pensamos en películas de superhéroes. ¿Es un pájaro? ¿Es un avión? No, es Richard Donner haciendo historia del cine con mayúsculas.

CURIOSIDADES:

- Jon Cryer, que en la cuarta entrega interpreta al sobrino de Lex, acabaría por convertirse en un impresionante Lex Luthor en *Supergirl*.
- Se estrenó en el 40º aniversario del personaje. Perry White hace un guiño al respecto, diciendo que «lleva 40 años en este negocio».
- Cary Elwes hizo de auxiliar de producción, siendo aún adolescente, y su única tarea era lograr que Marlon Brando saliera de su caravana cada día para trabajar.
- Para ponerse en forma para el papel, Reeve fue entrenado por David Prowse, más conocido como Darth Vader.
- Algunos actores que pasaron por la agotadora búsqueda de un Clark Kent fueron Warren Beatty, Sam Elliott, Robert Redford, Paul Newman, James Brolin, Burt Reynolds, John Travolta, Nick Nolte, o incluso… ¡Elton John!

X-MEN: LA TRILOGÍA ORIGINAL

Confía en algunos... teme al resto

X-Men (2000) / *X-Men 2* (2003), **Bryan Singer**
X-Men: La decisión final (2006), **Brett Ratner.**
Intérpretes: Patrick Stewart, Ian McKellen, Hugh Jackman, Famke Janssen, Halle Berry, James Marsden, Anna Paquin, Rebecca Romijn, Shawn Ashmore.
Cómic: Marvel. **Películas:** 20th Century Fox.

A día de hoy, Disney nos ha malcriado con su calidad narrativa y la coherencia interna entre sus productos superheroicos, y nos cuesta ver con buenos ojos todo lo anterior. Pero en el 2000, cuando se estrenó *X-Men*, resultó una maravilla para los fans. Por entonces, no solíamos ver a personajes de Marvel bien rodados. Veníamos de los telefilmes de los noventa, con lo que muchos fuimos al cine temblando de miedo, pero salimos gratamente sorprendidos. La trilogía *X-Men* lo cambió todo, abriendo la puerta a que las productoras se tomaran el género mucho más en serio, empezando por contratar al prestigioso director de *Sospechosos habituales*.

Uno de esos casos en que una película funciona, pero deja mucho que desear como adaptación. Singer, sin conocer a los personajes, se interesó por el proyecto al saber que el cómic trataba la lucha por los derechos civiles, disfrazado de historia de fantasía. Lo que más respetó a la hora de llevar a los mutantes al cine fue su uso como parábola del racismo –que la primera entrega arranque en Auschwitz ya deja muy claro por dónde van a ir los tiros–. En la primera película, Lobezno y Pícara conocen al grupo de superhéroes y se enfrentan al plan maligno de Magneto, que quiere convertir en mutantes a todos los humanos. En la segunda, el fanático racista Stryker planea el genocidio de la raza mutante. Y en la tercera, nos encontramos con una nueva amenaza en forma de un medicamento que «cura» a los mutantes y los vuelve humanos.

Singer se negó a conservar el diseño de los trajes. No había demasiados precedentes en representar un colorido disfraz de cómic sin causar vergüenza ajena y no quiso arriesgarse. La idea de meter mallas de colorines chillones en una superproducción infundía pavor, así que se recurrió a lo que estaba de moda: el cuero negro de *Matrix*.

Aunque la saga peca de muchos errores, no se puede negar lo que aporta al género. Para empezar, es la primera vez que tenemos la sensación de un universo de ficción compartido, al contrario que en las obras anteriores, historias sueltas sin relación entre sí. Algunos personajes están muy logrados en base a sus fuentes, como Xavier o, por encima de todos, Lobezno, que goza de una escena de presentación apoteósica. Pocos actores pueden presumir de haber marcado para siempre cómo se representará en adelante a un personaje: Hugh Jackman es uno de ellos. Otro punto a favor es el CGI, que ha envejecido muy bien en estos más de veinte años y apenas chirría –salvo quizás en la escena del senador Kelly derritiéndose–.

Pero no es *adamantium* todo lo que reluce.

Nadie espera que una película basada en un cómic sea una traslación literal de cada viñeta a la pantalla –sería aburridísima y duraría cientos de horas–, pero hay dos puntos esenciales a mantener para que podamos considerarla una buena adaptación: uno es que el tono y atmósfera coincidan –si adaptas un depresivo cómic *noir* de detectives de los años cuarenta, no lo conviertas en una *space opera* musical para niños–, el otro es que los personajes se comporten como lo harían sus versiones primigenias. Singer clavó el primer aspecto, pero en el segundo se vendó los ojos y se lanzó de cabeza a un pozo, creando a personajes irreconocibles. Dientes de Sable pasa de cínico graciosillo a bestia sin cerebro, el Hombre Múltiple se convierte en villano porque sí, el Hombre de Hielo pasa de alma de la fiesta a adolescente tímido y sensible. Y no me hagas hablar de Pícara, probablemente el personaje de cómic peor adaptado de la historia del cine, que pasa de ser la Songoku de Marvel a una insulsa damisela en apuros. Una buena saga de acción que se hunde en su carácter adaptativo, debido a la falta de cariño hacia el material original que se le nota a Singer.

Imagínate tener a un personaje tan potente como Tormenta, interpretada por una actriz de la talla de Halle Berry… ¡y desaprovecharla así! Ororo queda como una secundaria de relleno, con alguna escena de lucimiento de poderes, pero que apenas pinta nada. Las tres entregas pecan de centrarse demasiado en Lobezno y ningunear al resto. Además, ignoran la jugosa galería

CURIOSIDADES:

- La mansión Xavier es la misma que se empleó en *Smallville* como hogar de Lex Luthor.
- Joss Whedon escribió una primera versión de guion que se rechazó por su tono humorístico, pero se conservaron dos fragmentos de diálogo: cuando Lobezno llama «capullo» a Cíclope para demostrarle que es él y no Mística, y la frase de Tormenta sobre lo que le pasa a un sapo cuando le cae un rayo.
- En la segunda entrega, si congelas la escena en que Mística piratea el ordenador de Stryker, puedes ver los nombres de muchos mutantes de los cómics: Franklin Richards, Omega Red, Proteo, Dazzler, Deadpool, Bum Bum, Mister Siniestro o todos los Nuevos Mutantes.
- Contiene el primer cameo de Stan Lee en películas de la era moderna.

de villanos de *X-Men* –la más interesante que encontrarás en un cómic– para volver a Magneto una y otra vez. El Magneto original es un personaje dual, nunca cien por cien villano, y lleva más de tres décadas protagonizando uno de los mejores arcos de redención jamás escritos, pero en las películas es un cretino de cuidado. Singer obvió también las relaciones entre personajes, con lo que tenemos a Mística cruzándose con Pícara y Rondador –sus hijos en la versión original– y no reconociéndolos, para desconcierto de los fans. Lo mismo pasaría con Xavier y su hermano Juggernaut en la tercera entrega, a manos de Brett Ratner.

Pero lo peor de todo es la continuidad. A la destrucción de la coherencia, no ya de cara al material a adaptar sino dentro de la propia saga fílmica, cuyas entregas se contradicen unas a otras, a día de hoy se la conoce como «hacer un Singer». Es fácil crear problemas de continuidad cuando lanzas una precuela y te ves en la obligación de incluir a un personaje muy querido por el público aunque no tenga sentido que esté allí –llamémoslo «el síndrome R2D2»–, pero esta saga va mucho más allá y destroza su propio universo, poniendo a los mismos personajes en películas que transcurren con treinta años de diferencia, pero sin envejecer ni un ápice –véanse Ángel, Júbilo o Emma Frost–.

Aun con sus fallos de continuidad, que intentaron arreglar con una lamentable explicación sobre líneas temporales, sigue siendo muy entretenida, si somos capaces de olvidar el cómic original y verlas como películas independientes. La segunda entrega, basada de forma muy libre en uno de los mejores cómics jamás escritos –*Dios ama, el hombre mata*, de Chris Claremont–, es la mejor recordada por el *fandom* y su

LO MEJOR:
Sir Patrick Stewart como Xavier.

LO PEOR:
La rocambolesca continuidad.

historia es mucho más rica que la primera. Termina con un potente plano del logo de Fénix reflejado en la superficie del lago, un *teaser* que podría considerarse un antecesor de las escenas poscréditos a las que nos hemos habituado en el género.

La tercera, ya dirigida por Ratner, mezcla la saga de Fénix Oscura de Claremont y la de la cura mutante de Whedon, convirtiéndose en una de esas películas que intentan ser demasiadas cosas a la vez, como *Spider-Man 3*. Pese a ello, es altamente disfrutable, con escenas de acción muy bien rodadas –la batalla final, la escena del puente de Brooklyn o la de Jean matando al profesor, que nos dejó con la boca abierta–. Sus efectos visuales son impecables: Jean descomponiendo a la gente en polvo no tiene nada que envidiar al chasquido de Thanos. La obra chorrea *fan service* por todos sus poros: vemos por fin a Coloso y Lobezno haciendo una «bola rápida especial», la Sala de Peligro, un atisbo de los Centinelas, a la Bestia diciendo su coletilla «por mis barras y estrellas» –debido a la insistencia de Kevin Feige–, y algunas peleas legendarias que todo fan desea ver, como el Hombre de Hielo contra Pyros o Tormenta contra Callisto –aunque, para mi gusto, ahí faltan navajas–. Es la más participativa de las tres, todos los héroes aportan algo –excepto Pícara, un personaje tan destrozado en las partes anteriores que ya no tenía arreglo–, y el diseño de los uniformes bebe muchísimo de la etapa de Grant Morrison a principios del siglo XXI. Además, esta vez sí, es oficialmente la primera película de superhéroes con una escena poscréditos pensada como *teaser* a posibles tramas futuras. Y está llena de cameos de personajes míticos de los cómics, aunque muchos de ellos totalmente cambiados de forma incomprensible –por favor, Feige, si puedes leerme, danos de una vez una película que le haga justicia a Mariposa Mental–.

CURIOSIDADES:

- Anna Paquin es la segunda persona más joven en haber ganado un Oscar a mejor actriz: se lo llevó con once años por *El Piano*, pero el record lo tiene Tatum O'Neal, que tenía diez en *Luna de papel*.
- El apodo mutante de Jean Grey es Marvel Girl. Cuando se estrenó *X-Men*, Famke Janssen tenía 36 años y a Singer le pareció que un nombre con la palabra «chica» le quedaría ridículo, así que decidió llamarla por su nombre de pila.
- Ian McKellen ayudó a los guionistas a escribir la escena en la que Bobby confiesa a sus padres que es mutante, basándose en su propia salida del armario.
- ¿Te acuerdas de Artie, el niño de la lengua bífida en *X-Men 2*? Si has visto *iZombie*, lo has conocido de mayor, interpretando al narcotraficante Don E.

LA TRILOGÍA DE IRON MAN

Tiros y espionaje industrial a ritmo de AC/DC

Iron Man (2008) / *Iron Man 2* (2010), Jon Favreau
Iron Man 3 (2013), Shane Black.
Intérpretes: Robert Downey Jr., Gwyneth Paltrow, Don Cheadle, Clark Gregg, Jeff Bridges, Sam Rockwell, Guy Pearce, Ben Kingsley. **Cómic:** Marvel. **Películas:** Disney.

La primera entrega de *Iron Man* tiene el honor de ser la primera película del universo interconectado de Marvel, un ambicioso plan que en 2008 nos cogió por sorpresa. En su momento, hubo cierto recelo sobre estrenar el MCU con uno de los personajes menos populares de la editorial, cuya personalidad resultaba, por decirlo suavemente, poco agradable. Pero la transformación que sufre en la película tras conocer de cerca los horrores de la guerra lo hace mucho más simpático y la interpretación de Downey Jr. lo llena de un carisma que nunca había tenido. Favreau no solo dirige, sino que interpreta a Happy Hogan –el pobre se ha encasillado como *sidekick* tras haber sido Foggy en *Daredevil*–. No solo arrasó porque no nos esperábamos que se pudiera hacer una película de superhéroes de corte verosímil, sino que a día de hoy sigue siendo una magnífica saga de acción y su aspecto visual es alucinante.

Lo más importante que aportó fue el concepto de que las obras del MCU no sean aventuras genéricas, sino que cada una se englobe en su propio tema: *Iron Man* va sobre armas y espionaje industrial; la primera del Capitán América es bélica y la segunda un thriller de espías; *Doctor Extraño* es una obra de fantasía; *Ant-Man* una comedia de robos. Iniciaría también la tradición de incluir como villano a un actor consagrado, con Jeff Bridges. Le seguirían Hugo Weaving, Robert Redford, James Spader, Jude Law, Michael Keaton… Y, más importante, la costumbre de matar al villano central en cada cinta para dejar claro que no lo iban a reciclar una y otra vez como a Magneto.

CURIOSIDADES:

- En 1996 estuvo a punto de hacerse una película de Iron Man, escrita por Stan Lee, con M.O.D.O.K. como villano.
- En el minuto 64 de la primera entrega, cuando Tony sobrevuela una gran avenida, puedes ver de fondo un póster gigante de un monstruo clásico de Marvel, el dragón Fin Fang Foom.
- Marvel Studios ha confirmado que el niño con casco de Iron Man al que Stark salva en la segunda parte –interpretado por Max Favreau, hijo del director– es Peter Parker.
- Algunas actrices que estuvieron cerca de conseguir el papel de Viuda Negra fueron Emily Blunt, Jessica Alba, Jessica Biel, Angelina Jolie, Natalie Portman o Eliza Dushku. Para Justin Hammer, se consideró a Al Pacino.

LO MEJOR:
Las espectaculares escenas de acción.

LO PEOR:
La segunda entrega.

Algunos personajes esenciales debutaron en esta saga, como Phil Coulson, un secundario tan querido que acabó por protagonizar su propia serie –uno de los pocos casos en que un personaje creado para el MCU dio luego el salto al cómic–. También aparecería por primera vez Nick Furia, en la legendaria escena poscréditos de la primera entrega –escrita por Brian Michael Bendis–, y la Viuda Negra en la segunda.

Iron Man 2 es la más floja de la saga y una de las más olvidables de todo el MCU, debido a lo poco que innova con respecto a la primera, a su débil trama y al poco interesante villano Whiplash. Pese a estar impecablemente rodada, con escenas de acción memorables –la pelea en el circuito de carreras, Rhodey estrenando armadura o Natasha eliminando a un montón de esbirros–, y a la siempre maravillosa interpretación de Sam Rockwell, la película fracasa en demasiados aspectos y queda muy por debajo de las otras dos.

Y es que *Iron Man 3* es, por contra, una trepidante película de acción que nada tiene que envidiar a la primera. No en vano está dirigida por Shane Black –guionista de las cuatro partes de *Arma letal*, *El último boy scout* o *El último gran héroe*–, que le da el tono de *buddy movie* excitante y divertida. Toda la parte climática, con Stark y Rhodey entrando pistola en mano a la plataforma petrolífera, es puro *Jungla de cristal: La venganza*. Esta entrega explora con acierto la ansiedad y el estrés postraumático en un héroe, además de obsequiarnos con un villano aterrador en la piel de Guy Pearce. Se generó una gran polémica entre ese sector del *fandom* que no tolera el más mínimo cambio, debido al imprevisto giro de guion sobre el Mandarín, un villano de los cómics tan pasado de moda que habría resultado un estereotipo racial ofensivo y visualmente ridículo. Black destruyó el personaje de forma brillante, pero dejando algún cabo suelto que sugería que la leyenda urbana en la que estaba inspirado podía ser real, algo que se confirmaría en *Shang-Chi y la leyenda de los Diez Anillos*. Otro acierto de esta maravillosa cinta fue convertir a Rhodey en Iron Patriot, un personaje que en los cómics fue primero Norman Osborn y, más tarde, Toni Ho –la hija de Yinsen Ho, el compañero de cautiverio de Stark–.

Más que una trilogía de superhéroes, *Iron Man* es una saga de espionaje empresarial, intrigas económicas y tráfico de armas en la que, casualmente, aparece un tipo con una armadura voladora.

CURIOSIDADES:

- En la primera parte, hay un cameo de Tom Morello, de Rage Against The Machine, como un guardia de seguridad.
- Jon Favreau pensó de inmediato en Robert Downey Jr., porque su polémico pasado le recordaba al del propio Stark.
- La primera versión del guion pensaba conectar con el *Spider-Man* de Sam Raimi, con la idea de incluir aquella trilogía en el MCU, y se habría mencionado que Stark tenía remordimientos por haber fabricado los tentáculos de Octopus. Sony no soltaba los derechos arácnidos y hubo que desecharlo.
- En la tercera, Tony descubre que la mansión de Aldritch Killian, director del grupo terrorista A.I.M., está en Miami. Una broma personal de Shane Black, que se dio cuenta de que Miami al revés es «I'm A.I.M.».
- Según Feige, todas las películas de la fase 2 del MCU contienen una escena en que alguien pierde un brazo, como homenaje a *El imperio contraataca*. En *Iron Man 3*, lo pierde Killian.

INVINCIBLE

Kirkman se pasa al cartoon

Invincible (2021-¿?), Robert Kirkman, Ryan Ottley y Corey Walker.
Intérpretes: Steven Yeung, JK Simmons, Gillian Jacobs, Zazie Beetz, Zachary Quinto, Jason Mantzoukas, Seth Rogen. **Cómic:** Image. **Serie:** Amazon.

Mark Grayson es el hijo adolescente de Omni-Man, un legendario superhéroe que protege la Tierra. Cuando sus poderes se manifiestan, decide emularlo bajo el alias Invencible. Justo entonces, el equipo de superhéroes de su padre, los Guardianes del Globo, es brutalmente asesinado y el Teen Team, un equipo juvenil, debe ocupar su lugar y enfrentarse al asesino: el propio Omni-Man.

La obra cumbre de Robert Kirkman, autor de *The Walking Dead* y *El incorregible Hombre Hormiga*, adaptada a televisión por él mismo. Otra de esas historias que, como *Brightburn* o *The Boys*, responden a la pregunta: ¿qué pasaría si un ser tan poderoso como Superman fuera un psicópata? Un gran producto de entretenimiento que no deja de lado una trama emocional con mucho peso: los problemas del protagonista para compaginar su vida superheroica con la personal. Al final, no deja de ser una mirada crítica a la obsesión con emular a nuestros padres para lograr su aprobación. La serie comienza con un tono tan alegre y juvenil que, cuando llega el gore, no lo ves venir. Y es que las escenas de ultraviolencia de Omni-Man son terroríficas.

Los Guardianes del Globo, como suele pasar en estos casos, son una clara parodia de la Liga de la Justicia, con su Flash, su Wonder Woman o su Batman –que en este caso se llama Darkwing, como el pato–. Los nombres son muy ocurrentes, como una superheroína múltiple que se llama Dupli-Kate. Brilla en especial Damien Darkblood, un demonio detective con muy malas pulgas, que sospecha de Omni-Man desde el principio y no deja de darle la lata, convirtiéndose en una curiosa mezcla entre Hellboy y Colombo. También hay una genial explicación por parte de Atom Eve de por qué hay superhéroes sin máscara a los que nadie reconoce: «Es algo psicológico, si no esperas ver a superhéroes en la escuela, no ves a superhéroes en la escuela». No

reconocemos a Superman cuando lo vemos de paisano porque no nos esperamos que esté ahí y que vaya vestido así, por lo que no le prestamos atención, igual que cuando te cruzas con un famoso y no te das cuenta.

El dibujo es sencillo, pero la animación es magnífica y el humor es cien por cien como el del cómic. Algunas bromas recurrentes se crearon para la serie y otras se sacaron del original –la coña de que no es que los marcianos sepan hablar inglés, sino que da la casualidad de que el idioma marciano es idéntico al inglés–. Una adaptación fiel, pero que incluso mejora algunas situaciones y a algunos personajes. *Invencible* es uno de los cómics más frescos y dinámicos que encontrarás en el género y da gusto verlo en movimiento.

LO MEJOR:
Damien Darkblood, «HellColombo».

LO PEOR:
Solo hay ocho capítulos por temporada.

CURIOSIDADES:

- Cada volumen del cómic está lleno de guiños a alguna sitcom mítica. En el caso del primer volumen –y la serie–, a *Cosas de casa*. Mark estudia en el Instituto Reginald Veljohnson y a su director, el señor Winslow, lo dobla dicho actor.
- En el cómic, Dupli-Kate tiene un gemelo con los mismos poderes, Multi-Paul. En la serie, apenas hace un minúsculo cameo como un preso hacia el final del capítulo 3.
- El capítulo 7 tiene una serie de *flashbacks* rápidos de las vidas pasadas del Inmortal y descubrimos que en una de ellas fue nada menos que Abraham Lincoln.
- En el cómic, Mark era fan de unos tebeos sobre un perro científico llamados Science Dog. Aquí se han cambiado por Séance Dog y el perro va vestido como el Doctor Extraño. Se debe a que Kirkman llegó a sacar un *spin-off* del perro y no descarta adaptarlo a televisión algún día, por lo que no quería incluirlo en la serie para no atarlo a Prime y cerrarse las puertas de otras productoras.

LA TRILOGÍA ORIGINAL DE SPIDER-MAN

¡A por ellos, tigre!

Spider-Man (2002) / *Spider-Man 2* (2004) / *Spider-Man 3* (2007), Sam Raimi.
Intérpretes: Tobey Maguire, Kirsten Dunst, James Franco, J.K. Simmons, Willem Dafoe, Alfred Molina, Topher Grace. **Cómic:** Marvel. **Películas:** Sony Pictures.

En 2002, gracias al inesperado éxito de *X-Men*, Sony se atrevió a financiar una superproducción que se tomara en serio a nuestro amistoso vecino arácnido. Con un director lo bastante prestigioso para el gusto de los medios y la crítica, pero lo bastante friki para el de los fans: Sam Raimi logró volarnos los cerebros a unos y a otros. *Spider-Man* sería la primera película en la historia del cine en recaudar cien millones de dólares en su primer fin de semana.

¡Y no es para menos! Spider-Man fue el primer superhéroe que representaba de verdad al lector, en contraposición a figuras divinizadas con las que nadie podía identificarse. Un chico inseguro, de clase baja, empollón, *nerd*, que sufre bullying y que, al conseguir sus poderes, lo primero que hace es meter la pata y aprender de su error. Un lector de cómics no podía encontrar personaje que le generase mayor empatía. A la mayoría de fans nos resulta más fácil comprender a un joven tímido con gafas que las pasa canutas para llegar a fin de mes, compaginando su trabajo con cuidar a su anciana tía, que por ejemplo a un millonario excéntrico que conduce cochazos de lujo y se viste de cuero negro para salir a apalear a personas con problemas mentales.

Tobey Maguire nos dio a un Peter Parker perfecto, aunque a su vertiente enmascarada le faltasen unas cuantas bromitas más para hacer justicia al original. Willem Dafoe, pese a que el traje que le calzaron dolía a la vista, interpreta a un Norman Osborn sobrecogedor, solo igualado en carisma por el Octopus de Alfred Molina o el Harry Osborn de

James Franco. Falla un poco la representación de Mary Jane –con todo el cariño a Kirsten Dunst–, a la que se muestra un tanto pánfila, en lugar de la MJ malota y fuerte a la que estamos acostumbrados, pero este fallo menor no daña la obra.

Y en cuanto a ese fenómeno ya comentado de un actor que ha nacido para interpretar a un personaje de cómic, estamos quizás ante el caso más épico. Me refiero, por supuesto, al John Jonah Jameson de J.K. Simmons, el divertidísimo –y odioso– director del *Daily Bugle*. Simmons lo interpretó de forma tan genial que a día de hoy es imposible imaginar a otro actor en el papel. Incluso para la versión del MCU se ha vuelto a recurrir a él, aunque la historia transcurra en otra continuidad no relacionada.

Un cambio chocante fue que las telarañas de Spidey fuesen generadas por su propio cuerpo, en lugar de un lanzarredes artificial. Gran acierto de la adaptación, porque este fantasioso superpoder resulta, paradójicamente, más verosímil que un chaval de dieciséis años inventando un fluido revolucionario con su Cheminova de Mediterráneo. La representación en pantalla del sentido arácnido también fue muy lograda y de ello hay que dar gracias al poderío visual que irradia el cine de Raimi, más basado en encuadres y movimientos de cámara que en CGI. Aunque para esta saga se contuvo un poco en cuanto a sus extremas inclinaciones de plano, se nota su sello directoral en ciertos zooms dramáticos o transiciones muy llamativas entre escenas: el momento en que el Duende Verde hace estallar a un soldado y sus pedazos se encadenan con los birretes volando en la graduación del instituto huele a *Darkman* a más no poder.

LO MEJOR:
La escena del tren.

LO PEOR:
El traje del
Duende Verde.

La saga deja escenas inolvidables: la fascinante parte en la que Peter va descubriendo sus poderes; el beso cabeza abajo con Mary Jane; esos balanceos por las calles de Nueva York que tan bien han envejecido; el coche estrellándose contra el ventanal de la cafetería; el despertar de Octopus en el hospital, que es puro *Posesión Infernal*; y, por supuesto, la escena del tren.

La segunda entrega es sin duda la mejor: una absoluta obra maestra, emotiva, intensa y espectacular. Y el cénit de su gloria está en dicha escena, una de las más conmovedoras que hayan aparecido jamás en una película de superhéroes. Pone de manifiesto algo esencial sobre el personaje: Spider-Man, igual que Daredevil o Luke Cage, siempre ha sido un héroe de la clase obrera, un defensor del pueblo, y por eso la gente lo quiere. Cuando Peter evita que el tren se estrelle y queda desenmascarado ante un montón de civiles, le prometen que no dirán quién es, lo protegen, porque lo consideran uno de los suyos. La escena del tren es esencial porque nos muestra lo hondo que ha calado ese marginado social y lo mucho que la gente de a pie le agradece que se preocupe por ellos.

La tercera parte es la más floja, pero, como suele suceder con estas secuelas que en su día fueron vilipendiadas por no alcanzar el nivel de excelencia de sus predecesoras, resulta entretenida y su revisionado es puro disfrute. Lo que de verdad salva la película es, cómo no, Harry Osborn. La interpretación de Franco como villano en lucha interna con sus demonios no tiene nada que envidiar a las de Dafoe y Molina. Las escenas de acción están tan bien rodadas como cabría esperar de Raimi y los efectos digitales del Hombre de Arena y Venom quitan el aliento, además de que la presencia de Topher Grace es de agradecer en cualquier película.

CURIOSIDADES:

- Los hijos de Raimi aparecen durante la batalla final de *Spider-Man 3*: Son los dos chavales que gritan que «aquello mola mucho» y la niña que le vende una cámara a Jameson.
- Los dos medio hermanos de Tobey Maguire también tuvieron cameo en *Spider-Man 2*, como los críos que le devuelven la máscara a Peter en el tren.
- Algunos actores que aparecen en la saga se hicieron famosos a posteriori: Joe Manganiello interpreta a Flash Thompson, Elizabeth Banks a Betty Brant, Joel McHale al cretino del banco que niega un crédito a los Parker y Emily Deschanel a la recepcionista del principio de la segunda entrega.
- Cuando Peter está probando sus telarañas, grita frases de sus rivales de DC: «Up, up and away!» –de Superman– y «¡Shazam!» –del Capitán Marvel–.

El principal problema de *Spider-Man 3* es que no sabemos cuántas películas estamos viendo a la vez. Raimi tenía la intención de rodar una saga de cuatro partes: en la tercera el villano sería el Hombre de Arena y en la cuarta Venom. Pero Sony solo quería una entrega más y le forzó a unir las historias en una sola película, dando como resultado un batiburrillo de tramas que estresan un poco y quedan algo desdibujadas. Aun así, el genio que nos trajo a Hércules, Xena y Ash supo salir del paso y darnos una cinta vertiginosa que exuda diversión.

En conjunto, la trilogía deja un muy buen sabor de boca, gracias a la coherencia interna de la dirección, el carisma de sus intérpretes, la emotividad de sus historias y, por descontado, la legendaria banda sonora de Danny Elfman.

CURIOSIDADES:

- Para dejar claro que la saga es de Raimi, cada entrega tiene un cameo de su actor fetiche Bruce Campbell, así como uno de Lucy Lawless en la primera.
- El primer teaser, en junio de 2001, consistía en una escena que no se incluyó en la **película:** unos atracadores de bancos tratan de huir en helicóptero, pero Spider-Man los atrapa tejiendo una telaraña gigante entre las Torres Gemelas. Tras el atentado del 11-S, el teaser se retiró y la escena no llegó a la sala de montaje.
- Cuando Jameson está pensando cómo apodar a Octopus, su ayudante –Ted Raimi– le propone llamarlo Doctor Extraño, a lo que Jameson responde que ese nombre ya está pillado. Un guiño a un supuesto universo extendido que en aquel momento no llegó a más.
- Cuando Peter dibuja posibles diseños de uniforme, aparece fugazmente el de Manta Raya, un superhéroe poco conocido de Marvel pero que a Raimi debía gustarle.
- El casero de Peter se llama Ditkovich, en un claro homenaje al cocreador de Spider-Man, Steve Ditko.

SUPERMAN RETURNS: EL REGRESO

El hijo se convierte en padre y el padre se convierte en hijo

Superman Returns (2006), Bryan Singer.
Intérpretes: Brandon Routh, Kevin Spacey, Kate Bosworth, James Marsden, Parker Posey, Frank Langella, Sam Huntington. **Cómic:** DC. **Película:** Warner Bros.

Superman regresa a la Tierra tras unos añitos sabáticos en el espacio y se encuentra con otro diabólico plan de Lex Luthor para triunfar en el mundo de la construcción. En este caso, el villano planea crear un nuevo continente –hecho de kryptonita, para colmo– para vender tierras, aunque ello implique hundir los Estados Unidos bajo el océano.

Esta aventura indaga en un tema más profundo: el expatriado que vuelve a casa tras haber pasado una larga temporada fuera y busca una forma de encajar en un lugar que dejó atrás, cuando toda la gente de su entorno ha seguido adelante sin él y no logra encontrar su lugar. Singer nos sorprendió al no tratarse de un *reboot* sino de una secuela directa de la saga de Richard Donner, ambientada en el mismo universo.

Está claro que el director le tiene mucho más cariño a Superman que a los X-Men, porque fue mucho más respetuoso con el material original que en su anterior acercamiento al cine superheroico. Se le nota la devoción hacia la versión de Donner, a la que no deja de reflejar en multitud de planos y escenas. Además, aunque la banda sonora sea de John Ottman, el compositor habitual del director, se reutiliza constantemente la emblemática fanfarria de Williams –esto fue una exigencia de Singer: si Warner no le dejaba usar la melodía, no habría película–. Se mantiene ese extraño aire atemporal, el de una historia que tanto podría pasar en los años cuarenta como a día de hoy, que se plasma en el vestuario o en el aspecto de la oficina.

Algunos momentos son impagables. La escena en que un niño de doce años toma con su móvil unas impresionantes fotos de Superman –que imitan portadas clásicas de los cómics–, mientras Jimmy Olsen solo logra captar una imagen borrosa que hace que todos se pregunten «¿Es un pájaro? ¿Es un avión?», resulta tronchante. El momento en que el hijo de Lois se pone a tocar el piano junto a ese esbirro de Luthor que parece el guitarrista de Amaral –y el consiguiente giro de guion… aplastante– es toda una gozada. Y la parte final, con Kal-El repitiéndole al pequeño el discurso de Marlon Brando palabra por palabra, es perfecta para detectar si la persona con la que estás viendo la película es humana: si no se le cae un lagrimón, huye, es un robot.

El casting es una de sus mejores bazas. Brandon Routh es el segundo mayor acierto en la historia del cine para interpretar a Superman –después de Christopher Reeve, obviamente–, con su capacidad para convertirse en el inseguro y torpón Clark Kent delante de nuestras narices y parecer dos personas distintas. Muchos nos emocionamos cuando volvió a enfundarse en la piel de Kal-El trece años después para *Crisis en tierras infinitas*, el *crossover* más ambicioso de las series del Arrowverso. Mención especial merece Kevin Spacey, en la cima de su carrera: no solamente interpreta a Lex Luthor, también a Gene Hackman. Y en ciertas escenas, cuesta darse cuenta de que estamos viendo a Spacey y no al original. Parker Posey está tan sensacional como *sidekick* de Luthor como lo está siempre que hace de divertida villana histriónica. Sam Huntington –el chaval de *Cero en conducta*– es un Jimmy Olsen clavado al de 1978 y a Martha Kent la interpreta Eva Marie Saint, la coprotagonista de *Con la muerte en los talones*. Y por supuesto está el material reciclado de Marlon Brando en la primera película, que nos puso la piel de gallina. En un primer momento también iba a aparecer como villano el general Zod, pero Singer estaba tan obcecado en que debía interpretarlo Jude Law que, cuando el actor rechazó el papel, directamente se eliminó al personaje del guion.

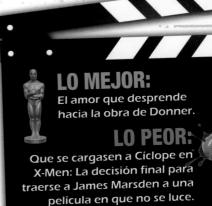

LO MEJOR:
El amor que desprende hacia la obra de Donner.

LO PEOR:
Que se cargasen a Cíclope en *X-Men: La decisión final* para traerse a James Marsden a una película en que no se luce.

CURIOSIDADES:

- Cuando Singer entrevistó a Routh en una cafetería para hablarle de la película, el actor estaba tan alterado que le derramó encima un café hirviendo. Según el propio Routh, fue entonces cuando Singer decidió que el papel era suyo, porque era perfecto como el torpe y nervioso Clark Kent.
- En el avión que lleva la lanzadera espacial, la mujer trajeada que presenta a la prensa toda la operación es Peta Wilson, más conocida en los noventa como Nikita.
- J.J. Abrams escribió una primera versión del guion, que Singer rechazó de pleno porque no se parecía en nada a la historia de Superman.
- Hay dos cameos de los actores de *Las aventuras de Superman* de 1952: Jack Larson, que interpretaba a Jimmy Olsen, hace aquí del camarero con pajarita que atiende a Clark y Jimmy; y la anciana que muere en la primera escena es Noel Neill, la Lois Lane de los años cuarenta y cincuenta.
- Una de las anécdotas más famosas de la película fue que se retocaron digitalmente tanto el póster como algunas escenas, porque Brandon Routh marcaba demasiado paquete y la película la tenían que ver niños.

SPIDER-MAN: UN NUEVO UNIVERSO

El sueño pop art de todo diseñador gráfico

Spider-Man: Into the Spider-Verse (2018), **Bob Persichetti, Peter Ramsey y Rodney Rothman. Intérpretes:** Shameik Moore, Jake Johnson, Hailee Steinfeld, Mahershala Ali, Lily Tomlin, Zoë Kravitz, Nicolas Cage, Kathryn Hahn, Liev Schreiber, Chris Pine. **Cómic:** Marvel (Ultimate). **Película:** Sony – Columbia – Marvel.

Kingpin, loco de dolor tras la muerte de su esposa e hijo en un accidente de tráfico, trata de abrir un portal dimensional para traer a sus versiones de otros universos, arriesgándose a que todas las realidades colisionen y sean destruidas. El único que puede detenerlo es el inseguro adolescente Miles Morales, que acaba de recibir poderes arácnidos... y unas cuantas versiones alternativas de Spider-Man venidas de otros mundos.

La adaptación definitiva del héroe arácnido, que se burla de todos sus clichés y potencia todas sus grandezas como ninguna. Y lo curioso es que no gira en torno a Peter Parker, sino a Miles Morales, la versión del universo Ultimate –una realidad alternativa de los cómics Marvel, más resumida y con menos personajes, que es en la que se inspiran muchas de las películas actuales–. Eso sí, con un fuerte coprotagonismo de Peter y de la altamente carismática Spider-Gwen, sin menospreciar al Spider-Man Noir de Nicolas Cage, que rezuma genialidad con su aire al cine negro de los años cuarenta.

Una obra extremadamente refrescante, que combina acción fluida y dinámica con momentos hilarantes y otros de total emotividad. Ganó el Oscar a mejor película de animación –probablemente la estatuilla más merecida que jamás se haya entregado–, lo que levantó pasiones entre sus legiones de fans y sus detractores. Los fanáticos de los clásicos infantiles de Disney-Pixar –que quizás no suelen hacer tanto ruido como otros *fandoms*, pero a veces también pueden llegar a dar miedo– pusieron el grito en el cielo porque no concebían que «su» premio se lo dieran a un producto «inferior» con superhéroes en lugar de princesas cantarinas.

La gran baza de esta producción es su espectacular apartado visual, cuyas locuras no conceden un segundo de respiro a tus ojos ni a tu mente. El uso del color es hipnótico, los diseños de personajes son preciosos y algunas decisiones visuales, como la representación del sentido arácnido, pueden provocar un serio caso de síndrome de Stendhal. Y es que la película innovó como ninguna otra en las técnicas empleadas, para desmarcarse de cualquier otro producto de animación que hubiéramos visto. Nunca se habían mezclado tantas técnicas ni se había experimentado con ellas hasta tales límites hasta que conocimos a Miles.

El equipo de animación decidió inventar un nuevo estilo visual que recordase en cierta medida a los cómics antiguos –incluyendo tramas de puntos en los fondos, líneas de expresión flotantes, o incluso cuadros de texto con el monólogo interno de los personajes–, pero que a la vez resultara fresco e inaudito. Un estilo en que el diseño, la expresividad y la emoción priman por encima del realismo y la corrección. Se animó a los artistas a que estudiasen todas las reglas de la animación y se las saltaran una detrás de otra, algo que Danny Dimian, supervisor de VFX, resumió como «si no está roto, ¡rómpelo!»

La animación de rostros dibujados con líneas de contorno negras, como en los cómics, se mezcla de forma asombrosa con efectos 2D dibujados a mano, renderizados 3D aplicados a los efectos, líneas caóticas soltadas casi al azar y una intencionada imitación de los errores habituales de las imprentas clásicas de cómic, provocando que en ocasiones el color parezca salirse de la línea como sucedía en

LO MEJOR:
El uso del color.

LO PEOR:
Absolutamente nada.

los tebeos de antaño. Algunos planos son verdaderas viñetas de cómic, con líneas cinéticas y onomatopeyas escritas sobre la imagen. La locura visual lograda con esta fusión de estilos explota en su máximo frenesí durante la arrebatadora escena de la batalla final. Se da mucha importancia a la línea, que en la animación 3D no suele emplearse, centrándose en ella para que las expresiones de los personajes resulten muy emocionales. Además, para que el movimiento resulte más chocante y llamativo, se ha animado todo a 12 fotogramas por segundo, en lugar de los 24 habituales. El equipo define su insólito estilo como «pop art en versión rápida y crujiente».

Una película que sin duda hará las delicias de todo aquel con un mínimo de interés artístico y gusto estético.

CURIOSIDADES:

- Entre los logos que salen al principio de la película, está el del Comics Code of America –una arcaica oficina gubernamental que se dedicaba a censurar los tebeos durante el macartismo– y un dibujo de una vaquera disparando, que es un incomprensible guiño a la película *La ingenua explosiva* –1965, con Jane Fonda–. Una forma de empezar con el cachondeo metalingüístico ya desde la introducción.
- Cada vez que aparece un tren, si pausas en el momento exacto, puedes ver a Stan Lee en el interior.
- Cuando Peter le lanza un bagel a la cabeza a un científico, aparece escrito «bagel» como onomatopeya. Fue una broma de los guionistas, pero uno de los animadores creyó que lo decían en serio y lo incluyó. A los directores les hizo tanta gracia que lo dejaron.
- La primera vez que vemos al tío Aaron, está viendo en la tele una escena de *Community* en la que Donald Glover lleva un pijama de Spider-Man. Glover había intentado hacerse con el papel del trepamuros en la versión de Andrew Garfield, dobló a Miles Morales en su serie de dibujos e interpretó al propio Aaron en *Spider-Man: Homecoming*.
- Muchos de los actores de doblaje han repetido en Marvel: Hailee Steinfeld es la nueva Ojo de Halcón; Mahershala Ali fue el villano de *Luke Cage* y próximamente será Blade; Nicolas Cage encarnó al Motorista Fantasma; Kathryn Hahn es Agatha Harkness; Liev Schreiber fue Dientes de Sable –aunque te recomiendo olvidar la existencia de esa película–; Oscar Isaac será el Caballero Luna y Zoë Kravitz interpretó a Angel Salvadore en *X-Men: Primera generación*.

BIG HERO 6

No todo el manga americano es malo

Big Hero 6 (2014), **Don Hall y Chris Williams.**
Intérpretes: Ryan Potter, Jamie Chung, Damon Wayans, Alan Tudyk, Maya Rudolph. **Cómic:** Marvel. **Película:** Disney.

El genio de 14 años Hiro Hamada ha inventado unos revolucionarios microbots que actúan como una mente colmena. Cuando su hermano mayor, Tadashi, muere tratando de salvar a su profesor de un incendio, a Hiro solo le queda el adorable robot que construyó antes de morir, Baymax. Un misterioso villano enmascarado que ha robado los microbots parece ser el culpable de su muerte, así que Hiro decide enfrentarse a él con ayuda de Baymax y de sus amigos, a los que convierte en superhéroes con trajes de alta tecnología.

Esta preciosidad visual fue la primera película de Marvel en llevarse un Oscar a mejor película de animación. Sí, aunque no sea un hecho muy conocido, *Big Hero 6* está basada en un cómic bastante olvidado de Marvel, una miniserie de tres números de 1998 que pasó sin pena ni gloria. Aunque esté en Disney, no forma parte del MCU, sino que transcurre en un mundo independiente con sus propias reglas y lugares –aunque, quién sabe, tal vez pronto se crucen los caminos del multiverso–. Joe Quesada, uno de los más famosos editores de Marvel, formó parte de la producción.

La acción transcurre en la fascinante ciudad de San Fransokyo. En esta realidad ucrónica, San Francisco fue destruida por el terremoto de 1906 y reconstruida por inmigrantes japoneses, que le aportaron rasgos de su cultura, creando esta increíble fusión de metrópolis. El aspecto de la ciudad es hipnótico, tanto San Francisco como Tokio son plenamente reconocibles y a la vez combinan a la perfección en un estilo sorprendente. Y por supuesto, si estás es San Francisco, no te faltarán las clásicas persecuciones de coches por sus calles empinadas, que a todo cineasta le chifla rodar. Esta realidad alternativa es riquísima en detalles narrativos en segundo plano, guiños visuales que te están contando un subtexto y hacen que necesites saber más de lo que pasó en esa sociedad. Mención especial merece la maestría visual con que se representa el espacio abstracto al otro lado del portal dimensional, que combina el aspecto del Microverso de *Ant-Man y la Avispa*, el de la dimensión de Dormammu en *Doctor Extraño* y el del colisionador de hadrones en *Spider-Man: Un nuevo universo*… solo que antes de que se estrenase ninguna de las tres.

El cómic original era muy distinto y su historia bastante inferior. En el equipo sí que estaban Hiro, Baymax –que, en aquel caso, tenía forma de monstruo verde feísimo y lleno de escamas–, Honey Lemon y Go Go, pero el grupo lo completaban los dos japoneses más famosos de Marvel: Fuego Solar y el Samurái de Plata. En 2008, el dios de los guionistas Chris Claremont resucitó a aquel olvidado grupo en una miniserie mucho más similar a lo que seis años después sería la película, añadiendo a Wasabi y Fred. Es curioso el caso de Fred en la película, que resulta casi un calco idéntico a Chase Stein de los Runaways, no solo en su personalidad sino incluso en los poderes de su traje. Y en cuanto al magnífico villano, la referencia visual y de carácter al Octopus de Raimi es más que palpable.

CURIOSIDADES:

- Hay un plano del techo de la habitación de Hiro en que, si pausas, puedes ver a Oswald, el conejo de la suerte, el primer personaje animado de Disney, incluso anterior a Mickey Mouse.
- En el cómic de Claremont, al grupo lo lidera lidera una espía llamada Furi Wamu, con un parche en el ojo como claro guiño a Nick Furia.
- El padre de Fred tiene el aspecto físico y la voz de Stan Lee –por supuesto, ¿te creías que se iba a perder una?–.
- Si te fijas bien en la escena en que van a casa de Fred y ven toda su colección de cómics y figuras de superhéroes, aunque la mayoría de los personajes que muestra son inventados para la película, en un estante hay una figurita de Elastigirl de *Los Increíbles*.

LA "BILOGÍA" DE BATMAN

Poniéndole el «goth» a Gotham

Batman (1989) / *Batman Returns* (1992), **Tim Burton.**
Intérpretes: Michael Keaton, Jack Nicholson, Michelle Pfeiffer, Danny DeVito, Kim Basinger, Billy Dee Williams. **Cómic:** DC. **Películas:** Warner Bros.

El millonario Bruce Wayne decide vestirse de negro y luchar contra el crimen para vengar la muerte de sus padres cuando era niño y… para qué te voy a contar más, todos sabemos lo que sucede a continuación.

Antes que nada, tengamos en cuenta que, en 1989, la última adaptación que habíamos tenido era la serie de Adam West en los sesenta, mucho más colorida y humorística. Cuando Tim Burton nos golpeó en la cara con un Batman oscuro, nos dejó con la boca abierta. Su visión entre lo gótico y lo barroco es puro Burton de la época en que aún hacía cosas creativas. Todo está imbuido de la oscuridad y extravagancia que caracteriza su obra, pero sin dejar de lado un tono comiquero, con algunos planos que parecen viñetas y detalles que homenajean con cariño la serie clásica. Remarca la idea de una Gotham anclada en los años cuarenta, que a posteriori ha sido imitada a menudo, sin importar en qué época transcurra. La oscuridad que Burton aportó al personaje comienza ya desde ignorar por completo la idea de que Batman no mata.

Algunas escenas de su «bilogía» son ya legendarias: la muerte de los padres de Wayne –que, por entonces, aún no estábamos hartos de ver una y otra vez–, la primera aparición de Nicholson ya reconvertido en Joker, su cabalgata lanzando billetes al público, o el origen de Catwoman. En esta versión del mito, la relación entre Batman y el Joker es mucho más personal –el Joker fue quien asesinó a los padres de Wayne y, a la vez, fue Batman quien le desfiguró a él–, lo que confiere una carga emocional a la historia mucho mayor que en otras adaptaciones. Además, la interpretación de Nicholson como Joker, en un equilibrio perfecto entre lo cómico y lo terrorífico, es ya histórica –su mejor encarnación hasta que llegó Heath Ledger–. Burton se inventó un origen y un nombre para el personaje –Jack Napier, como homenaje a Alan Napier, que hacía de Alfred en la serie de los sesenta–, mientras que en los cómics nunca ha llegado a quedar claro cuál es la identidad real del villano, para jugar con su misterio. El público reaccionó con recelo cuando se anunció que Michael Keaton, un actor del mundo de la comedia, iba a ser Batman, pero resultó derrochar un carisma único. Y por supuesto, la banda sonora de Danny Elfman es una de las más legendarias del cine superheroico.

La secuela es incluso más burtoniana que la primera entrega, donde el director se había comedido un poco en su amor por lo grotesco. La escena introductoria con el origen del Pingüino podría considerarse la que concentra todo lo que hace personal al cine de Burton, por no mencionar a los payasos que trabajan para el villano, cien por cien sacados de su retorcida mente –hay que ver lo que le gustan a este hombre los payasos y los circos–. Y qué te voy a decir de Michelle Pfeiffer, la cantidad de frases épicas que tiene su personaje y lo insuperable de su actuación: la Catwoman de Pfeiffer es probablemente lo mejor que le ha pasado jamás a la Bat-franquicia.

CURIOSIDADES:

- El padre del Pingüino es Paul Reubens, que ya trabajó con Burton en 1985 en *La gran aventura de Pee-wee*.
- Michael Gough como Alfred y Pat Hingle como Gordon repetirían papel en las entregas de Joel Schumacher, dejando claro que se trata de secuelas con continuidad aunque se cambie al actor principal.
- Uno de los payasos del Pingüino está interpretado por Doug Jones.
- Para la segunda parte, se le añadió una cremallera al pantalón de Batman a petición de Keaton, que lo pasaba realmente mal entre tomas.
- *Batman vuelve* fue una de las últimas superproducciones de Hollywood hecha enteramente a la vieja usanza, con decorados construidos en interior y fondos pintados en la pared, sin nada de CGI.

LOS 4 FANTÁSTICOS

La buena

Fantastic Four, 2005, Tim Story.
Intérpretes: Ioan Gruffud, Jessica Alba, Chris Evans, Michael Chiklis, Julian McMahon. **Cómic:** Marvel. **Película:** Constantin Film – 20th Century Fox.

Dejémonos de prejuicios: *Los 4 Fantásticos* de 2005 es una película de superhéroes como la copa de un pino. Entretenida, aventurera, llena de ritmo y diversión, todo lo que los 4 Fantásticos siempre han sido en los tebeos. A una película basada en la Primera Familia no le pides drama social, ni complejas metáforas sobre el devenir de la humanidad, sino exploradores viviendo aventuras y zurrándose ocasionalmente con el Doctor Muerte. Y eso, esta adaptación –la mejor hasta la fecha– nos lo da de sobras.

Cuando el doctor Reed Richards y sus dicharacheros compañeros viajan al espacio, una onda de radiación les da poderes asombrosos que los convierten en el mejor grupo de superhéroes de todos los tiempos: ¡Los 4 Fantásticos! –y, por algún motivo, el Doctor Muerte–.

Y es que, si algo se le puede reprochar a esta divertidísima cinta, es esa reinvención del origen de Victor Von Doom, que ha ignorado todo su bagaje como dictador báltico y poderoso hechicero sobrenatural, sacándose de la chistera la excusa de meterlo en la nave de Richards para convertirlo en… ¿un hombre de metal? ¿Pero qué…? De cualquier forma, Julian McMahon está tan espectacular en el papel como en todo lo que hace y consigue inspirar verdadero temor, llenando sin problema las botas de uno de los villanos más carismáticos de la historia del cómic.

Los efectos digitales resisten muy bien el paso del tiempo, aunque el traje de goma de La Cosa canta un poco. Pero resulta comprensible: si hubieran intentado hacer al monstruo de piedra con CGI de 2005, probablemente habría sido peor. Las personalidades de los héroes que adapta están clavadas al milímetro, especialmente Míster Fantástico, que parece arrancado de las páginas del cómic: se comporta tal cual lo haría el Doctor en *Doctor Who*, y siempre he dicho que ambos personajes son casi el mismo pero en distintos universos –un genio en lo científico, pero inútil en lo social, que vuela en un vehículo muy retro y cuyas némesis son un antiguo amigo enloquecido y una raza de alienígenas racistas–. Chris Evans es sin duda lo mejor de la película, derrochando comedia, en un personaje tan alejado de su posterior Capitán América que cuesta reconocerlo.

LO MEJOR:
Las bromas pesadas de la Antorcha Humana a La Cosa.

LO PEOR:
El origen del Doctor Muerte.

Puede que no tenga la calidad narrativa posterior a *Iron Man*, pero es un más que digno *blockbuster* de aventura y emoción al que apenas se le pueden poner pegas. La escena en el puente, cuando los 4F muestran sus poderes por primera vez, es ya legendaria. Y aunque la batalla final podría haber sido un poco más espectacular, todos alucinamos cuando se estrenó aquella joya –admito abiertamente que me puse en pie en la sala de cine y se me escapó un chillido de emoción cuando Johnny gritó al fin: «¡Llamas a mí!»–. Algo que, sin duda, no sucedió cuando se estrenó la bochornosa versión de 2015, con mejor CGI pero un guion que cabalgaba entre lo soso y lo lamentable.

CURIOSIDADES:

- Hay una escena eliminada en la que Reed se moldea la cara para parecerse a Hugh Jackman en *X-Men* –puedes encontrarla en YouTube–.
- En la versión extendida, en la escena en que a Sue se le cae encima una estantería, hay un breve cameo de H.E.R.B.I.E., el adorable robot ayudante de los 4F.
- En 2003, Peyton Reed –director de *Ant-Man*– trató de vender a Fox una película de los 4 Fantásticos, con Alexis Denisof como Míster Fantástico, Charlize Theron como la Mujer Invisible, Paul Walker como la Antorcha Humana, John C. Reilly como La Cosa y Jude Law como el Doctor Muerte.
- En fases iniciales del proyecto, Chris Columbus estaba metido en la producción y quería que a Reed y Sue los interpretase una pareja real: Dennis Quaid y Meg Ryan.
- Algunos actores que estuvieron cerca de ser el Doctor Muerte fueron Mel Gibson, Nicolas Cage y Robert Downey Jr.

WONDER WOMAN

Aventuras y enredos a principios del siglo XX

Wonder Woman (2017), Patty Jenkins. **Intérpretes:** Gal Gadot, Chris Pine, Robin Wright, David Thewlis. **Cómic:** DC. **Película:** Warner Bros.

Las amazonas son una legendaria raza de guerreras que descienden de los dioses griegos y viven aisladas del mundo exterior en la isla de Themyscira. Diana, la hija de la reina Hipólita, abandona la isla para ir a ayudar a un soldado a luchar contra los alemanes, porque está convencida de que la Primera Guerra Mundial implica el retorno de Ares, el dios al que ha jurado derrotar.

La verdad es que, siendo una película puramente de origen, que suelen resultar algo más básicas que sus secuelas, esta resulta refrescante y amena. Tiene acción, aventura, buenas escenas de pelea y un villano que, aunque plano, es interesante. No podríamos decir que Gal Gadot posea unas apabullantes dotes interpretativas, pero el papel le queda como un guante. La historia tiene un buen ritmo, trepidante y cargado de emoción, salvo en el tramo final, cuyo clímax se alarga un pelín demasiado hasta recordar a las interminables peleas de *Dragon Ball Z*. Destaca dentro del DCEU por su carencia de pretensiones de oscuridad y «madurez», vendiéndose como lo que es: una película de aventuras entretenida, para pasar un buen rato, sin presumir de haber inventado la rueda. Y visualmente está muy bien, con una dirección inteligente y una fotografía destacable.

Algo muy de agradecer es que, por una vez, se haya elegido ambientar una película bélica estadounidense en la Primera Guerra Mundial en lugar de la segunda, que ha sido sobreexplotada hasta la extenuación en el cine. Los personajes también son una gran baza, los que te tienen que caer bien consiguen caerte bien y los que te tienen que dar rabia excelen en ello. Steve Trevor se hace simpático –pese a ser un poquito gañán, pero qué quieres, es un señor nacido a finales del siglo XIX– y sus amigos, los Comandos Aulladores de DC, son en general divertidos y apreciables. Destaca el escalofriante papel de Elena Anaya como la Doctora Maru y el de Danny Huston como el terrible general Ludendorff. Además del villano principal, claro, que no te diré quién es por si acaso aún no le has dado una oportunidad a la película.

LO MEJOR:
Robin Wright repartiendo leña como la amazona Antiope.

LO PEOR:
La excesiva duración del clímax.

CURIOSIDADES:

- El general Erich Ludendorff existió de verdad: fue un alto cargo alemán durante la Primera Guerra Mundial y más tarde ayudó a Hitler a llegar al poder.
- En el cómic, Diana y Steve se conocen en la Segunda Guerra Mundial. Patty Jenkins decidió cambiarlo a la primera: tenía más sentido que a las amazonas les preocupase un posible retorno del dios de la guerra la primera vez que había una de semejantes dimensiones y no la segunda.
- Cuando el legendario guionista Roy Thomas abandonó DC por disputas con su editor jefe, creó para Marvel en 1971 al Escuadrón Supremo, una versión de la Liga de la Justicia en la que representaba a sus personajes como villanos –mucho antes de que *The Boys* lo imitase–, para criticar al editor con el que se había peleado. La versión maligna de Wonder Woman que escribió para esta parodia se llamó Power Princess y venía de una isla llamada Utopía.
- Steve Trevor llama en broma a Themyscira «la Isla Paraíso», que es como se llamaba en los cómics antiguos y en la serie de televisión de 1975.
- Linda Carter, la Wonder Woman original de los setenta, ha hecho varios cameos en productos posteriores de DC: fue Moira Sullivan en *Smallville*, la presidenta de Estados Unidos en la serie *Supergirl* y la amazona Asteria en la –muy inferior– secuela de la película que nos ocupa.

LA TRILOGÍA DE BLADE

El cazavampiros que salvó a Marvel

Blade (1998), Stephen Norrington / *Blade II* (2002), Guillermo del Toro / *Blade: Trinity* (2004), David S. Goyer. **Intérpretes:** Wesley Snipes, Kris Kristofferson, Traci Lords, Stephen Dorff, Ron Perlman, Ryan Reynolds, Parker Posey, Jessica Biel. **Cómic:** Marvel. **Películas:** New Line Cinema – Amen Ra Films.

Blade es un vampiro fuera de lo común: es medio humano y puede caminar bajo la luz del sol. Gracias a esta habilidad, se dedica a cazar vampiros en discotecas makineras.

En los noventa, Marvel estaba al filo de la quiebra y empezó a vender sus derechos para el cine como churros, con desastrosos resultados. Toy Biz, una empresa de juguetes, los ayudó a recomprar a sus personajes menos famosos, para crear películas de las que vender *merchandising*. El éxito de *Blade* salvó a la editorial de desaparecer. Una adaptación de un personaje tan olvidado que podían arriesgarse a hacer algo muy alejado de la fuente original sin desatar la ira de los cuatro fans que lo recordaban.

The power of an immortal.
The soul of a human.
The heart of a hero.

WESLEY SNIPES
BLADE
STEPHEN DORFF

Se vendió más como una cinta de acción de Wesley Snipes que como una adaptación de Marvel. Y la primera parte era eso: una obra de acción trepidante de la época, con reminiscencias al cine de artes marciales de Hong Kong. Una versión oscura de la estética videoclipera de la década, más parecida a un vídeo de techno alemán que a uno de pop-punk californiano, con un héroe plano que se limita a hacer poses y soltar frases chulescas –en la línea de la filmografía de Snipes–. Una obra ultraviolenta y con muchos tacos, como si todo el rato quisieran insistir en que los superhéroes no son solo para niños –parece que a esas alturas aún hacía falta recordarlo–. Pese a que, vista a día de hoy, es una película de acción pasable y poco más, al triunfar poco después del fracaso de *Batman y Robin*, se la considera la impulsora del auge del cine de superhéroes en el siglo XXI.

Blade II, siendo de Guillermo del Toro, resulta mucho más imaginativa, con mejor dirección, villanos con diseños interesantes y un director de fotografía que conoce más de un color distinto. La tercera entrega, mejor que la primera pero peor que la segunda, es entretenida y frenética, para pasar un domingo por la tarde viendo escenas de acción re-

buscadas, diseños de armas muy pasados de vueltas y posturitas heroicas. La adición de secundarios con un mínimo de personalidad fue un soplo de aire fresco para sobrellevar una historia con un protagonista tan soso.

Blade fue creado en 1973 para la serie *Tumba de Drácula*, de Marv Wolfman y Gene Colan: una antología de terror en la que, en cada episodio, un pintoresco cazador distinto trataba de acabar con el villano titular. Por entonces, llevaba pelo afro y parecía sacado de una roller-disco setentera. El personaje en el cómic es británico, se llama Eric Brooks y es un trompetista profesional de jazz… bueno, cuando la caza de vampiros le deja tiempo.

CURIOSIDADES:

- El estudio tenía planeado que el villano de la secuela fuera Morbius, pero sus derechos los tenía Sony. Se rodó un final alternativo para la primera, que está en los extras del DVD, con Morbius observando a Blade desde una azotea.
- El *sidekick* Whistler fue creado para un capítulo de la serie animada *Spider-Man* del 94 en el que aparece Blade. A Marvel le gustó y lo añadieron en los cómics –¡fue el primer Coulson!–.
- Del Toro es fan de Marvel e incluyó guiños a otros cómics en su entrega: un edificio llamado Calibán, una vidriera de iglesia que muestra el Ojo de Agamotto del Doctor Extraño, o la frase «un hombre sin miedo», asociada con Daredevil. También hizo un guiño a DC, cuando Norman Reedus saluda a Blade diciendo «el regreso del caballero oscuro».
- Otro guiño de *Blade II* fue a la legendaria escena de las bofetadas a cámara rápida de Terence Hill en *Le seguían llamando Trinidad*, en este caso entre Snipes y Ron Perlman.
- En la tercera, Hannibal King le enseña a Blade un número de *Tumba de Drácula*, el cómic en que debutaron ambos personajes.

X-MEN: PRIMERA GENERACIÓN

Estos sí son los X-Men que estás buscando

X-Men: First Class, **2011, Matthew Vaughn. Intérpretes:** James McAvoy, Michael Fassbender, Jennifer Lawrence, Kevin Bacon, Rose Byrne, January Jones, Zoë Kravitz, Nicholas Hoult. **Cómic:** Marvel. **Película:** 20th Century Fox.

Durante la crisis de los misiles de Cuba en 1962, Charles Xavier y Erik Lensherr se alían para dar caza al megalómano Sebastian Shaw y empiezan a trabajar para la CIA, dando lugar al nacimiento de los X-Men.

Matthew Vaughn es uno de los mejores directores de lo que va de siglo y esta obra resulta mucho más espectacular, bien escrita y rodada que la trilogía anterior, aunque como adaptación siga siendo muy libre. La acción es mucho más épica y los personajes están mucho más trabajados, en especial Mística y su lucha interna por aceptar el monstruo que cree ser. El equipo lo forman Xavier, Magneto, Mística, Bestia, Kaos, Darwin, Angel Salvadore y Banshee. Se aprovechó el pretexto de la precuela para incluir a mutantes que no habían aparecido en la primera saga.

Poder disfrutar de un joven Xavier gracioso y lanzado, en lugar del señor impertérrito al que estamos acostumbrados, fue toda una gozada, así como el acierto de incluir a Moira MacTaggert, el gran amor del Profesor X –aunque en este caso no es una científica, sino una agente de la CIA–. Aparece por fin el Club Fuego Infernal, uno de los principales enemigos de los X-Men, con Sebastian Shaw y Emma Frost. Shaw no se parece mucho a su contrapartida de las viñetas, pero Bacon lo borda tanto que la fidelidad no importa. Si la saga anterior comenzaba presentándonos al joven Magneto en un campo de concentración, esta lo refleja haciendo lo mismo para presentarnos a Shaw, y es que en esta ocasión Magneto no se convertirá en villano hasta el final. Mención especial al divertidísimo cameo de Lobezno, mucho mejor llevado que su gratuita aparición en la olvidable secuela *X-Men: Apocalipsis*.

LO MEJOR:
Xavier y Magneto como amiguetes carismáticos.

LO PEOR:
Lo poco que dura Darwin, cuando se supone que su poder es precisamente ser incapaz de morir.

Es curioso que se haya sustituido la relación amor-odio entre los hermanos Xavier y Juggernaut por una en la que al grandullón lo sustituye Mística, la gran protagonista de esta segunda trilogía. Aunque añade mucha dimensión a la historia, acaba de machacar a martillazos lo poco que quedaba de continuidad. Tal vez habría funcionado mejor decir que era un *reboot* desde cero, sin ninguna relación con la saga anterior, pero Fox insistió en venderla como una precuela.

CURIOSIDADES:

- Uno de los villanos es Azazel, que en los cómics es el padre de Rondador Nocturno –recordemos que la madre de este es Mística–, pero aquí no parecen guardar ninguna relación.
- Xavier menciona que la llegada de la era nuclear puede haber acelerado la evolución de los mutantes y por eso ahora hay muchos más que en siglos anteriores. Esto ya se postulaba en los cómics –al principio los llamaban «hijos del átomo»–, donde en la era moderna comenzaban a proliferar mutantes por todas partes, mientras que antes había muy pocos –Apocalipsis, Namor o Toro–.
- En esta versión, Magneto es el causante de que Xavier se quede paralítico, creando una relación más personal entre ambos. En los cómics, Charles perdía el uso de las piernas en el Himalaya, cuando un alien llamado Lucifer lo aplastaba con una roca.
- La escena en que Xavier usa Cerebro por primera vez muestra a algunos niños mutantes, entre los que se puede reconocer a Tormenta o Cíclope. La película transcurre en 1962 y ellos aparentan unos diez o doce años, así que, si hubiera un mínimo de continuidad, en la primera trilogía ambos habrían rondado los cincuenta.
- Algunos guiños: La escena en que interrogan a Emma Frost en las instalaciones secretas de la CIA es un claro homenaje a *Instinto básico*; la de la transformación de la Bestia emula la representación clásica de Jekyll y Hyde.

THE FLASH

De la sombra a la luz

The Flash (2014-¿?), Greg Berlanti y Geoff Johns.
Intérpretes: Grant Gustin, Danielle Panabaker, Carlos Valdés, Tom Cavanagh,
Candice Patton, Jesse L. Martin. **Cómic:** DC. **Serie:** Warner Bros.

L a explosión del laboratorio S.T.A.R. otorga superpoderes a gente aleatoria por toda
Central City. Muchos se convierten en supervillanos, pero el joven forense Barry Allen
adquiere la velocidad del rayo y los combate bajo al alias de Flash.

Tras la crudeza que caracterizaba a *Arrow*, este *spin-off* fue un rayo de optimismo. Pese
a la carga dramática de la serie, el héroe resulta más simpático y luminoso que su eternamente cabreado amigo de la capucha verde. Nos cae bien desde el primer momento
y se rodea de carismáticos secundarios como Cisco, Caitlin, Wells o Jesse Quick –aunque
Iris, el interés romántico de Barry, es un poco soseras–. La galería de villanos es muy
colorida y variopinta, y aunque los malos centrales de temporada
tienden a hacerse un poco repetitivos, consistiendo casi siempre
en alguien que corre muy deprisa –si no, no supondrían ningún
reto para Flash–, lo compensan los enemigos episódicos, mucho
más variados.

Este *spin-off* inició la celebrada tradición anual de los *crossovers*
del Arrowverso, un cosmos de ficción basado en DC, con una calidad narrativa muy superior a la del DCEU cinematográfico –solo
podemos soñar con que algún día los responsables del cine de DC
se pongan las pilas y empiecen a hacer las cosas como las hacen
los que se encargan de sus versiones televisivas–.

La verdadera alma de la fiesta es Tom Cavanagh –el hermano
de J.D. en *Scrubs*–, que interpreta al profesor Harrison Wells… y
a un sinfín de versiones del mismo de universos alternativos. Es
admirable cómo, con un simple gesto o mirada, puedes identificar de inmediato a cuál de sus iteraciones está encarnando.
Llega a formar una cábala interdimensional con todos sus yoes
alternativos, «el concilio de los Wells» –una clara parodia al concilio de los
Reed Richards en Marvel–, que nos trae situaciones desternillantes cuando
aparecen por sorpresa algunos Wells paralelos de lo más surrealista: uno
francés, otro que parodia a Hugh Hefner o incluso uno que va vestido de
Gandalf y se hace llamar Wells el Gris.

Desde el principio, aparece siempre un recorte de diario traído del futuro que hace referencia a la muerte de Barry salvando el mundo, sacada del cómic clásico *Crisis en tierras infinitas*. Aunque esta trama ya se adaptó en el *crossover* homónimo del Arrowverso y Barry no moría en él, si hacemos caso de la fecha que aparece en la noticia, la serie terminará en su décima temporada con tan trágico final –a no ser que los héroes hagan algo para impedirlo–.

LO MEJOR:
Tom Cavanagh.

LO PEOR:
La repetitividad de los villanos de temporada.

CURIOSIDADES:

- En todos los capítulos de la primera temporada, aparece en algún momento el número 52, como guiño a los «Nuevos 52», la continuidad de DC en la que se inspira la serie.
- Al padre de Barry y a Jay Garrick –el Flash de la era dorada– los interpreta John Wesley Shipp, que fue Flash en la serie de los noventa. En un capítulo en el que Barry y Jay viajan a dicha década, se topan con un televisor en el que están dando *Dawson Crece*. Jay sonríe y dice que esos sí eran buenos tiempos –Shipp fue también el padre de Dawson–.
- Mark Hamill repite como el villano Trickster –algo así como el Joker de Flash–, un papel que ya hizo en la serie de los noventa. La primera vez que aparece, se habla de que es un villano al que encarcelaron hace años y se muestran imágenes de la serie original.
- La pareja de villanos recurrentes más característica de la serie son el Capitán Frío y Heatwave –Wenworth Miller y Dominic Purcell, que ya coprotagonizaron *Prison Break*–. Acabaron mudándose a *Legends of Tomorrow*, como héroes muy a su pesar.
- Grant Gustin y Melissa Benoist ya habían trabajado juntos en *Glee*, por lo que no es de extrañar que se hiciera aquel legendario *crossover* musical entre ambas series.

DOCTOR EXTRAÑO

Sherlock Holmes se pone en plan new-age

Doctor Strange (2016), Scott Derrickson.
Intérpretes: Benedict Cumberbatch, Chiwetel Ejiofor, Benedict Wong, Rachel McAdams, Tilda Swinton, Mads Mikkelsen. **Cómic:** Marvel. **Película:** Disney.

Un arrogante cirujano sufre un accidente de coche que le deja las manos inservibles. Desesperado, acaba dando con la tierra secreta de Kamar-Taj, en la que La Anciana –una inmortal hechicera celta– lo instruye en los caminos de la magia. Pronto descubrirá que su dominio de las artes místicas implica defender el mundo de amenazas invisibles, mucho más peligrosas que las físicas.

Con esta película, Marvel puso al fin el pie en el terreno de lo místico, un ámbito menos explorado en sus adaptaciones fílmicas, al que parece encaminarse ahora la nueva fase del MCU. Visualmente, es una de las más espectaculares de la franquicia, que quita el aliento con sus composiciones de imagen y su exquisito uso del CGI, pero destaca también en su cuidada y original historia. Resulta tan divertida y mágica en ciertos momentos como tensa y emocional en otros, con una magnífica habilidad para construir el suspense: sabemos que ciertas cosas van a pasar sí o sí –el accidente de coche, la caída al lado oscuro de Mordo–, pero juega de forma brillante con la dilatación del tiempo para moldear nuestras expectativas. La obra está llena de conceptos atractivos que se graban en la memoria, desde la capa del Doctor que recuerda a la alfombra de *Aladdín* hasta esos locos movimientos de los edificios de Nueva York.

Es curioso que, en una película de presentación de un superhéroe, no lo enfrenten directamente a su némesis principal, el Barón Mordo –como se hizo con el Capitán América y Cráneo Rojo, o con Thor y Loki–, sino que el villano central sea Kaecilius, que en los cómics no es más que un esbirro de Mordo sin mayor relevancia. Pero este es solo uno de los factores que hacen de esta una obra atípica. Algo que distingue a Extraño de otros superhéroes es que no obtiene sus poderes de forma fortuita y ajena a él –una explosión

gamma o la picadura de una araña–, sino que se los gana a pulso, hincando los codos y aprendiendo con esfuerzo. El clímax, además, es el más original visto en el género, uno en el que el héroe no derrota al villano mostrando su maestría en el combate, sino mediante una triquiñuela para hacer que el monstruo se canse de él y se retire: es la única obra en la que, literalmente, el bueno gana por *pesao*. Esto convierte a la película en el *Colombo* del cine heroico, con su «Dormammu, vengo a negociar» a modo de «una cosa más, señor».

LO MEJOR:
Su originalidad y frescura revitalizan el género.

LO PEOR:
Kaecilius es un villano un poco del montón.

CURIOSIDADES:

- *Agentes de S.H.I.E.L.D.* corría siempre paralela a las películas y presagiaba lo que se iba a dar en ellas. La temporada que coincidió con *Doctor Extraño* giraba en torno al Darkhold, un oscuro libro de magia usualmente relacionado con el Hechicero Supremo, reforzando la idea de que el MCU se internaba ese año en territorio mágico.
- Cumberbatch no solo interpreta al protagonista, también le pone la voz a Dormammu.
- Guillermo del Toro quiso hacer una película del Doctor Extraño unos años antes, y propuso que el guion lo escribiera Neil Gaiman –o sea, ¿se te ocurre alguien mejor para este tipo de obra?–, pero Marvel rechazó el proyecto.
- En un cómic de *Gwenpool* –un personaje cuya gracia radica en que se supone que proviene de nuestro mundo y va a parar al universo Marvel–, el Doctor Extraño se asoma a echar un vistazo al mundo real y descubre que existen cómics y películas sobre él y sus amigos. Su comentario al respecto: «Benedict Cumberbatch, ¿eh? Por supuesto, lo veo».
- El guardián del Sancta Sanctorum al que mata Kaecilius se llama Daniel Drumm y, en los cómics, es el hermano del Doctor Vudú, uno de los principales aliados de Extraño, que vive siempre atormentado por la muerte de Daniel. Esta breve escena podría presagiar la aparición de Vudú en futuras secuelas.

LA MÁSCARA DEL ZORRO

El legado del primer superhéroe

The Mask of Zorro (1998), **Martin Campbell.**
Intérpretes: Antonio Banderas, Anthony Hopkins, Catherine Zeta-Jones. **Cómic:** Jumbo. **Película:** TriStar – Amblin.

A principios del siglo XIX, el bandido Alejandro Murrieta ve morir a su hermano a manos de los sanguinarios hombres del gobernador. Don Diego de la Vega, el legendario héroe enmascarado conocido como el Zorro, recién fugado de la cárcel, lo entrena como su sucesor para obtener su venganza.

Una de esas superproducciones épicas de los noventa que tienes que haber visto para poder decir que sabes lo que es el cine de aventuras. En este terreno, forma una especie de trilogía apócrifa junto a *Los tres mosqueteros* –la de Kiefer Sutherland– y *Robin Hood: Príncipe de los ladrones* –la de Kevin Costner… ¿es que acaso hay otra?–. Un consejo importante: si no hay al menos una escena en que el héroe se zafa de un grupo de enemigos balanceándose desde una de esas enormes lámparas circulares de hierro, eso no es una película de aventuras de época ni es nada. Las coreografías de esgrima están muy logradas: no hay golpes porque sí, todo tiene una cadencia y un arte que lo equipara a la danza. Si tuviste la suerte de criarte con las aventuras del Zorro, ya fuera con sus cómics, sus novelas o las diversas series de televisión que se hicieron, la llegada de esta película, que rebosa espíritu *pulp*, fue una verdadera gozada.

Tiene el toque justo de humor para hacerla inolvidable, aun siendo una película muy dramática. Aunque hay que decir que los constantes cortes que le suelta Banderas al malvado capitán Love son para enmarcar: «Si no le importa, la señorita y yo estamos intentando bailar.» «No, usted lo está intentando, ella lo consigue.» Con toda probabilidad, el papel más emblemático de la carrera de Banderas. Y no digo lo mismo de Hopkins porque existe *El silencio de los corderos*, pero… casi. Catherine Zeta-Jones, pese a estar en una época en que los personajes femeninos del cine de aventuras eran meros floreros para darle un interés romántico al varonil héroe, es mucho menos pasiva que otros personajes similares: tiene iniciativa, pelea bien y se luce un poquito. La dinámica generacional entre ambos Zorros es fantástica, ejerciendo de

LO MEJOR:
El aire de aventuras pulp.

LO PEOR:
Zeta-Jones se merecía más protagonismo.

una suerte de Batman y Robin –algo lógico, si recordamos que Batman está inspirado en el Zorro y que hasta su guarida secreta se llama La Cueva del Zorro–.

La obra dejó una serie de imágenes inolvidables, empezando con ese plano al principio y al final con la silueta de Banderas trazando una «Z» con su espada en la pantalla. No hay una sola escena de acción de *La máscara del Zorro* que no sea ya legendaria, que no haya quedado incrustada en el inconsciente colectivo como una «Z» grabada a hierro en una pared de madera.

CURIOSIDADES:

- Su título en inglés, por supuesto, es un guiño a *The Mark of Zorro*, la primera película de superhéroes jamás rodada, de 1920 –apenas le cambiaron una letra–.
- Joaquín Murrieta, el hermano mayor del protagonista, fue un personaje real, un forajido mexicano apodado «El Robin Hood de El Dorado», cuya mano derecha era Jack Tres Dedos –que también sale en la película –. Cuando lo asesinaron, su cabeza se exhibió por toda California en un jarrón con brandy, como hace aquí el capitán Love. La creencia popular dice que fue la principal fuente de inspiración para el Zorro.
- La primera novela del Zorro fue *La maldición de Capistrano*, –1919, Johnston McCulley–. Iba a ser autoconclusiva, pero un año después se adaptó al cine y su éxito hizo que se serializasen multitud de nuevas novelas, cada vez más exageradas y superheroicas.
- Banderas quedó tan marcado para siempre como el Zorro que incluso interpretó a su más obvia parodia: el Gato con Botas de *Shrek*.
- Hopkins no solo interpreta al personaje que inspiró a Batman, sino también al que inspiró a Alfred: Bernardo, el mayordomo sordomudo del Zorro. Curiosamente, Nolan le ofreció ser Alfred en *Batman Begins*.

X-MEN: LA SERIE ANIMADA DE LOS 90

¿A que ya estás silbando la melodía de la intro?

X-Men (1992-1997), Mark Edward Edens y Sidney Iwanter.
Intérpretes: Cedric Smith, Cal Dodd, Lenore Zann, Alyson Court.
Cómic: Marvel. **Serie:** Genesis Entertainment.

Los mutantes, nacidos con increíbles poderes, luchan por proteger un mundo que los odia y los teme y… en fin, ya sabes cómo va la cosa.

De todas las series de animación de Marvel, probablemente esta sea la más mítica y recordada. Su enorme éxito influyó en los tebeos, creando nuevas hornadas de adeptos, lo que supuso el traslado de los mutantes al centro neurálgico del cosmos de ficción que siempre habían ocupado los Vengadores. Y eso que hablamos de los noventa, la época oscura del cómic de superhéroes que, salvo contadas excepciones, la mayoría de lectores hemos intentado olvidar –si viviste esa era, ¿acaso no te asaltan sudores fríos cuando recuerdas los colores chillones, la obsesión con la estética manga, las páginas inclinadas que te hacían voltear el cómic y, sobre todo, el exceso de bolsillos y correas en los uniformes?–.

El equipo central lo formaban Lobezno, Pícara, Júbilo, Cíclope, Marvel Girl, Tormenta, Gambito y Bestia, pero poco a poco se les irían uniendo montones de otros héroes. Y es

CURIOSIDADES:

- En la primera *X-Men* de Bryan Singer hay un cameo de George Buza, el actor que doblaba a la Bestia, como el camionero que lleva a Pícara en autoestop.
- No solo aparecieron gran cantidad de mutantes de Marvel, buenos y malos, sino que incluso, en el capítulo 5x03 *Old Soldiers*, nos dieron un *crossover* entre Lobezno y el Capitán América.
- Jeremy Ratchford, que doblaba a Banshee, lo interpretó también en imagen real en el telefilme *Generación X* de 1996.
- Morfo era un olvidadísimo personaje creado por Roy Thomas en 1967, que por entonces se llamaba Changeling. Hubo que rebautizarlo al recuperarlo para la serie de animación, porque DC había registrado ese nombre como alias secundario del Chico Bestia.
- A Gambito lo doblaba Chris Potter, que a lo mejor no te suena, pero coprotagonizó la serie *Kung Fu: la leyenda continúa* junto a David Carradine, interpretando a su hijo.

que resulta impresionante la cantidad de personajes y tramas que llegaron a mostrar –¡y con qué rapidez!–, quizás el motivo por el que destacó de entre todas las demás series. A diferencia de otras adaptaciones, que se toman su tiempo para mostrarte a los villanos más emblemáticos, aquí fueron a por todas: empezamos con los Centinelas, en el quinto capítulo ya tenemos a los Morlocks, en el noveno a Apocalipsis... Siendo los X-Men la franquicia de cómic con la galería de villanos más jugosa y variopinta, podían permitirse un enemigo

legendario por episodio sin perder la frescura. Y lo mismo sucedió con adaptar sagas de cómic archiconocidas: *Días del futuro pasado* en la primera temporada; *La saga de Fénix Oscura* en la tercera –infinitamente mejor representada que en la horrenda película–; la saga del Tecnarca y la de Proteo, ambas en la cuarta.

Al enfocarse a un público juvenil, la serie no se permitía violencia demasiado explícita –jamás vimos a Logan clavarle las garras a algo que no fuera un robot–, pero tenía acción a raudales y hacía la boca agua a cualquier fan de los cómics mutantes. Muchas de las cosas que hemos soñado ver adaptadas al cine y que Fox no nos dio –o nos las dio de formas un poco raras–, las vimos aquí en todo su esplendor. Y la cosa no se acabó hace 25 años: Disney ha anunciado una continuación oficial de la serie, que se llamará *X-Men '97* y seguirá donde se quedó la anterior, con los mismos actores de doblaje y el mismo estilo de dibujo. ¡Pronto tendremos nuevas aventuras de Júbilo y sus amigos!

SUPERGIRL

Patear culos no está reñido con ser un encanto de persona

Supergirl (2015-2021), Ali Adler, Greg Berlanti y Andrew Kreisberg.
Intérpretes: Melissa Benoist, Chyler Leigh, David Harewood, Katie
McGrath, Chris Wood. **Cómic:** DC. **Serie:** CBS – Warner Bros.

Cuando el planeta Krypton fue destruido, Jor-El envió a su bebé Kal-El en una nave a la Tierra, sí, eso ya lo sabemos todos. Pero el caso es que su prima, Kara Zor-El, también llegó al lugar y, por aquellas cosas de los fenómenos cuánticos inexplicables, aunque ella era mayor que él cuando salieron, llegó siendo mucho más joven. Ahora es Kara Danvers, tímida secretaria en una revista de actualidad en National City. Pero, cuando el mal acecha, se quita las gafas, se suelta el pelo y se convierte en Supergirl.

Una de las series más divertidas del Arrowverso, que, pese a tener su dosis de drama como todas, resulta mucho más luminosa y sonriente que sus antecesoras. Todos los personajes de esta serie son grandes *badass*, especialmente la hermanastra humana de Kara –interpretada por Chyler Leigh, la protagonista de *No es otra estúpida película americana*–, que no tiene poderes pero es una agente secreta envidiable, y el Detective Marciano, que en este caso es el líder de la organización militar secreta con la que Supergirl colabora. Pero si hay un personaje que destaca por encima de los demás es sin duda Cat Grant, la odiosa pero divertidísima jefa de Kara, la J.J. Jameson de DC, interpretada de forma suprema por Calista Flockhart –nuestra querida Ally McBeal–. Podrías enmarcarte todos sus comentarios crueles pero tronchantes –como «enhorabuena, tienes el nivel de ingenio de un comentario de YouTube»– y forrar una casa entera con ellos sin quedarte corto de material. La familia Luthor está espectacular: Katie McGrath casi repite su papel de Morgana en el *Merlín* de la BBC, como esa Lena Luthor dulce y amigable, pero que todo el rato estás temiendo que se vaya a volver mala de un momento a otro. Y Jon Cryer, habitualmente actor de comedia, nos sorprende siendo uno de los Lex Luthor más escalofriantes que jamás se hayan visto. Su escena de presentación, envenenando a todos los presentes en un juicio que pretendía encarcelarlo, pone la piel de gallina.

Como todas las series de la CW, sufre el problema de los cambios de reparto cuando algunos actores dejan la serie y son reemplazados. Pesan sobre todo las marchas de Cat Grant, Winn y Mon-El, tres personajes muy queridos que de-

LO MEJOR:
Cat Grant.

LO PEOR:
Que volvieran mala a Lena Luthor con un giro de guion poco creíble.

jaron un gran vacío. Por fortuna, el exorbitante carisma de Lena Luthor y lo divertido que es Brainiac-5 –alias *Brainy*– hicieron que la serie siguiera interesando incluso después de perder a sus mejores personajes. En cuanto a la acción, no tiene ninguna pega: es vibrante y frenética en sus escenas de lucha. Sobresale la escena en que Kara se enfrenta a su primo Superman, que tiene el cerebro lavado, y luchan de forma impresionante en pleno centro de la ciudad hasta que Supergirl lo derrota a guantazo limpio. Una escena que ya es historia viva de la televisión, épica como pocas y una de las mejores representaciones en pantalla de las habilidades de combate kryptonianas.

Junto con *Smallville*, esta es la serie que derrocha una mayor cantidad de cameos de anteriores estrellas de DC. Precisamente de *Smallville* se recupera a Laura Vandervoort –que encarnase a Supergirl– como la villana de la primera temporada y a Sam Witwell –que allí fue Doomsday– como el de la cuarta, además de a la queridísima Erica Durance –Lois– como Alura Zor-El, la madre de Kara. En cuanto a su madre adoptiva, es Helen Slater, la Supergirl del filme de 1984. También vuelven los dos protagonistas de *Lois & Clark: Las nuevas aventuras de Superman*, Dean Cain como el padrastro de Kara y Teri Hatcher como la madre de Mon-El. La presidenta de Estados Unidos es Lynda Carter –la Wonder Woman de los setenta– y también se recurre a varios actores de doblaje de las series de animación de DC, como Kari Wahlgreen o Esmé Bianco. Y hasta se pasa por allí Harley Queen Smith –la hija de Kevin Smith– que, aunque nunca antes haya trabajado en DC, recibió su nombre en honor a uno de sus personajes más famosos.

CURIOSIDADES:

- Además de Melissa Benoist y Grant Gustin, otros de los personajes de ambas series nos sorprendieron con sus vozarrones de oro en el *crossover* musical –especialmente Winn y el profesor Stein–. Y por supuesto, si había un musical en el Arrowverso, había que traer de vuelta a John Barrowman, aunque fuera un villano de *Arrow* y no de las dos series que se cruzaban: lo contrario habría sido un pecado capital.
- Melissa Benoist se casó con Chris Wood, el actor que interpreta a su amor de la ficción, Mon-El.
- La serie empezó en la CBS y no tenía relación con el Arrowverso de la CW, pero, tras las insistentes peticiones de los fans, acabó acordándose entre ambas cadenas un *crossover* entre *Supergirl* y *Flash*. Tuvo tanto éxito, debido sobre todo a la inmensa química entre los dos héroes, que CW acabó comprando la serie e incorporándola a su cosmos de ficción.
- Aunque en los créditos se dice que la serie está basada en personajes de Jerry Siegel y Joe Shuster –los creadores de Superman–, en realidad a Supergirl la inventaron Otto Binder y Al Plastino en 1959.
- El primer capítulo que dirigió Kevin Smith se tituló *Supergirl Lives*, como un guiño a la infame película jamás rodada de Superman que él mismo escribió para Nicolas Cage, *Superman Lives*.

BLACK PANTHER

¡Wakanda forever!

Black Panther (2018), Ryan Coogler. **Intérpretes:** Chadwick Boseman, Michael B. Jordan, Lupita Nyong'o, Letitia Wright, Danai Gurira, Martin Freeman, Forest Whitaker, Andy Serkis. **Cómic:** Marvel. **Película:** Disney.

Tras la muerte de su padre en *Capitán América: Civil War*, el príncipe T'Challa vuelve a casa para ser nombrado rey de Wakanda, un país rico y tecnológicamente avanzado que se oculta en pleno corazón de África, fingiendo estar en subdesarrollo para que no vengan los pesados de los norteamericanos a pedirles cosas. El problema es que hay otra persona que reclama el trono: el primo de T'Challa, Erik Killmonger, que reprocha a Wakanda su afán de guardarse sus riquezas para ellos solos y no ayudar al resto de África.

Una superproducción tan gigantesca que quita el aliento, en la que destaca por encima de todo el departamento de dirección artística. El esmerado trabajo de creación visual de todo un país imaginario, su cultura, paisajes, ropas, utensilios y edificaciones, hasta lograr que lo veamos y nos creamos que existe de verdad, no tiene nada que envidiar al equipo artístico de la trilogía *El señor de los anillos* de Peter Jackson. Resulta también encomiable el trabajo de todos los actores en hablar con un marcado acento africano para dotar a la obra de mayor credibilidad –si obviamos el tropo estadounidense de que la gente de otros países habla entre sí en inglés con acento–, pese a que muchos de ellos son americanos o británicos.

La creación de este país imaginario fue muy compleja: se contrató a consultores expertos en política e historia africana; se diseñó la estética de cinco tribus distintas que conviven en el mismo país; el compositor Ludwig Göransson estudió a fondo músicas de distintas zonas en la Biblioteca Internacional de Música Africana en Sudáfrica y viajó a Senegal para investigar a músicos locales; la diseñadora de producción Hannah Beachler escribió una guía de la historia de Wakanda con la friolera de 515 páginas.

Michael B. Jordan nos trae aquí a uno de los mejores villanos que podamos haber visto en el cine superheroico, redimiéndose de su participación en la peor película basada en Marvel que jamás se haya hecho –cierto bodrio de 2015, tan horrendo que ni voy a mencionar su nombre por si acaso hago que se ponga a llover–. Estamos ante uno de esos casos en que se ha puesto tanto cuidado en que el villano no resulte un mero cliché, en darle una motivación interesante con la que podamos empatizar, que al final acaba teniendo más razón que el héroe. Al fin y al cabo, T'Challa es un rey y punto, lo es porque su padre lo fue antes que él y todo el mundo a callar, mientras que Killmonger resulta un personaje mucho más complejo, con motivaciones más dignas, aunque sus métodos sean los de un supervillano.

Y es que *Black Panther* es, junto con la trilogía del Capitán América, la película más política del MCU, que gira en torno a los derechos del pueblo negro y a la responsabilidad que tienen los poderosos de ayudar a sus hermanos menos afortunados. Igual que sucedía con Xavier y Magneto, T'Challa y Killmonger evocan aquí a Martin Luther King y Malcolm X en sus distintas visiones de cómo luchar por los derechos civiles.

LO MEJOR:
La dirección artística.

LO PEOR:
Que Killmonger sea «el malo».

La película arrasó en taquilla, fue la primera del MCU en recuperar todo el presupuesto invertido en su primer fin de semana –200 millones, nada menos– y la que más ha recaudado fuera de la tetralogía *Vengadores*. Además, es la primera obra del género en ser nominada al Oscar a mejor película –aunque finalmente ganó los de vestuario, diseño de producción y banda sonora–. Queda pendiente ver qué sucederá en sus secuelas, tras la triste muerte de Chadwick Boseman y el despido de Letitia Wright.

CURIOSIDADES:

- Los dos personajes blancos de la historia son Martin Freeman y Andy Serkis, a los que apodaban en el set «Tolkien White Guys» –el primero interpretó a Bilbo y el segundo a Gollum–. Martin Freeman comentó en una entrevista, al respecto de ser una de las pocas personas blancas del rodaje, que ahora entiende cómo se siente un actor negro en cualquier película de Hollywood.
- El célebre humorista sudafricano Trevor Noah pone voz a la inteligencia artificial del avión de combate que pilota Martin Freeman.
- El personaje de Pantera Negra fue creado un poco antes de que naciera el partido de los Panteras Negras y, contrariamente a la creencia popular, fue una simple casualidad que se llamasen igual, ninguno de ambos tomó el nombre del otro.
- Al igual que DC tiene muchísimas ciudades ficticias de Estados Unidos, casi todas con nombres acabados en «City», en el universo Marvel hay una gran cantidad de países imaginarios, que en su día fueron creados para evitar ofender a lectores extranjeros si se empleaban lugares reales para tratar asuntos demasiado polémicos –dictaduras, racismo, delincuencia extrema o ser el lugar de origen de un supervillano–. Es el caso de Latveria, Transia, Madripoor, Genosha, Symkaria, Sin-Cong, Santo Marco, Costa Verde y, por supuesto, Wakanda, que en el MCU parece estar situada entre Etiopía y Sudán.

SUPERMAN & LOIS

De vuelta a la granja

Superman & Lois (2021-¿?), Greg Berlanti y Todd Helbing.
Intérpretes: Tyler Hoechlin, Elizabeth Tulloch, Jordan Elsass,
Alex Garfin. **Cómic:** DC. **Serie:** Warner Bros.

Ha pasado el tiempo y Clark y Lois se enfrentan a un reto mucho mayor que derrotar a Lex Luthor: ser padres de dos gemelos adolescentes muy hormonales. Por si fuera poco, cuando ambos pierden sus empleos en el *Daily Planet*, a la familia Kent no le queda otra que volver a instalarse en la vieja granja de Smallville. Pero alejarse de Metrópolis no significa que los problemas de nivel apocalíptico vayan a dejar de seguirlos.

Esta iteración de Superman nació como un secundario esporádico en la serie *Supergirl*, dando el curioso resultado de que, por primera vez, se haga una adaptación del hombre de acero que es un *spin-off* de las aventuras de su prima y no al revés. Y algo aún más singular, por lo poco explotado hasta el momento, es el enfoque de la historia: nos alejamos de las típicas series que exploran los orígenes de un superhéroe y cómo se va convirtiendo poco a poco en leyenda –*Daredevil*, *The Flash* o, más obviamente, *Smallville*– para mostrar una visión posterior, cuando ya es de sobras conocido por todos y a nadie le sorprende encontrárselo salvando a alguien por la calle.

Esta versión ahonda en los años de madurez de Kal-El y nos lo muestra ya no como un héroe recién formado, sino como un veterano. No hay una historia de amor juvenil con un flechazo entre Lois y Clark, que se gusten y mantengan una tensión romántica que nos trae de cabeza durante toda la serie, sino que ya están casados desde antes de empezar la serie, alejándonos de la manida trama romántica y confiriendo a la obra un tono más familiar. Precisamente, la historia gira en torno a los problemas de compaginar los deberes como padre con la vida secreta de un superhéroe, en una especie de alegoría de cómo la paternidad dificulta el seguir dedicando tiempo y esfuerzo a los intereses propios.

LO MEJOR:
La dinámica entre los cuatro miembros de la familia Kent-Lane.

LO PEOR:
Un poquito más de conexión con la continuidad de Supergirl no habría estado mal.

Por lo demás, es puro Superman, como nunca debió dejar de ser: alegre, optimista y desenfadado, como el de Richard Donner o el de los cómics originales. Un héroe que es un rayo de luz para alegrar las vidas de la gente y hacer que salgan a la calle con mayor confianza, en lugar de la incomprensible versión oscura y «batmanizada» que se rodó hace unos años con desastrosos resultados. Este Superman no es un malote siniestro y ultraviolento para hacer babear a los fans intensitos de lo *edgy*: este Superman es Superman. La serie arranca con mucha agilidad, resumiendo en apenas minuto y medio el origen del superhéroe –a estas alturas, ¿para qué perder más tiempo?–. El porte del protagonista lo eleva por completo: la primera vez que lo ves en pose épica, te queda claro que no es ningún *cosplayer*, sino el auténtico Kal-El, con tanto derecho a serlo como Reeve o Routh. Y Lois, como debe ser, es dura y peleona al nivel de Margot Kidder o Erica Durance, en lugar de un mero accesorio insulso como en algunas otras versiones.

Esta es la serie del último hijo de Krypton que de verdad nos merecíamos.

CURIOSIDADES:

- Elizabeth Tulloch está casada en la vida real con David Giuntoli, con quien coprotagonizó *Grimm*. Giuntoli se presentó al casting de *Superman Returns* para ser Clark Kent.
- Aunque es un *spin-off* de *Supergirl*, se ha modificado la continuidad para poder escribir una historia aparte, con la excusa del reajuste de la realidad que se dio en *Crisis en tierras infinitas*, el *crossover* del Arrowverso.
- Las minas sobre las que gira la trama de la primera temporada se llaman Shuster, como guiño a uno de los dos creadores de Superman.
- Tyler Hoechlin es el décimo actor en encarnar a Superman en imagen real.
- En el episodio piloto, tenemos de nuevo un plano homenaje a la portada del *Action Comics* 1, con Superman levantando un coche verde en la misma pose exacta.

THE AMAZING SPIDER-MAN

Un gran poder conlleva un pelazo envidiable

The Amazing Spider-Man (2012), **Marc Webb.**
Intérpretes: Andrew Garfield, Emma Stone, Rhys Ifans, Denis Leary, Martin Sheen. **Cómic:** Marvel. **Película:** Sony Pictures.

En esta nueva historia de origen del amistoso trepamuros, Peter se enfrenta a la mutación de su mentor, el doctor Curt Connors, en el Lagarto, un villano demente que planea convertir a todo Manhattan en reptiles como él.

Una obra dinámica, llena de adrenalina y cuya subtrama amorosa está mejor llevada que en muchas otras películas de superhéroes, a lo que ayuda mucho lo actorazos que son Andrew Garfield y Emma Stone. Este *reboot* fue el soplo de aire fresco que la franquicia necesitaba después del exceso de dramatismo de *Spider-Man 3*. Se agradece mucho que recurrieran a un villano como el Lagarto, mucho menos explotado que los habituales Duende Verde, Venom y Octopus –aunque, personalmente, me cuesta mucho ver a Rhys Ifans en un papel serio y no visualizar a Adam Sandler en *Little Nicky* gritándole «¡Métete en la petaca, Adrian!»–.

Cabe admitir que es un tanto innecesario volver a pasar la primera hora de película narrando el origen del héroe, cuando ya se había detallado con pelos y señales en la versión de Raimi, pero, al combinarse ya desde el principio con la subtrama de Connors, no se hace pesado. Aporta una curiosa nueva historia en la que los padres de Peter fueron asesinados como parte de una conspiración de OsCorp, algo que da una dimensión más redonda a la trama y hace que todo quede conectado –y si te parece forzado, te recuerdo que, en los cómics, los padres de Peter eran agentes de S.H.I.E.L.D. asesinados por Cráneo Rojo–.

Nos deja escenas memorables, como esa pelea involuntaria en el metro en la que Peter tumba a todos sus atacantes casi sin querer, que parece sacada de una cinta de Jackie Chan. Y por supuesto, la gloriosa refriega en la biblioteca, que implica el que probablemente sea el mejor cameo de Stan Lee. Como sucedía en la versión de Raimi, aquí también tenemos una emotiva escena en que la agradecida clase obrera de Nueva York echa una mano a Spidey: en este caso, C. Thomas Howell y su grupo de constructores alinean sus grúas para que Peter pueda balancearse hasta la sede de OsCorp a tiempo de salvar a Gwen. Hay algunas decisiones visuales estupendas,

LO MEJOR:
Las posturitas superheroicas bajo la luz de la luna son cien por cien viñetas de tebeo.

LO PEOR:
No hacía falta volver a narrar el origen, ya nos lo sabemos. Podrían haber ido a por faena.

como esos vertiginosos planos aéreos desde el punto de vista de Spider-Man y que la primera vez que vemos su traje sea precisamente en uno de estos planos, reflejado en una ventana.

Un Spider-Man más similar al del cómic en su cualidad de bocazas chistosillo y que además utiliza lanzarredes mecánicos en lugar de orgánicos. Garfield resulta el opuesto a Maguire: donde aquel lo bordaba como el Peter pardillo pero le faltaba chispa a su parte arácnida, este está magistral en su vertiente de superhéroe simpático, pero es demasiado guay para ser un Parker creíble. Aún tardaríamos unos años en encontrar un guion que combinase a la perfección ambos aspectos del personaje.

CURIOSIDADES:

- Los dos tíos Ben del siglo XXI, Cliff Robertson y Martin Sheen, no solo han compartido este papel, sino que además ambos han interpretado a John F. Kennedy en el cine.
- En la habitación de Peter hay un póster de Donald Glover, que cinco años más tarde aparecería en *Spider-Man: Homecoming*.
- Primera película en la que el interés romántico de Peter no es Mary Jane.
- No se dice ni una sola vez la mítica frase «un gran poder conlleva una gran responsabilidad». El tío Ben suelta un discurso que viene a decirlo con otras palabras, pero se han esmerado en no citar la frase tal cual.
- En una primera versión, iba a aparecer John Jonah Jameson, director del *Daily Bugle*. Y, si existe en el mundo un actor que pudiera darnos a un Jameson tan genial como el de J.K. Simmons, es precisamente el que se consideró para el papel: Sam Elliott.

STARGIRL

Diversión superheroica de la vieja escuela

Stargirl (2020-¿?), Geoff Johns.
Intérpretes: Brec Bassinger, Luke Wilson, Amy Smart, Henry Thomas, Joel McHale. **Cómic:** DC. **Serie:** Warner Bros.

Cuando un complot de villanos masacra a la Sociedad de la Justicia de América, el único superviviente es Stripesy, el sidekick del superhéroe Starman. Años después, Courtney, la hijastra adolescente de Stripesy, encuentra en el garaje la vara cósmica de Starman y se convierte en la nueva heredera del manto de las barras y estrellas: ¡Stargirl! Con su padrastro como *sidekick*, eso sí.

Es curioso que el Arrowverso comenzase como una revisión sombría de los cómics, pero a posteriori cada nueva serie que engendra sea una respuesta más brillante y optimista que la anterior. *Stargirl* es la última de ellas –de momento– y también la más alegre, recuperando la frescura y alegría de los tebeos clásicos de superhéroes. La Sociedad de la Justicia, o JSA, fue uno de los primeros equipos heroicos, allá por los años 40, y aunaba a grandes mitos como el primer Flash –Jay Garrick– con otros que a día de hoy nos son desconocidos, como Star-Spangled Kid: un intento de DC de imitar el éxito del Capitán América, apelando también al espíritu patriótico del público, pero sin el matiz rebelde ni el carisma que tenía el bueno del Capi, resultando en un personaje fácil de olvidar. Ya en los noventa, el propio Geoff Johns –el mismo que lo ha adaptado a televisión– recuperó a su *sidekick* Stripesy, renombrándolo como S.T.R.I.P.E., para un nuevo cómic con una versión renovada y juvenil: Courtney Whitmore, alias Stargirl. En la serie, Johns ha fusionado al personaje de Star-Spangled Kid con otro superhéroe clásico de DC, Starman, que vendría a ser lo mismo pero en versión adulta.

Toda la historia es una carta de amor a la *Golden Age* de los cómics, con innumerables apariciones de héroes y villanos de aquel entonces, pero actualizándola a los tiempos modernos. Aunque la estética y la música bailen entre los años cincuenta y los noventa a modo de homenaje, la trama transcurre a día de hoy, con personajes que usan WhatsApp

y se ponen filtros en los *stories* de Instagram. Ya en el piloto, tenemos a la JSA clásica reunida durante una breve escena y podemos ver a personajes como Hourman, Wildcat, el Doctor Mid-Nite, Brainwave, Icicle y detalles de los uniformes de Jay Garrick, el Doctor Destino o Sandman –no el dios del sueño de Neil Gaiman, sino el superhéroe de la máscara antigás–. La serie nos trae una renovación, con la idea de un grupo de adolescentes actuales que recogen el manto de los superhéroes caídos décadas atrás, pero profesando un gran respeto y admiración a la era clásica, hacia la que se le nota muchísimo cariño.

Luke Wilson está tan genial como en todo lo que hace siempre, su robot de combate es una pasada y el Starman de Joel McHale –Jeff Winger de *Community*– resulta heroico y divertido a partes iguales en sus fugaces *flashbacks*. Una serie adictiva, refrescante y simpática que, sin ser de humor, tiene algunos momentos verdaderamente graciosos.

CURIOSIDADES:

- Lea Thompson –Lorraine en *Regreso al futuro*, Beverly en *Howard… un nuevo héroe*– ha dirigido varios capítulos de la serie.
- Hourman está interpretado por Lou Ferrigno Jr., el hijo del Hulk clásico.
- En el episodio piloto, el camión que hace la mudanza de la familia protagonista luce el logo de *Action Comics*, la serie clásica en la que debutó Superman.
- Geoff Johns se inspiró en su hermana Courtney para crear a Courtney Whitmore.
- La serie se ambienta en un universo distinto al del Arrowverso, la Tierra-2, pero Stargirl hizo su primera aparición al final del *crossover Crisis en tierras infinitas*, a modo de *teaser* de la nueva serie que se iba a estrenar y para dejar claro que sucedería en otra realidad –la Stargirl de Tierra-1 ya había salido en *Legends of Tomorrow* y vivía en los años 40–.

CAPITANA MARVEL

Ponle más 90s a esa mezcla

Captain Marvel (2019), **Anna Boden y Ryan Fleck.**
Intérpretes: Brie Larson, Jude Law, Samuel L. Jackson, Clark Gregg, Ben Mendelsohn, Lashana Lynch, Gemma Chan. **Cómic:** Marvel. **Película:** Disney.

Carol Danvers, aparentemente una alienígena de la especie Kree, se estrella en la Tierra en el curso de una misión en 1995. Allí comienzan a asaltarla extraños recuerdos de una vida como humana que en teoría jamás tuvo.

Esta película, una de las más divertidas y trepidantes del MCU, se ambienta en los noventa y les rinde un constante homenaje. El aspecto visual de sus escenas de acción está muy inspirado en los grandes *blockbusters* de la época, como *Mentiras arriesgadas*, aunque se mezcla con el aspecto más moderno de la Marvel actual, con un CGI que merece un aplauso. Las referencias a la década son constantes, desde los elementos de ambien-

tación –que una escena suceda en un videoclub de la añorada cadena Blockbuster, los posters del mítico *Mellon Collie and the Infinite Sadness* de los Smashing Pumpkins, las GameBoy antiguas–, que harán las delicias de cualquier fan anclado en los noventa, hasta la maravillosa banda sonora. Y es que no dejan de sonar verdaderos hits del pop-rock de entonces: *Connection* de Elastica, *Come As You Are* de Nirvana, *Only Happy When It Rains* de Garbage, *Just a Girl* de No Doubt, *Celebrity Skin* de Hole… Si no te andas con cuidado mientras ves la película, es probable que broten de la nada una camisa de franela anudada en torno a tu cintura, unos guantes sin dedos y una gorra de Fido Dido.

Aunque se trate de una película de pura diversión, acción por un tubo, tiros y explosiones, no deja de encerrar un fuerte mensaje social, además de su evidente tono feminista. Profundiza, a través de los Skrulls, en el sufrimiento que las guerras infligen a los refugiados. Nos muestra que en una guerra no hay un bueno y un malo, sino una escala de grises en la que son los civiles los que siempre se llevan la peor parte.

Resulta curiosa la elección del personaje central para un hito tan importante como la primera película del MCU con protagonismo femenino. De todas las superheroínas molonas que había para escoger… Y es que, al igual que sucedió en *Ant-Man*, Marvel Studios ha elegido llevar al cine al personaje menos interesante de todos los que han usado ese apodo. La Carol Danvers de los cómics es una persona poco agradable, como el Tony Stark original: una militar ultraconservadora, sosa, recta y aburrida, que siempre se posiciona en el peor lado posible en cualquier conflicto moral. Pero, como también sucedió en *Ant-Man* –donde podrían haber elegido a Hank Pym o a Eric O'Grady, pero se quedaron con el olvidable Scott Lang–, la versión cinematográfica resulta mucho más interesante que la base, con mucho mayor volumen y carisma. Siendo claros, la Carol del cine es infinitamente más guay que la de los cómics.

Carol Danvers es la quinta y, de momento, última persona en llevar el nombre Captain Marvel –que en inglés es unisex–. El primero fue Mar-Vell, luego vino su hijo Genis-Vell –quizás el único que rivaliza en sosería con Carol–, después Monica Rambeau –que en esta película es una niña pequeña–, luego Phyla-Vell –hija del Capi original y fundadora de los Guardianes de la Galaxia– y, por último, Carol. Para la gente que no había leído muchos cómics de la editorial, fue todo un avance que ahora la Capitana Marvel fuese una mujer, porque así lo dijeron los medios. Pero, para los fans de toda la vida, fue más bien un retroceso: después

LO MEJOR:
La emoción de volver a ver a Coulson en una película de Marvel.

LO PEOR:
Los lloriqueos de ese sector del fandom. Sí, ese. Ya sabes de cuál te hablo.

de dos Capitanas Marvel, la primera de raza negra y la segunda una alienígena lesbiana en una relación interespecie con la hija de Drax, pasarle el manto a una militar blanca, heterosexual y de derechas fue un movimiento un tanto rancio. Por qué fue precisamente esa, de entre las tres Capitanas, la que se decidió llevar al cine, es algo que a muchos se nos escapa. Pero los cambios que se le aplicaron a su personalidad a la hora de trasladarla a la gran pantalla bastaron para generar un resultado muy, muy positivo.

CURIOSIDADES:

- Los Kree fueron creados en los años sesenta, una época más ingenua, y sus nombres tienden a pronunciarse igual que nombres humanos o palabras del inglés, pero escritos con un guion en medio: Mar-Vell, Noh-Varr, Att-Lass, Minn-Erva, Yon-Rogg –John Rogue–, Soh-Larr…
- Stan Lee hace un cameo en la escena del autobús, ensayando el guion de su papel en *Mallrats* de Kevin Smith.
- En los cómics, Carol tiene un grupo de sus amigos más cercanos, con los que organiza timbas de póquer: Jessica Jones, Spider-Woman, Lobezno, Hazmat y Ms Marvel.

La película juega de una forma brillante con elementos clásicos de la mitología del Capitán Marvel, para que nos sintamos remotamente familiarizados con ciertos conceptos, pero luego nos sorprenda al darles la vuelta. Aparecen villanos clásicos del personaje, como el Capitán Atlas y la Doctora Minerva. Mar-Vell era algo así como el Superman de Marvel: un alienígena enviado a la Tierra para infiltrarse, pero que, conmovido por la bondad y esperanza de la especie humana, decide quedarse en el planeta como su protector, bajo el nombre de Doctor Walter Lawson, un científico del ejército.

Un cambio inesperado que ayudó mucho a mantener el suspense y la sorpresa fue que en la película Mar-Vell fuera una mujer, Wendy Lawson –nada menos que Annette Bening–. Resulta un giro agradable para el guion, ya que durante más de media película no se dice en ningún momento cómo se llama el personaje de Jude Law. Todos los fans, viendo a ese aguerrido soldado Kree que entrena a Carol, dimos por hecho que él era Mar-Vell, hasta que, a mitad del metraje –no con un rebuscado *plot twist* a lo Shyamalan, sino simplemente por la nimiedad de que nadie se había dirigido aún a él por su nombre–, descubrimos que es en realidad Yon-Rogg, más conocido en los cómics como Magnitron, otro villano clásico del Capi. Pero no desesperes: puede que esta versión de Mar-Vell también haya tenido hijos antes de esta aventura, así que mantengamos la esperanza de poder llegar a ver a Phyla-Vell –la mejor Capitana Marvel habida y por haber– en futuras entregas de *Guardianes de la Galaxia*.

Las escenas de acción son realmente magníficas, Brie Larson emana tanto carisma como siempre y su química con Samuel L. Jackson es maravillosa. La parte introductoria de la historia es interesante, pero la verdadera diversión arranca cuando Carol llega a la Tierra: a partir de ahí, todo es una montaña rusa de emociones. Especial mención merece la broma recurrente de que Nick Furia parezca estar a punto de perder su ojo varias veces y la mayoría de ellas se quede en un susto.

Capitana Marvel no es la primera película de superhéroes protagonizada por una mujer, pero sí la primera de ellas que está principalmente escrita por mujeres. Y eso se nota muchísimo en su tono. Y como tal, la escena del clímax que homenajea a *Buffy, cazavampiros* resulta inevitable –ese montaje de escenas de la pequeña Carol cayendo y levantándose, que es un guiño al capítulo final de la serie–. Hablamos de una película que no solo profesa un culto a los noventa, sino que derrocha feminismo por todos sus poros, con lo que no podía dejar de rendir homenaje a la primera superheroína que protagonizó una serie sobre el empoderamiento femenino.

CURIOSIDADES:

- Primera película del MCU estrenada tras la muerte de Stan Lee.
- En los cómics, el gato de Carol se llama Chewie, porque lo que la llevó a hacerse piloto fue *Star Wars*. Al modernizar su origen para la película, el gato pasó a llamarse Goose en honor a *Top Gun*.
- Aunque aquí solo sea una niña, Monica Rambeau –la Capitana Marvel original– volvería, ya como adulta y con superpoderes, para *WandaVision*. Probablemente, como en el MCU su nombre ya está pillado, Monica adoptará alguno de sus alias posteriores de los cómics: Fotón o Spectrum.

SMALLVILLE

Somebody save me!

Smallville **(2001-2011), Alfred Gough y Miles Millar.**
Intérpretes: Tom Welling, Michael Rosenbaum, Allison Mack, Erica Durance, Kristin Kreuk, Justin Hartley. **Cómic:** DC. **Serie:** Warner Bros.

Los Kent se encuentran a un bebé alienígena en un pueblecito de Kansas y, en lugar de llamar a la tele, lo crían como a un hijo, pero pronto revela sus poderes y el resto es historia. Esta versión juvenil del mito de Superman es una mirada a sus años de adolescencia, en los que aún no era el hombre de acero, pero como si lo fuera.

A caballo entre la acción superheroica y el culebrón adolescente, su originalidad en el momento fue centrarse en los años anteriores a la historia ya conocida por todos. Sus primeras temporadas fueron un tanto procedimentales y repetitivas: en cada episodio, alguien cobraba poderes, enloquecía y trataba de matar a Lana Lang, hasta que llegaba

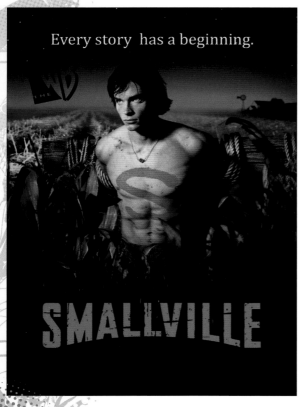

Clark y lo estampaba contra una pared, sin que a nadie le diera tiempo a ver que había sido él. Por suerte, la serie mejoró de forma exponencial al introducirse arcos de temporada y, sobre todo, con la llegada de Lois Lane y Flecha Verde, o de villanos como el Brainiac de James Marsters o el general Zod –los que conocíamos a Callum Blue por su faceta cómica en *Tan muertos como yo* nos quedamos de piedra al verlo en la piel de un terrorífico genocida–.

La serie tuvo buenas ideas, como la excusa de que la lluvia de meteoritos que trajo a Kal-El repartiese poderes aleatorios, justificando que un pueblecito perdido de la mano de Dios esté a rebosar de villanos, con lo que podemos olvidarnos de la verosimilitud y meternos en faena. También se jugaba muy bien con el suspense, y es que todos conocíamos la historia de Superman y sabíamos que algunas cosas iban a suceder sí o sí: Lex Luthor acabaría volviéndose malo, Clark y Lois acabarían juntos, pero durante muchas temporadas no teníamos ni idea de cómo iba a pasar, porque Lex era un buen amigo y Clark parecía destinado a estar siempre con Lana. La solución a ambas dudas resultó un tanto forzada, pero el camino hasta ahí estuvo muy bien llevado. La trama romántica entre Clark y Lana fue tan potente que nos temíamos que, cuando al fin llegase Lois Lane, no nos gustaría, pero Erica Durance disipó todas las dudas. Y qué decir de Michael Rosenbaum, probablemente el mejor Lex Luthor que se haya visto jamás en pantalla.

Algunos personajes creados para la serie, como Chloe, fueron tan bien recibidos por el fandom que se los acabó incluyendo en los cómics. Llegó a pasar por la serie media Liga de la Justicia –Flash, Aquaman, Flecha Verde, el Detective Marciano– e incluso de la clásica Sociedad de la Justicia de los años 40, que apareció en el doble capítulo dirigido por el propio Welling, probablemente el punto más brillante de toda la serie. Y la escena final fue un hito, con ese plano homenaje a Donner en el que Clark se abre la camisa para mostrar la «S» en su pecho y suena la melodía clásica de John Williams.

La actual costumbre de que en las adaptaciones de cómics hagan cameos los actores de versiones anteriores tuvo su origen en *Smallville*. Por allí se dejaron caer Christopher Reeve, Margot Kidder, Helen Slater o Mark McClure, entre muchos otros. Además, teníamos como personajes recurrentes a Annete O'Toole –Lana Lang en las películas clásicas, Martha Kent en la serie– y a Terence Stamp –el inolvidable Zod, reconvertido en Jor-El–.

CURIOSIDADES:

- El papel de Jensen Ackles como villano fue el causante de que la misma cadena, la CW, le ofreciese al año siguiente protagonizar *Sobrenatural*.
- Aaron Ashmore interpretó a Jimmy Olsen, mientras que su gemelo idéntico Shawn ha aparecido en otras historias de superhéroes: fue el Hombre de Hielo en la saga *X-Men* y Lamplighter en *The Boys*.
- Alessandro Juliani, que en *Smallville* interpretaba al doctor Emil Hamilton, volvería al mundo de Superman en la versión de Snyder, como el oficial Sekowsky.
- Laura Vandervoort, la Supergirl de *Smallville*, apareció a posteriori en la serie *Supergirl* como Indigo, la villana de la primera temporada.
- Algunos guiños: en el episodio en que Clark se vuelve malo por efecto de la kryptonita roja y echa a volar, suena la clásica frase «¿Es un pájaro? ¿Es un avión?»; y en el mítico capítulo de Halloween en que Clark se disfraza del Zorro, comenta que odia las capas y jamás piensa volver a ponerse una.

LO MEJOR:
Los capítulos dirigidos
por Tom Welling.

LO PEOR:
Que jamás llegásemos a verlo
con el traje de Superman.

También tuvo sus problemas, por supuesto, y es que la serie distaba mucho de ser perfecta. La obsesión con no mostrar el traje de Superman hasta el ultimísimo momento para mantenernos expectantes provocó que, durante una época, Clark vistiese una especie de versión modernilla, con una chupa de cuero roja con el logo en relieve monocromo, muy de principios de los dos mil. Y al final, después de diez años esperando, apenas vemos a Superman de lejos, reflejado en una ventanilla de avión. Otro problema es que se suponía que esta serie sucedía antes de que Superman fuera Superman, pero en ella ya aparecen –y mueren– la inmensa mayoría de sus villanos más míticos –Luthor, Brainiac, Doomsday, Zod, Darkseid–, dejándonos con la duda de si le quedará algún enemigo al que enfrentarse cuando por fin se convierta en superhéroe. El abuso del efecto «tiempo-bala» que había triunfado en *Matrix* nos hizo aborrecerlo. Probablemente una de sus mayores meteduras de pata fue cuando decidieron matar a Jimmy Olsen al final de la octava temporada, luego se arrepintieron y decidieron que tuviera un hermano pequeño idéntico… que para colmo también se llamaba Jimmy –se conoce que la familia Olsen no tenía mucha inventiva a la hora de poner nombres–. Y no hablemos ya del intento de sacar un *spin-off* de Aquaman, que por suerte no pasó de un fallido piloto y para el que, inexplicablemente, no se empleó al actor que hacía de Aquaman en la serie sino al que hacía de Flecha Verde.

SPIDER-MAN: LA TRILOGÍA DE HOLLAND

Tu amistoso vecino nerd

Spider-Man: Homecoming (2017) / *Spider-Man: Far from Home* (2019)
Spider-Man: No Way Home (2021), Jon Watts.
Intérpretes: Tom Holland, Zendaya, Marisa Tomei, Michael Keaton,
Jake Gyllenhaal, Willem Dafoe. **Cómic:** Marvel. **Películas:** Disney.

Cuando al joven Peter Parker le pica una araña radiactiva… uh… ¿no habíamos hecho esto ya? En fin, en esta nueva versión, Spider-Man se enfrenta al Buitre, más tarde a Mysterio y, en la tercera entrega, a un montón de enemigos transdimensionales.

Una trilogía mucho más redonda que las anteriores sagas del arácnido, que no tiene ninguna entrega mala. La emoción es constante, con adrenalina por un tubo, pero sin dejar de lado el drama y el heroísmo. La historia no es la de un treintañero que finge ir al instituto mientras piensa en la declaración de la renta, sino la de un adolescente de verdad, con sus problemas de adolescente y sus anhelos de adolescente, pero que además salva el mundo entre la clase de mates y la de latín. Para ello, Tom Holland es el casting perfecto. Donde Maguire colaba como Parker pero le faltaba chispa a su Spider-Man, y Garfield era un gran Spider-Man pero demasiado molón para ser Peter, Holland lo borda en ambas vertientes del personaje. Por no mencionar su desbordante química con la MJ de Zendaya: es una pareja a la que te crees más que a muchas otras parejas del MCU.

Un gran acierto de la saga es que en esta ocasión se prescinda de narrar por enésima vez la muerte del tío Ben, para ir a por faena con un Spider-Man que ya lo es desde el comienzo –a ver si aprendéis, guionistas de las adaptaciones de Batman–. Y sobre todo poder ver a una tía May cuya edad hace creíble que sea la tía de un adolescente y no su abuela –recuerdo que un amigo me dijo en el cine que Marisa Tomei ha nacido

para ser la tía May, porque su apellido es, literalmente, «to May»… no le he retirado la palabra, pero aún le guardo cierto rencor por el chascarrillo–.

Michael Keaton está espectacular como el Buitre, recobrando la majestuosidad de sus días como Batman, al que incluso hay un pequeño guiño: cuando pelea contra Peter, su silueta alada se recorta por un instante contra la luna llena en una clara *batseñal*. Tanto él como Gyllenhaal tienen un toque de interés que los relaciona con el MCU para mantener la constante sensación de interconexión y credibilidad: el Buitre se gana la vida arreglando piezas de tecnología recogidas tras las batallas de los Vengadores y Mysterio es un descontento exempleado de Stark.

Como debería pasar en toda trilogía que se precie, la tercera entrega es la más apoteósica. A partir de aquí, tápate los ojos por los *spoilers*, que aún es una obra reciente. Tras hacerse pública la identidad secreta de Peter, este le pide al Doctor Extraño un conjuro para que la gente lo olvide, pero la cosa sale mal y empiezan a abrirse portales dimensionales –parece que toda la Marvel fílmica actual se encamina hacia esto, con el objetivo, esperemos, de traernos por fin a Reed Richards y a los mutantes–. Empiezan a llegar enemigos de Spider-Man de otras realidades, es decir, los de las sagas anteriores: el Duende Verde de Dafoe, el Octopus de Molina, el Hombre de Arena de Church, el Lagarto de Ifans –que sigue sin querer meterse en la petaca de Nicky– e incluso el Electro de Foxx. Por suerte, aparecen dos aliados para echar un cable a Peter: ¡Maguire y Garfield! La sala de cine se sumerge en un rugido gutural atávico.

El verdadero valor de esta entrega es dar un cierre digno a las sagas de Sony. Y su momento más enternecedor es cuando Garfield logra salvar a MJ de una muerte casi idéntica a la de su Gwen Stacy, perdonándose al fin a sí mismo. Lástima de lo anecdótica que resulta la aparición del Venom de Hardy –sus películas son bastante olvidables, pero él borda el papel–. Y más triste aún ese giro final en que todo el mundo olvida la existencia de Peter –me pregunto cómo cree Happy que conoció a May en estos nuevos recuerdos que le han sido dados–, porque eso podría implicar la partida de MJ de la franquicia. ¿Le buscarán a Peter un nuevo interés romántico para futuras entregas? ¿Será por fin la Gata Negra? No sabemos adónde nos llevará este nuevo estatus de Peter en la próxima trilogía que ya se ha confirmado, pero seguro que será asombroso y espectacular.

LO MEJOR:
Haber hallado por fin al Peter Parker ideal.

LO PEOR:
Faltaba Venom en la batalla final de la tercera.

CURIOSIDADES:

- Stan Lee incluyó la palabra «amazing» en el título de *Spider-Man* porque muchos quioscos ordenaban los cómics alfabéticamente y pensó que así el suyo sería el primero que vieran los compradores.
- En *Homecoming*, a la inteligencia artificial del traje robótico de Spider-Man la dobla Jennifer Connelly. Su marido, Paul Bettany, hizo lo propio con el J.A.R.V.I.S. de Stark –convirtiéndose después en La Visión–.
- El guion de la primera entrega es del actor John Francis Daley, que fuera el niño protagonista de *Freaks and Geeks* –junto a su hermana de ficción Linda Cardellini, la mujer de Ojo de Halcón–, aunque es más probable que lo recuerdes como el psicólogo de *Bones*. Resulta divertido que, en la segunda y la tercera entrega, al profesor Harrington –el que se los lleva de viaje por Europa– lo interprete Martin Starr, que hacía del mejor amigo de Daley en *Freaks and Geeks*.
- En una ocasión, Alfred Hitchcock dijo que no puedes rodar una película en Holanda sin que salgan molinos y tulipanes. Jon Watts quiso rendirle homenaje en la segunda entrega: cuando Happy va a Holanda con el jet a buscar a Peter, hay un plano que imita al más icónico de *Con la muerte en los talones*, pero en un campo de tulipanes y con un molino al fondo.
- Según Jeffrey Henderson, dibujante de storyboards de la trilogía de Raimi, Mysterio iba a ser el villano de la cuarta entrega que nunca se rodó y lo iba a interpretar nada menos que… ¡Bruce Campbell! Una pena no haber podido verlo, pero algunos aún tenemos esperanzas de que el bueno de Ash se deje caer por el MCU como… ¿Mephisto?

LOS CROSSOVERS DEL ARROWVERSO

Series vivirán, series morirán

El Arrowverso es el cosmos de ficción formado por las series televisivas basadas en los cómics de DC, interconectado al estilo del MCU o el DCEU –aunque infinitamente mejor construido que este último–. Lo componen *Arrow*, *The Flash*, *Supergirl*, *Legends of Tomorrow*, *Constantine*, *Batwoman*, *Superman & Lois*, *Black Lightning* y *Stargirl*, además de las webseries animadas *Vixen* y *Freedom Fighters: The Ray*. Algunas van muy a su aire, apartadas de las demás, pero otras suelen coincidir en la tradición del *crossover* anual, que se narra a lo largo de una semana en las cuatro series centrales –*Arrow*, *The Flash*, *Supergirl* y *Legends of Tomorrow*–.

Estos *crossovers* son una gozada para cualquier lector de cómics de superhéroes, similares a los macroeventos de los tebeos. Si los comparásemos con estos, no serían como cuando un personaje hace un cameo en la colección de otro, sino más cercano a cuando se crea una miniserie especial, con un evento en el que confluyen varias colecciones, y que hay que leer seguido para entenderlo.

La rama televisiva de DC supo muy bien cómo llevarlos a cabo, esperando a que los personajes estuvieran bien afianzados antes de lanzarlos a colisionar entre ellos, al contrario que en el cine. Lo más divertido es la dinámica entre personajes a los que rara vez tienes ocasión de ver coincidir, cada uno de una serie distinta. La combinación de Flash y Supergirl es siempre lo mejor, siendo los dos héroes más simpáticos y con mayor química, pero ponerlos junto al estoico Green Arrow también da resultados divertidísimos. Y es maravilloso ver juntos a los secundarios de las respectivas series, sobre todo cuando se juntan los diversos *nerds*, como los tronchantes Cisco y Felicity.

Esta lista incluye los cuatro *crossovers* que combinan varias series, obviando los sencillos especiales autoconclusivos que reunían a Flash y Green Arrow y los que hacían lo mismo con Flash y Supergirl. También se dio una suerte de quinto *crossover*, *Armageddon*, en el que Barry Allen pide ayuda a los otros personajes, pero fue narrado por completo en su serie individual.

INVASIÓN (2016)

Orden: *The Flash* 3x08 – *Arrow* 5x08 – *Legends of Tomorrow* 2x07

Una especie alienígena, los Dominadores, se dirige a la Tierra con afán de conquista. Flash decide viajar al universo de Supergirl para pedirle ayuda, porque la situación les viene un poco grande a los héroes de su mundo.

Este primer cruce es menos ambicioso que los posteriores, un poco para tantear el terreno y ver si la cosa gustaba, pero resulta muy entretenido, humorístico y con mucha épica superheroica. Se muestran pinceladas de las subtramas de cada serie, pero la historia es autoconclusiva y puedes seguirla sin problemas aunque no estés al día, basta con saber lo mínimo sobre quiénes son esos personajes. Por ejemplo, vemos que Cisco, el mejor amigo de Flash, está muy enfadado con él y ni se hablan, pero se resume el motivo en un par de frases para poner al día a cualquier espectador que venga de otra de las series.

Al poco de empezar, ya se nos regala una secuencia de entrenamiento en que todos los héroes se enfrentan a Supergirl –y se llevan una buena paliza sin que ella se despeine siquiera–, porque los *showrunners* saben bien lo que todo fan espera de un *crossover*: héroes contra héroes para ver quién gana. Es una genialidad ver cómo los antihéroes más malotes y oscuros son derrotados con facilidad por la heroína más simpática, dulce y sonriente. Y Felicity, gritando «best team-up ever» en cuanto los ve juntos, resume a la perfección lo que todos los fans pensamos en aquel momento.

Tenemos todo lo necesario para una aventura épica: superhéroes dándose de tortas bajo control mental alienígena, realidades alternativas «what if», rebuscadas tramas de viajes en el tiempo y *nerds* pasándoselo en grande, con más de una mención a ser conscientes de estar en un *crossover* –algo que será una constante en estos eventos–.

CURIOSIDAD:

- Se suele incluir el capítulo 2x08 de *Supergirl* como primera parte del evento, pero no es necesario verlo para seguir la trama: no guarda relación con el *crossover*, excepto una escena de un minuto al final en la que Barry y Cisco van a buscar a Kara para pedirle ayuda y, de todos modos, esa escena se repite en el capítulo de *The Flash*.

CRISIS EN TIERRA-X (2017)

Orden: *Supergirl* 3x08 – *Arrow* 6x08 – *The Flash* 4x08 – *Legends of Tomorrow* 3x08

Los héroes más poderosos de DC vuelven a reunirse con motivo de la boda de Barry Allen e Iris West, pero la ceremonia es interrumpida por villanos interdimensionales de la Tierra-X: una ucronía muy similar a la de *El hombre en el castillo*, donde los nazis ganaron la guerra y el actual fuhrer de Estados Unidos es… ¡Oliver Queen! A primera vista es una simple invasión, pero los motivos de los villanos son mucho más personales de lo que parece.

Una historia que arranca a lo grande, poniendo todas las cartas sobre la mesa, gracias al enorme éxito de audiencia del cruce del año anterior. Las escenas de combate en grupo son una maravilla y el componente emocional es más fuerte que en la anterior historia. La aparición de una versión retorcida y cruel de Tommy Merlyn, el fallecido mejor amigo de Oliver, lo deja muy tocado. Aunque lo más impresionante es que los principales villanos sean el propio Oliver y Kara, con los alias Dark Arrow y Overgirl, y que encima sean pareja. Eso y la sorprendente relación esporádica entre White Canary y Alex Danvers, la hermana de Supergirl –una pena que cada una esté en una serie distinta y aquello no pudiera durar, porque tenían muy buena química–.

La historia aprovecha para introducir a un nuevo personaje, The Ray –interpretado por el mítico Alonso de *Doctor Who*–. También reaparece el añorado Capitán Frío con su uniforme de los cómics –abrigo de plumón y esas incómodas gafas a lo Hombre Topo con las que el pobre no debe ver ni torta– y, por supuesto, se aprovecha la excusa de la boda para hacer cantar a Melissa Benoist, que siempre es un plus añadido.

CURIOSIDADES:

- Hacia el comienzo, Supergirl está zurrando a un alien y su hermana le pregunta si es un Czarniano –la especie a la que pertenece Lobo en los cómics–.
- En esa misma escena, Supergirl comenta que el alien es un Dominador y que «estos tíos son tan del año pasado», como guiño al anterior *crossover*.
- Jax hace varias bromas sobre Spider-Man. Si recordamos que en *Eternals* también hacían algunas sobre Superman y Batman, cabe pensar que en cada uno de estos universos ficticios el otro existe en forma de cómic.
- Kara menciona que existen 52 universos, como referencia a la continuidad DC de los Nuevos 52, aunque en *Crisis en tierras infinitas* veremos que hay muchos más.

ELSEWORLDS (2018)

Orden: *The Flash* 5x09 – *Arrow* 7x09 – *Supergirl* 4x09

En Arkham Asylum, el Doctor Destino reescribe la realidad cuando el misterioso Monitor le entrega el Libro del Destino –sí, el del hermano de Sandman– y hace que Barry y Oliver intercambien sus vidas a lo *Freaky Friday*. El Monitor está poniendo a prueba la resistencia de las distintas realidades para enfrentarse a una crisis inminente. Una crisis… en tierras infinitas. El primero de estos cruces que, además de tener su propia historia, se usa para preparar la del próximo, mucho más apoteósico. Comienza ya con una escena que plantea la crisis del siguiente año, con varios miembros de la Liga de la Justicia muertos tras una batalla de la que solo logra escapar Flash, pero no el que protagoniza este *crossover*, sino John Wesley Shipp, embutido en su clásico uniforme de la serie de los noventa. Es el primer evento en el que también participa el nuevo Superman, Tyler Hoechlin, además del debut de la actual Lois Lane y de Batwoman.

El humor de esta entrega consiste en poner al personaje más serio en situaciones ridículas: Oliver –además de lo mal que le queda el traje rojo de Flash– está sorprendentemente cómico en algunos momentos, sobre todo cuando se pone celoso de otros superhéroes, sacando pecho al conocer a Superman o negándose a aceptar que Batman exista. Aunque lo más tronchante es que, cada vez que hay alguna aberración en la realidad, todo el mundo culpe de forma automática a Barry, con un humor autoconsciente que se ríe de los tropos de su serie.

Uno de los momentos más espectaculares es el de Superman luchando contra una versión maligna de sí mismo, aunque lo eclipsan Flash y Supergirl dando vueltas a supervelocidad alrededor de la Tierra para detener el tiempo, como en el cómic *Crisis en tierras infinitas*. Por si no nos había quedado claro que todo se encaminaba hacia dicho evento, el cruce termina con la frase más legendaria del cómic: «Mundos vivirán, mundos morirán y el universo nunca volverá a ser el mismo».

CURIOSIDADES:

- Los eventos del Arrowverso tienen una broma recurrente que no puede faltar: una escena en la que Flash lleva a Diggle a supervelocidad, sin avisarlo antes, y Diggle acaba vomitando y diciéndole que lo odia.
- Hay un montón de guiños a los cómics y las obras clásicas. Por ejemplo, cuando Cisco le pregunta a Clark Kent quién es y este le responde «un amigo», como en la película de Donner; la pelea en Gotham, en la esquina entre las calles Burton y Nolan; o cuando Supergirl le dice a Batwoman que juntas harían un gran equipo y esta le contesta «world's finest».

CRISIS EN TIERRAS INFINITAS (2019)

Orden: *Supergirl* 5x08 – *Batwoman* 1x09 – *The Flash* 6x09 – *Arrow* 8x08 – *Legends of Tomorrow* 5x00

La crisis de la que advirtió el Monitor ha llegado: el Anti-Monitor –DC poniendo nombres no tiene parangón– ha decidido poner fin a todo lo que existe, aniquilando todas las realidades hasta que no quede nada. Los héroes del Arrowverso son la última línea de defensa del multiverso. Aunque Lex Luthor tiene planes mucho más siniestros para el Libro del Destino.

Cinco capítulos rebosantes de acción, en los que no dejan de pasar cosas impactantes una detrás de otra. Un *crossover* que vendría a ser el *Vengadores: Endgame* de DC, dejando claro que el universo televisivo de DC es una fuerza mucho más potente que el fílmico. Todo resulta apocalíptico en este evento, llevando las apuestas al límite. Comenzamos ya viendo cómo varios cosmos de ficción muy queridos son erradicados por una ola de antimateria.

El cómic original fue muy ambicioso, por sus dimensiones y cómo afectaba a todo el universo DC. En su versión televisiva, se procuró imitar esta ambición –los ecos del *crossover* se sentirían durante mucho tiempo en sus series– y, de paso, nos mostraron qué pasó tras los finales de algunas obras anteriores, como *Superman Returns* o *Smallville*. ¡Y les quedó de lujo! Puede que su nivel visual sea inferior al de *Endgame*, porque no es cine, pero aprovecha al máximo el potencial de una superproducción televisiva de temática fantástica, en cuanto a su alcance, complejidad y efectos visuales.

Las batallas contra las hordas del Anti-Monitor resultan espléndidas y algunos giros de guion nos hicieron golpear el suelo con el mentón –no te digo quién se convierte en el nuevo Espectro, porque vas a alucinar–. Todos los personajes tienen ocasión de lucirse, aunque el mayor protagonismo recaiga en una decena de ellos. Podría decirse que, en esta crisis, solo hay una cosa más infinita que las tierras y es el carisma que derrocha el nuevo Lex Luthor. Vale, sí, los duelos de chulería sigue ganándolos, como siempre, White Canary, pero esta vez la victoria es un poco más ajustada. Por supuesto, la acción culmina en el nacimiento de la Liga de la Justicia del Arrowverso y, como decía el cómic, «el universo ya nunca volverá a ser el mismo».

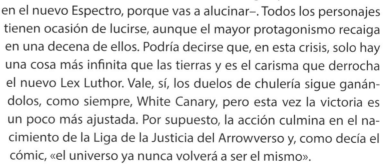

Uno de los regalos más grandes que nos dio fue volver a ver a Brandon Routh como Superman. También fue una gozada tener a Kevin Conroy interpretando a Bruce Wayne, aunque vista un exoesqueleto robótico en lugar de su traje, por aquellas cosas de que DC no permite el uso de Batman en televisión –luego te lo cuento mejor cuando hablemos de *Titanes*–. También está John Wesley Shipp, volviendo a interpretar al Barry de los noventa. Y es todo un detalle que en algunos momentos suenen fragmentos de las melodías clásicas de DC –cierta banda sonora de John Williams y otra de Danny Elfman, para ser exactos–. Aquí tienes una lista completa de los cameos de este apoteósico evento, sin contar los del propio Arrowverso:

- En Tierra-89, el Alexander Knox de *Batman* de Tim Burton.
- En Tierra-9, Halcón y Robin de *Titanes* –y más adelante el resto del equipo–.
- En Tierra-66, el cameo más especial: Burt Ward como Robin, que hasta nos deleita con un grito de «¡Santos cielos carmesíes de la destrucción!»
- En Tierra-203, la Cazadora de la serie de 2002 *Birds of Prey*.
- En Tierra-167, Tom Welling y Erica Durance vuelven a ponerse en la piel de Clark y Lois en *Smallville*.
- En Tierra-99, Kevin Conroy como el Batman del futuro.
- En Tierra-666, Tom Ellis como Lucifer.
- En Tierra-90, John Wesley Shipp como el Flash original.
- En Tierra-12, los Green Lantern Corps de la terrible película que protagonizó Ryan Reynolds.
- En Tierra-19, la Cosa del Pantano de la breve serie de 2019.
- En Tierra-21, los héroes de *Doom Patrol*.
- En Tierra-96, el Superman de Brandon Routh.
- Ezra Miller, el Flash del DCEU, hace una fugaz visita a nuestro Barry.
- Jim Corrigan, el Espectro de la serie *Constantine*, también se deja caer por Tierra-1.
- Y no podía faltar Marv Wolfman, autor del cómic original.

CURIOSIDADES:

- Michael Rosenbaum explicó en Twitter que le ofrecieron hacer un cameo como Lex Luthor, pero la llamada lo pilló en Florida visitando a su abuelo enfermo y, para colmo, no le daban guion ni fechas de rodaje y le exigían que respondiera al instante, así que lo rechazó.
- Estuvo a punto de haber un team-up entre Constantine y la Cosa del Pantano, pero cuando Warner canceló la serie de la segunda, Guggenheim tuvo que olvidarse.
- Mark Guggenheim asegura que le propuso a Nicolas Cage un breve cameo como Superman, pero no quiso hacerlo.
- Cuando Atom propone enviar al Anti-Monitor al mundo microscópico, Ryan Choi dice que a él le gusta llamarlo Microverso, a lo que Atom responde que es un nombre genial, pero probablemente les traiga problemas de derechos –un guiño al Microverso de los cómics Marvel, que aparece en las películas de *Ant-Man*–.

ROCKETEER

Espíritu retro

The Rocketeer (1991), Joe Johnston.
Intérpretes: Billy Campbell, Jennifer Connelly, Timothy Dalton, Terry O'Quinn, Alan Arkin, Paul Sorvino, Margo Martindale. **Cómic:** Pacific Comics. **Película:** Disney.

En 1938, Cliff Secord, un joven piloto de avión sin un duro, se encuentra un prototipo de mochila propulsora creado por Howard Hughes y decide usarlo para convertirse en un superhéroe volador. Con sus nuevas habilidades, se enfrentará a Neville Sinclair, un actor de Hollywood mezclado con la mafia y los nazis, que ansía hacerse con el milagroso jetpack.

Pura aventura, pura diversión, con escenas épicas que ya quisieran muchas películas actuales. Puedes notar en cada plano y en cada frase la mano del maestro Joe Johnston, que veinte años después nos trajo *Capitán América: El primer vengador*, una película con la que comparte tanto el espíritu como la estética. El aspecto visual del héroe titular es magnífico y lleva la que probablemente sea la cazadora más molona que jamás se haya confeccionado –algo en lo que se autohomenajearía Johnston con la chupa marrón que lleva Steve Rogers, aunque no sea tan *steampunk* como la de Rocketeer–. La banda sonora de James Horner ayuda a aumentar el tono entre lo épico y lo soñador de la película, y es tan característica como todas sus composiciones.

El cómic original de 1981 tiene un estilo marcadamente *pulp* que homenajea los tebeos de los años treinta. La estética de la época está muy conseguida y destaca que los antagonistas no sean supervillanos sino simples gángsters: recordemos que los superhéroes primigenios, desde Superman hasta la Antorcha Humana, solían enfrentarse a típicos mafiosos con sombrero fedora y mostacho, hasta que a alguien se le ocurrió la brillante idea de crear a villanos llamativos con nombres tan pintorescos como los de los propios héroes.

Una de sus mayores bazas es contar con el inimitable Timothy Dalton como villano central. Y es que tener a Dalton de antagonista es lo mejor que le puede pasar a una película. No lo digo yo, lo dice la ciencia –bueno, la ciencia y *Arma fatal*–. Si alguna vez le preguntas a alguien quién es el mejor actor posible para interpretar a un carismático y divertido villano y su

respuesta no es Timothy Dalton, desconfía de esa persona. Terry O'Quinn –Locke de *Perdidos*– encarna al mismísimo Howard Hughes, el Tony Stark de la vida real: un industrial millonario que ayudó con su fortuna y sus inventos durante la Segunda Guerra Mundial y en el que Stan Lee se inspiró para crear a Iron Man. Y uno de los que más se luce es Paul Sorvino, que, como de costumbre, interpreta a un capo de la mafia: Sorvino tiene una de las mejores escenas, aquella en que él y sus hombres demuestran una mayor integridad que los espías alemanes: «Puede que no sea un hombre honrado, pero soy cien por cien americano; no trabajo para nazis», le suelta al villano en un arranque de dignidad.

CURIOSIDADES:

- Dave Stevens, el autor del cómic, era amigo de la legendaria Bettie Page y le otorgó su nombre –y su aspecto– a la novia de Cliff, pero en la película se la renombró como Jenny Blake, porque la célebre pin-up no dio permiso para usar su nombre.
- Billy Campbell se leyó los cómics antes de ir al casting y se presentó con un corte de pelo idéntico al del personaje para ganar puntos.
- En el cómic, el jetpack lo había inventado Doc Savage, un personaje clásico de las novelas *pulp* de los años treinta. Al no tener los derechos para poder mencionarlo, a Joe Johnston se le ocurrió sustituirlo por Howard Hughes.
- Disney pidió a Johnston que dirigiera *Capitán América: El primer vengador* gracias al buen recuerdo que tenían de su trabajo en esta película y a que querían darle un tono similar.
- Entre los muchos actores que se barajaron para interpretar al protagonista, sorprende en especial uno que asegura haber rechazado el papel: el cantante Richard Marx.

LA SOMBRA

La semilla del mal produce frutos amargos

The Shadow (1994), Russell Mulcahy.
Intérpretes: Alec Baldwin, Penelope Ann Miller, Ian McKellen, Tim Curry. **Cómic:** Street & Smith. **Película:** Universal Pictures.

El Tíbet, años 30: el sanguinario señor del opio Lamont Cranston es castigado por un maestro místico, el Tulku, que le encomienda redimirse tras enseñarle a usar el poder de su mente para nublar la de sus enemigos. Cranston vuelve a Nueva York y se dedica a luchar contra el crimen bajo el apodo La Sombra. Allí se enfrentará a un diabólico descendiente de Gengis Khan que pretende conquistar el mundo construyendo la primera bomba atómica.

El personaje original fue creado en 1931 para un serial radiofónico, arrasó poco después en su adaptación a las revistas literarias y se pasó a las viñetas en 1940. La película rinde un evidente homenaje a la época, con una imagen histriónica y expresionista que parece arrancada de las propias tiras cómicas. Su mezcla de *noir* y *pulp* trae inevitablemente a la memoria la mítica *Dick Tracy* de Warren Beatty. Puede que ahora la veamos demasiado caricaturesca, pero te aseguro que los que la vimos de críos alucinamos lo que no está escrito.

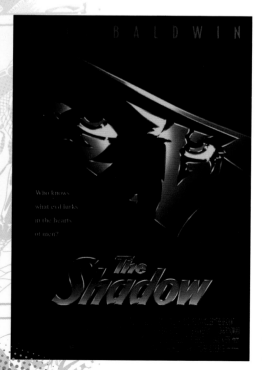

La película está influenciada de una forma muy obvia por el *Batman* de Tim Burton –algo gracioso, teniendo en cuenta que Bob Kane admitía abiertamente que La Sombra fue una de sus principales influencias al escribir al murciélago–, desde la banda sonora de Jerry Goldsmith hasta los mágicos decorados pintados de una ciudad que recuerda al Gotham más neorromántico. El propio personaje de Lamont es un sosías de Bruce Wayne, aunque con más encanto. La guarida secreta del antihéroe es un delicioso decorado de puro gótico *pulp* y su colección de cachivaches de tecnología retrofuturista resulta cautivadora –o sea, el tío se pone a hacer videollamadas de Skype en plenos años 30, no me digas que no es para quererlo–.

Aunque pueda parecer tonta a primera vista, su guion es muy inteligente y realiza una clara parodia del género, sin dejar de lado lo épico y aventurero del mismo. No en vano está escrita por el mismísimo David Koepp –*Parque Jurásico*, *Spider-Man* de Raimi, *El último escalón*, *La muerte os sienta tan*

LO MEJOR:
El tono visual voluntariamente histriónico.

LO PEOR:
Que no se rodara ninguna secuela.

bien–. Los diálogos mezclan los momentos de humor tronchante con las frases lapidarias del superhéroe primigenio, como ese «la semilla del mal produce frutos amargos», que era la coletilla con la que terminaban todos los episodios del serial radiofónico original. Alec Baldwin está espléndido y se le nota que se lo está pasando en grande. Y qué decir de Tim Curry… ¡qué bien hace siempre de malo!

CURIOSIDADES:

- Peter Boyle –al que podrías recordar como el monstruo de *El jovencito Frankenstein*– repite aquí en el papel de taxista, como en la película que lo lanzó a la fama, *Taxi Driver*.
- El absurdo fragmento de diálogo entre el protagonista y el villano, que de repente dejan de lanzarse pullas y se ponen a hablar de una tienda de ropa, se incluyó como parodia al descarado *product placement* del serial radiofónico.
- El empleado del museo que recibe el sarcófago de Khan es Max Wright, más conocido como el entrañable Willie Tanner de *Alf*.
- Como muchos personajes de la era *pulp*, Dynamite Comics posee ahora los derechos de La Sombra y sigue lanzando nuevas aventuras.
- Aparece brevemente Al Leong, actor que ostenta el record mundial de haber muerto más veces en pantalla. No hay película de acción de los ochenta y noventa en la que no interprete a un secuaz del villano. En *La Sombra* hace de simple esbirro, pero en *Las aventuras de Bill y Ted* interpretó al propio Gengis Khan.

THE PHANTOM: EL HOMBRE ENMASCARADO

El alegre hombre lila de la selva

***The Phantom* (1996), Simon Wincer.**
Intérpretes: Billy Zane, Kristy Swanson, Treat Williams, Catherine Zeta-Jones, Patrick McGoohan. **Cómic:** King Features Syndicate. **Película:** Paramount.

Hace siglos, un superviviente de un ataque pirata llegó hasta la misteriosa isla de Bengalla, donde los indígenas lo entrenaron para convertirse en el justiciero enmascarado conocido como el Fantasma. Su descendiente Kit Walker, el nuevo Fantasma, debe viajar a Nueva York y enfrentarse a un malvado millonario que pretende reunir tres poderosas calaveras para sus planes megalómanos.

Puro cine de aventuras, que combina varios subgéneros –superhéroes, piratas y reliquias arcanas– para darnos un producto muy disfrutable un domingo por la tarde. Cabe apreciar que la factura no es en absoluto de serie B, sino que tiene una buena calidad de imagen y decorados muy logrados. El traje del Fantasma nos puede parecer ridículo a día de hoy, pero precisamente se puso mucho esmero en no modernizarlo, para evocar la sencillez retro de la tira cómica original. Hablamos de un tiempo en que no se buscaba dar verosimilitud a las adaptaciones superheroicas, sino todo lo contrario: películas exageradísimas, que pareciesen tebeos en movimiento. Sus escenas aventureras son muy entretenidas y se nota que había más presupuesto que en otras obras del estilo: persecuciones selváticas bien rodadas, explosiones que no parecen digitales, o Billy Zane saltando de un biplano en marcha para caer perfectamente sentado sobre un caballo al galope, sin perder su sempiterna sonrisa de chulería *billyzanesca*. Tiene un tono tan de aventuras en la selva que, si se hiciera hoy en día, sin duda la protagonizaría Dwayne Johnson.

LO MEJOR:
Catherine Zeta-Jones pasándoselo en grande.

LO PEOR:
La sosería habitual de Kristy Swanson.

La obra no es ninguna maravilla de la profundidad y el desarrollo de personajes, pero logra representar a la perfección el tono amable, sencillo y nostálgico de sus primeras tiras dominicales de 1936. El Fantasma es un héroe sin superpoderes, que sale siempre victorioso gracias a sus dotes acrobáticas, su chulería y la pésima puntería que parecen tener todos los gángsters. Los diálogos son hilarantes, sin pretensiones de madurez sino todo lo contrario: lo importante aquí es fliparse. Billy Zane derrocha carisma y brilla el

mítico Patrick McGoohan de *El prisionero* como el espíritu del fallecido padre del Fantasma. Pero si alguien se lleva la palma es Catherine Zeta-Jones, que está estupenda como caricaturesca villana. Todas sus frases son tan gratuitas como divertidas y, si hay algo más arbitrario aún, es la facilidad de su redención, con qué rapidez pasa de ser la mano derecha del villano a ayudar a los buenos, sin demasiado motivo pero con mucha gracia.

Es muy evidente cuánto bebe esta adaptación de la entonces reciente *Rocketeer*, de la que intenta emular el estilo, tono y factura –incluso transcurre en el mismo año, 1938–, para cerrar una trilogía apócrifa del *pulp* junto a esta y *La Sombra*. Hasta el villano imita a Timothy Dalton, con menos gracia pero con un nombre muy de malo de cómic, Xander Drax. Se le pueden achacar cosas muy de la época, como que el personaje femenino principal sea terriblemente decorativo, o esa manía de que para proteger a los habitantes de un país africano o asiático siempre tenga que ir un americano blanco.

CURIOSIDADES:

- En 2009 se hizo una miniserie de dos capítulos sobre el personaje, pero le modernizaron el traje para que no quedase tan retro y perdió toda la gracia.
- Las escenas que suceden en la mansión de Xander Drax se rodaron en realidad en la de Hugh Hefner.
- Bruce Campbell fue uno de los actores que se barajaron para el papel principal.
- En los setenta estuvo a punto de hacerse una versión de muy bajo presupuesto, protagonizada por Adam West, pero se canceló por problemas de derechos del cómic.
- Los cómics transcurren en un país africano ficticio llamado Bangalla, pero en la película se le modificó un poco el nombre por Bengalla.

LOS VENGADORES DE WHEDON

Los héroes más poderosos de la Tierra-199999

The Avengers (2012) / *Avengers: Age of Ultron* (2015), Joss Whedon.
Intérpretes: Robert Downey Jr., Scarlett Johansson, Chris Evans, Mark Ruffalo, Chris Hemsworth, Samuel L. Jackson, Clark Gregg, Jeremy Renner, Tom Hiddleston, Cobie Smulders, James Spader. **Cómic:** Marvel. **Películas:** Disney.

Y llegó un día, distinto a todos los demás, en que los héroes más poderosos de la Tierra decidieron unirse para hacer frente a amenazas a las que no podían derrotar por separado. Ellos son Iron Man, el Capitán América, Thor, Hulk, la Viuda Negra, Ojo de Halcón y Phil Coulson –y el que diga que Coulson no es un Vengador, que se vaya preparando–. Cuando Loki lidera una invasión alienígena para hacerse con el Cubo Cósmico, los superhéroes del cine deberán unirse para salvar el planeta.

Cuando se estrenó *Los Vengadores* en 2012, no estábamos preparados. Aquella epopeya que derrochaba espectáculo nos cogió en ropa interior y muchos aún se están recuperando de sus fracturas de muñeca de tanto aplaudir en el cine. Por primera vez, una adaptación superheroica nos daba todo lo que siempre habíamos soñado y más. La acción era desbordante, la imagen increíble, los personajes carismáticos, la dinámica entre ellos una maravilla y podíamos reconocer sin problema a nuestros héroes de las viñetas. Nunca una película había tenido un aire tan intenso de ser puras viñetas en acción.

Uno de sus mayores aciertos fue que la película no salió de la nada, sino que su llegada se venía preparando desde hacía cuatro años. Se nos había presentado a los héroes por separado, habíamos tenido tiempo de encariñarnos con ellos antes de hacerlos chocar. Las expectativas que se iban construyendo en sus películas, mediante escenas poscréditos interconectadas, nos fueron guiando hasta este inevitable clímax que actuaba casi como un final de temporada en televisión. Si en lugar de construirse despacio y con paciencia, Disney hubiese comenzado ya con una película que enfren-

tase a unos cuantos superhéroes a los que apenas diera tiempo a conocer, probablemente habría salido algo con mucho menos encanto y mucha mayor torpeza narrativa.

Se inspira en la trama del primer cómic de *Los Vengadores*, de 1963, con la idea de que los héroes se vean forzados a unirse por un jaleo de Loki y que dicho villano intente manipular a Hulk para aprovechar su potencial destructivo. Pero solo se tomó este concepto como base, para desarrollar una historia de mayor envergadura, que no implicaba una pelea entre seis personas sino una gigantesca batalla campal que arrasara media Nueva York, dragones alienígenas y portales dimensionales. Ni siquiera la alineación es la original: en el primer número del cómic los protagonistas son Iron Man, Thor, Hulk, el Hombre Hormiga y la Avispa; en la película se sustituyó a los dos últimos por miembros más tardíos como la Viuda Negra, Ojo de Halcón y el Capitán América –este no llegó al grupo hasta que Namor lo descongeló en el legendario número 5 de la serie–. Además, en el original no era Nick Furia quien los reunía, sino Rick Jones.

El choque inicial entre la Santísima Trinidad Vengadora –el Capi, Iron Man y Thor– fue una de las cosas más esperadas y vitoreadas por cualquier fan. Todos sabemos que, según una ineludible ley cósmica, cuando varios superhéroes confluyen de forma involuntaria, un absurdo malentendido debe provocar que se den de tortazos un rato, antes de apaciguarse y trabajar juntos. Esto ha sido así desde el origen de los tiempos y en una película como esta no podía obviarse.

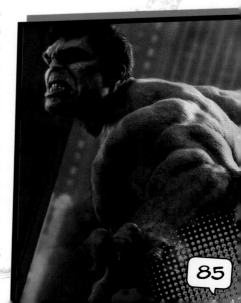

Mark Ruffalo resultó ser el Hulk que necesitábamos, tras los fiascos de las películas del personaje en solitario, y se nos deja claro que es el mismo personaje de Edward Norton, no el de Eric Bana, mediante la aparición del general Ross interpretado por William Hurt en lugar de Sam Elliott. Todos se lucen en mayor o menor medida –a diferen-

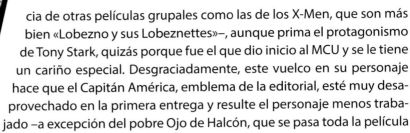

cia de otras películas grupales como las de los X-Men, que son más bien «Lobezno y sus Lobeznettes»–, aunque prima el protagonismo de Tony Stark, quizás porque fue el que dio inicio al MCU y se le tiene un cariño especial. Desgraciadamente, este vuelco en su personaje hace que el Capitán América, emblema de la editorial, esté muy desaprovechado en la primera entrega y resulte el personaje menos trabajado –a excepción del pobre Ojo de Halcón, que se pasa toda la película poseído y no le da tiempo a caernos ni bien ni mal–.

Las personalidades de todos están muy logradas para reflejar las de sus contrapartidas de las viñetas, excepto quizás la de Maria Hill, que parece demasiado agradable en comparación con la original, el personaje más rematadamente borde que haya pisado el universo Marvel –esto se arreglaría más adelante en *Agentes de S.H.I.E.L.D.*, donde Hill se parece mucho más a la que los lectores odiamos y amamos a partes iguales–. El truquito de matar a Coulson fue una puñalada en nuestros corazones, menos mal que luego se le resucitó para protagonizar su *spin-off*.

La escena poscréditos fue sin duda lo que más enloqueció al público, al mostrar a Thanos como el villano en la sombra que daría para toda una saga fílmica. La película, que hasta ahora parecía el final de una serie, resultó que era en realidad el principio de una: la saga de las Gemas del Infinito, que están lo bastante cambiadas respecto al cómic para que no nos viéramos venir su presencia –y mucho menos que el Cubo Cósmico era una de ellas–.

CURIOSIDADES:

- La especie Chitauri fue creada para la película, porque Disney no tenía aún los derechos de los Skrulls, pero se incorporó más tarde al universo de los cómics.
- Stark menciona en el helitransporte que uno de los técnicos de los ordenadores está jugando a los marcianitos –y en un inserto posterior vemos que es cierto–. Este personaje es un guiño a Eric O'Grady, el tercer Hombre Hormiga, creado por Robert Kirkman para una hilarante miniserie.
- El mítico actor Harry Dean Stanton –*Alien*, *La milla verde*, *La chica de rosa*, *Twin Peaks*– hace un breve cameo, como el guardia de seguridad que se encuentra a Banner después de caer del helitransporte.
- El líder de los Chitauri está interpretado por un irreconocible Alexis Denisof, musa de Joss Whedon que siempre sale en sus obras.
- Igual que al universo Marvel de los cómics se le llama Tierra-616, al de las películas de Disney se le llama Tierra-199999. El número es un guiño a que en 1999 se comenzó a rodar *X-Men*, la primera película de superhéroes producida por Kevin Feige que resultaría un éxito de taquilla y lo impulsaría a arriesgarse con la creación del MCU.

Y entonces llegó la secuela, *Vengadores: La era de Ultrón*, centrada en el villano titular, un robot psicópata obsesionado con erradicar la vida orgánica para que solo exista la robótica –un poco como los Cybermen de *Doctor Who*; en los sesenta les iban mucho estas cosas–. Además de traernos a uno de los enemigos más importantes de los sesenta años que llevamos de cómics de los Vengadores, nos presentó a tres miembros esenciales de su segunda génesis: la Bruja Escarlata, Mercurio y la Visión. La película resultó también una obra excelente, aunque se la haya criticado en retrospectiva por no alcanzar los estándares de perfección de su sucesora *Infinity War*. Ultrón es un villano magnífico, la acción no tiene nada que envidiar a la de la primera parte y la implicación emocional de los personajes sigue siendo tan palpable como en aquella, algo que no todas las historias superheroicas logran en sus secuelas, que a menudo se vuelven derivativas y poco emocionantes. Donde la primera película tenía un espectacular plano secuencia de batalla en el clímax, esta lo tiene ya nada más comenzar y te deja con la boca abierta.

Otro villano menor que aparece es el barón Von Strucker, uno de los enemigos clásicos del Capitán América, de los pocos que faltaban por aparecer en sus aventuras en solitario y que al final se introdujo aquí. La escena en que el Capi lo tumba con un ingenioso movimiento del escudo es una pura maravilla. Curiosamente, los hijos de Strucker en los cómics son los mismos personajes que protagonizan la serie *The Gifted* en Fox. Quién sabe si se hará alguna referencia al parentesco cuando se unan de una vez los universos fílmicos.

La película sigue respetando el espíritu de los cómics, pero con suficientes cambios respecto a estos para que no nos veamos venir algunos giros, como la inesperada sub-trama romántica entre la Viuda Negra y Hulk. Aunque, para sorpresa, descubrir que Ojo de Halcón es un padre de familia casado –y con Linda Cardellini, nada menos, los hay con suerte–, algo que difiere por completo de su historia en los cómics y que resultó una grata sorpresa. Uno de los momentos más divertidos es cuando los héroes, borrachos como cubas, juegan a ver si alguno de ellos logra levantar el martillo de Thor y este palidece de nervios al ver que Steve parece moverlo unos milímetros. Esto hace todavía más divertida la escena final en la que La Visión levanta el Mjolnir como si nada para devolvérselo a Thor.

Un cambio muy curioso fue el de los orígenes de Wanda y Pietro, que, en lugar de ser mutantes e hijos de Magneto, son aquí experi-mentos genéticos de Strucker, imbuidos con la magia de las Gemas del Infinito. Esta alteración se debió a que Disney aún no tenía los derechos de los mutantes, pero sí podía usar a estos dos, que han formado parte más tiempo de los Vengadores que de los X-Men, con lo que Feige pudo traérselos, siempre que omitiese su origen real. El punto negativo es que, a raíz de la película, en los cómics también se decidió reescribir retroactivamente el origen de los Maximoff, que de repente ya no eran mutantes sino experimentos del Alto Evolucionador. Un cambio forzado e innecesario, metido con cal-

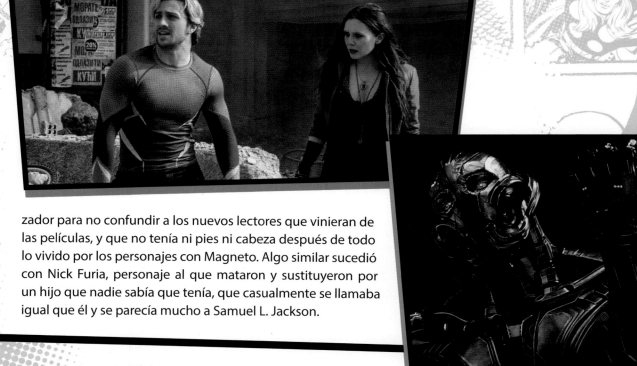

zador para no confundir a los nuevos lectores que vinieran de las películas, y que no tenía ni pies ni cabeza después de todo lo vivido por los personajes con Magneto. Algo similar sucedió con Nick Furia, personaje al que mataron y sustituyeron por un hijo que nadie sabía que tenía, que casualmente se llamaba igual que él y se parecía mucho a Samuel L. Jackson.

CURIOSIDADES:

- Los verdaderos fundadores del grupo fueron el primer Hombre Hormiga –Hank Pym– y la Avispa –Janet Van Dyne–, por lo que resulta inexplicable su ausencia en esta adaptación. La Avispa no solo dio nombre al equipo, sino que además fue la primera en entonar el célebre grito de guerra «Vengadores, reuníos».
- Otro motivo por el que resulta incomprensible la omisión de los dos fundadores es que, en los cómics, a Ultrón lo creó Pym y el malvado robot siempre ha sido la némesis del Hombre Hormiga más que del resto de Vengadores. En la película, se le dio esta historia a Stark en lugar de a Pym, causando que luego en las películas de Ant-Man no hubiera un villano interesante contra el que luchar.
- Como siempre, Whedon procura incluir pequeños homenajes a sus series. El más obvio se da en la segunda entrega, cuando Thor tiene una visión del Ragnarok y aparecen tres figuras que representan a los villanos de *Angel*. Aunque todo el clímax de la primera, con Stark lanzándose al portal dimensional para sacrificarse por la humanidad, recuerda poderosamente al final de la quinta temporada de *Buffy*.
- En el cómic, Ultrón crea a La Visión a partir del cadáver de la Antorcha Humana original –la de 1939, que era un robot– y las pautas cerebrales de Wonder Man. Esto ha sido siempre una fuente de trauma para Wonder Man, que se pasa la vida enamorado de Wanda sin ser correspondido y luego ve cómo ella se enamora de un robot construido a partir de su propia personalidad.

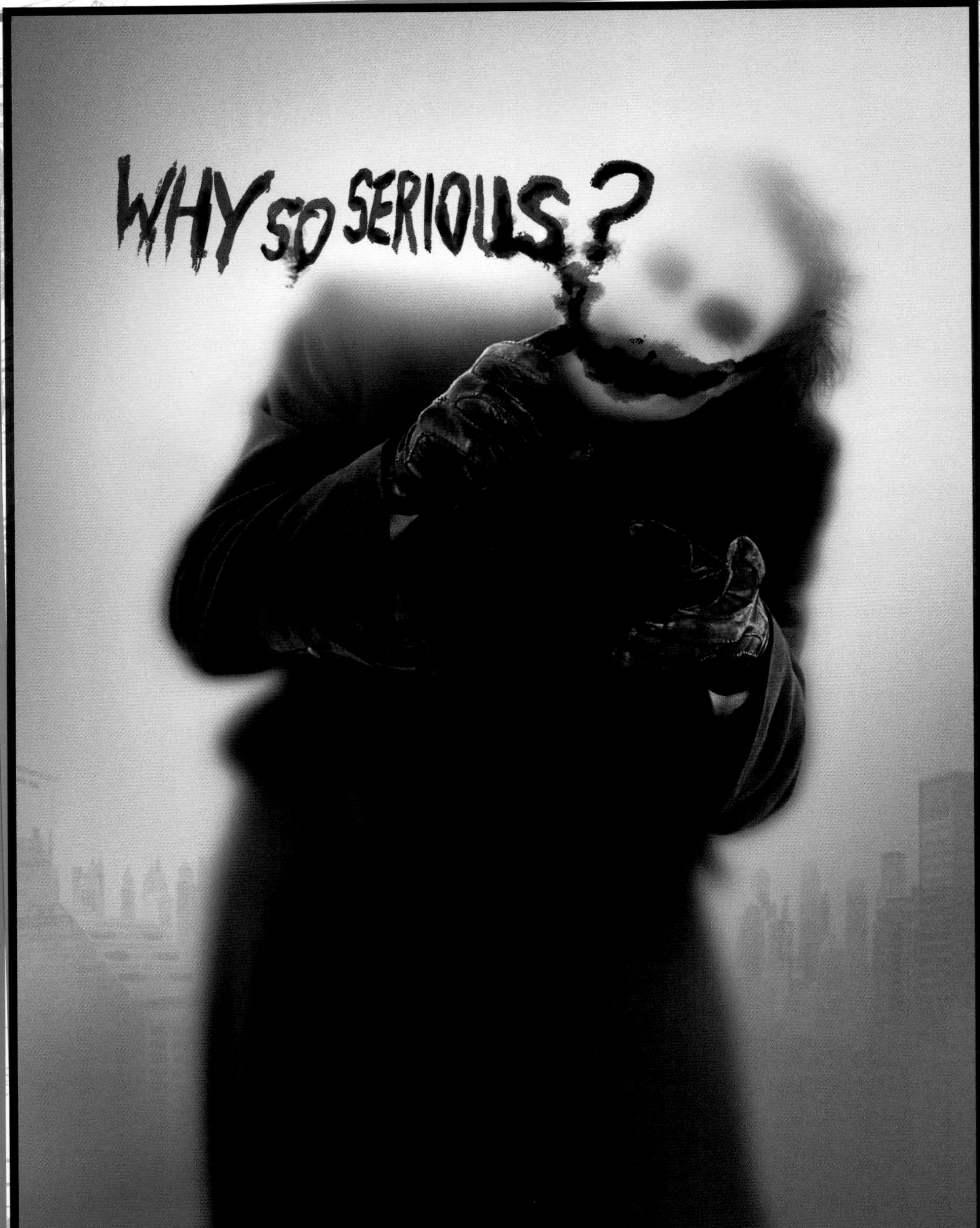
WHY SO SERIOUS?

...Y EN LA NOCHE MÁS OSCURA

HISTORIAS DE SUPERHÉROES QUE SE PONEN SERIAS

> «El pasado solo duele si dejamos que nos alcance.»
>
> —El viejo Logan.

De igual que modo que hay montones de aventuras superheroicas en que la espectacularidad y la diversión priman por encima de otros conceptos, también existen las que son todo lo contrario: aquellas que, en un universo habitado por gente con superpoderes –o por locos sin poderes que se ponen una máscara y se toman la justicia por su mano–, tratan de contarnos una historia sobre otros temas más allá.

En ocasiones, estas obras se distinguen por adoptar un tono oscuro y derrotista, que trata de dotar de realismo a ese ambiente fantástico. Otras veces, se desmarcan por usar la temática superheroica como excusa para narrar una historia de otro género: espionaje y agentes secretos, belicismo o incluso terror. Las hay que se ambientan en distopías postapocalípticas en las que los héroes son perseguidos y maltratados, bebiendo todas sin cortarse un pelo del cómic clásico *Días del futuro pasado* de los X-Men.

Vamos, pues, a lanzar una mirada sesuda a la siguiente lista de obras, mientras nos rascamos el mentón, alzamos una perspicaz ceja y asentimos con la cabeza con expresión experta.

LOS VENGADORES DE LOS HERMANOS RUSSO

La epopeya suprema

Avengers: Infinity War (2018) / *Avengers: Endgame* (2019), Anthony y Joe Russo.
Intérpretes: Chris Evans, Robert Downey Jr., Scarlett Johansson, Josh Brolin… y tantos otros que listarlos ocuparía todo el libro. **Cómic:** Marvel. **Películas:** Disney.

Thanos está dispuesto a acabar con la escasez de recursos… masacrando a la mitad de los seres vivos del universo. Para ello, pretende unir las seis Gemas del Infinito, con lo que podría borrar trillones de vidas de un solo chasquido. Para hacerle frente, los Vengadores deben unir sus fuerzas con los Guardianes de la Galaxia, Spider-Man y todo el que pueda echarles una mano, porque la cosa está muy, muy malita.

Esta parte de la saga se merecía su propia entrada, porque los nuevos niveles de épica que alcanza la distinguen de las dos entregas anteriores; y además en el siguiente capí-

tulo, al tener un tono más oscuro y trágico. No hablamos de dos películas, sino de una gigantesca narración dividida en dos partes. El proyecto, remotamente inspirado en la saga del Guantelete del Infinito de Jim Starlin, es el más ambicioso jamás dado en el cine superheroico, al hacer confluir tantísimas subtramas de otras películas y actuar como el majestuoso final de una serie de televisión.

Algunos directores de las películas del MCU –por ejemplo, James Gunn– fueron consultores en las escenas de sus personajes, para asegurar que conservaran el toque propio. A esto ayudó también que, en determinados momentos, suenen breves fragmentos de las bandas sonoras de dichas películas, como el tema principal de la trilogía *Capitán América* cuando Tony le devuelve el escudo a Steve, o cuando este empuña al fin el martillo de Thor. Si la «bilogía» no era ya lo bastante épica, Alan Silvestri la eleva a la categoría de leyenda del cine. Y es que, en el momento de su estreno, era inevitable la sensación de presenciar un momento que haría historia en el séptimo arte. ¿Se sentirían así los que asistieron al estreno de la primera película hablada, o de la primera en color?

La historia está dotada de un cierto tono crepuscular, con héroes ya quemados por las circunstancias, que llevan tiempo separados y no les apetece en absoluto volver a reunirse. Mientras en la primera parte tenemos a unos héroes ya en problemas pero que aún conservan cierta esperanza, en la segunda ya están hastiados y se han vuelto lúgubres e implacables –pone la piel de gallina la frialdad con la que Thor le rebana la cabeza a Thanos–. Sabemos que la cosa va en serio porque incluso el Capitán América suelta un taco: «vamos a por ese hijo de puta.» Resulta una maravilla ver interactuar al fin a personajes de los más variados rincones del vasto MCU, que aún no habían tenido ocasión de coincidir: una serie de *team-ups* fascinantes, como el de Thor con Rocket o esa inesperada pero entrañable amistad entre Stark y Nebula.

Tal vez el motivo de que esta narración resulte más redonda que la anterior, o que cualquier otra película sobre grupos heroicos, es que está escrita con mucha atención a que todos tengan ocasión de lucirse y aportar algo a la trama, en lugar de centrarnos en un par de ellos y que los demás sean meras comparsas –los hay que brillan más en la primera mitad y otros que lo hacen en la segunda, para equilibrar–, aunque por supuesto los dos que más destacan son Rogers y Stark, quizás por ser los más emblemáticos, o porque sería su última aparición y tenían que irse por todo lo alto.

La adición de la Capitana Marvel a las filas de los Vengadores eleva las apuestas, convirtiéndolos, esta vez de verdad, en «los héroes más poderosos de la Tierra»… al menos, hasta que lleguen los X-Men –ya me gustaría ver cómo se las apaña Carol Danvers contra Pícara, si sabes a qué me refiero–. La llegada de Thor a Wakanda en el clímax de *Infinity War* sería el momento más épico de todo el cine de superhéroes, si no fuera porque un año después tuvimos la batalla final de *Endgame*, que cambió para siempre el nivel de épica que concebimos que se pueda representar en una película. Una batalla a la que la palabra «espectacular» no le hace justicia, que reúne a todos los personajes imaginables, a todo aquel que se haya asomado por el MCU en alguna de las veintiúna películas anteriores –si pausas la imagen cuando aparece la Avispa saliendo de un portal, puedes ver incluso a Howard el Pato detrás de ella–. Aunque resulta imperdonable que ni eso haya servido para que reaparezca Coulson.

El final de *Infinity War* fue tan inesperado que dejó al público tocado y hundido. Nadie pudo prever que una película de superhéroes acabara tan mal. Uno de los aspectos más ricos de su guion es que las cosas no se arreglen por arte de magia y ya está. Todo tiene consecuencias: los efectos del chasquido de Thanos reverberarán largo y tendido, cambiando el cosmos de ficción para siempre, y a los héroes les cuesta sudor y lágrimas llegar a arreglar las cosas, pagando un altísimo precio.

CURIOSIDADES:

- El primero en morir en *Infinity War* es nada menos que Kenneth Branagh, que presta su voz a la transmisión asgardiana pidiendo ayuda durante los créditos de apertura y la frase se corta a medias cuando es asesinado. Si tenían que mostrarnos el supuesto final de Asgard, ¿qué mejor que matar a su creador?
- Hay un momento de *Endgame* en que Carol y Rhodey se echan una miradita sutil, como guiño a que en los cómics son pareja desde hace ya unos años.
- Nuevo Asgard está construido en la misma zona de Noruega a la que se retiró Odín en *Thor: Ragnarok*.
- Durante mucho tiempo corrió por internet la duda de si, cuando al fin coincidiesen Downey Jr y Cumberbatch, se haría alguna broma sobre que ambos han sido Sherlock Holmes. Y la hubo, pero es tan leve que si pestañeas te la pierdes. Cuando ambos están en la nave de Thanos y Stark le explica su plan, le dice «¿está de acuerdo, doctor?» –«do you concur, doctor?»–, que es lo que suele decirle Holmes a Watson tras una de sus deducciones. Tom Holland insistió en que le dejaran decir «no shit, Sherlock», pero a los Russo les pareció demasiado obvio.

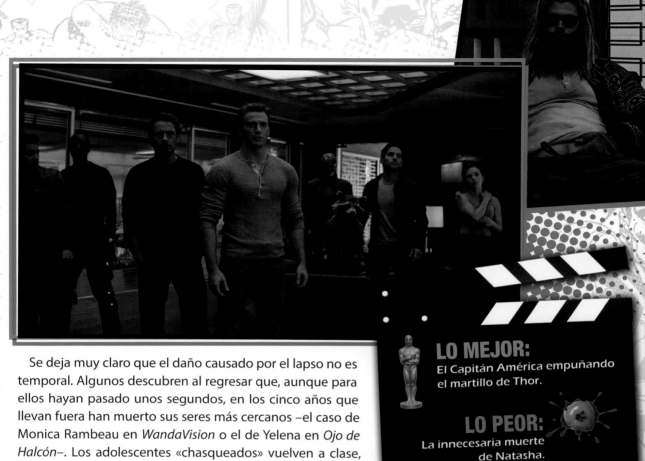

Se deja muy claro que el daño causado por el lapso no es temporal. Algunos descubren al regresar que, aunque para ellos hayan pasado unos segundos, en los cinco años que llevan fuera han muerto sus seres más cercanos –el caso de Monica Rambeau en *WandaVision* o el de Yelena en *Ojo de Halcón*–. Los adolescentes «chasqueados» vuelven a clase, para descubrir que algunos de sus mejores amigos ya son adultos y jamás volverán a verlos por el instituto. Scott Lang se ha perdido cinco años de ver crecer a su hija. A este efecto, resulta muy acertada la idea del grupo de apoyo que dirige Steve, donde la gente va a contar cómo se siente tras perder a sus allegados. A algunos, este chasquido los ha dejado más hundidos que a otros: al ser aleatorio, hay quien ha perdido a un ser querido y hay quien los ha perdido a todos, como les pasa a Ojo de Halcón, Nebula y Rocket –la escena en que el mapache y la hija de Thanos se sientan y se cogen de la mano en silencio dispara los lagrimales como pocas–. Es maravilloso que, desde entonces, el MCU haya seguido explorando con detalle el impacto social del chasquido de Thanos y sus repercusiones psicológicas en la población.

Hulk protagoniza una interesante subtrama, con su trauma tras haber sido derrotado por primera vez por alguien más fuerte que él, negándose desde entonces a volver a aparecer para ayudar a Banner. Y algunos retornos resultan sorprendentes, como el de Cráneo Rojo en modo nazgul –o, en su caso… *nazi-gul*–. Algunos momentos de humor son impagables: la escena en la que Steve mira a su otro yo caído y admite que «sí que es el culo de América» o la cara que pone Bucky

al conocer a Rocket –el pobre ya suele estar desorientado al ser un hombre fuera de su tiempo, pero un mapache parlante pegando tiros ya es algo que lo supera–.

Thor tiene la trama de personaje más interesante y para ello es esencial su cambio de aspecto. El Thor gordo y desastrado puede parecer una burla, pero resulta un héroe digno y poderoso sin importar su físico. Es maravilloso que no hayan decidido «ponerlo en forma» para la batalla final y que siga estando gordo mientras le ajusta las cuentas a Thanos, igual de poderoso que hasta ahora o incluso más. El momento en que descubre, en Asgard, que aún es capaz de sostener el Mjolnir, es básico para su evolución y además un momento tremendamente emotivo: Thor es el que más ha sufrido y perdido a lo largo de toda la saga, se merecía una victoria y seguir sintiéndose digno.

Y, por supuesto, el Capitán América se luce como ninguno, después de haber estado a la sombra de Stark en las primeras entregas. Su primera aparición en *Infinity War*, saliendo de las sombras en la estación de metro para enfrentarse a la Orden Negra de Thanos, es magnífica. Ese momento en que le suelta al general Ross «no busco el perdón, y estoy mucho más allá de pedir permiso» te hace aplaudir hasta dejarte las manos. Y la escena en que vuelve a ponerse en pie, derrotado, malherido, con el escudo hecho pedazos y sin saber que los demás héroes han vuelto, para enfrentarse él solo a Thanos y sus hordas, para morir matando, eso es el epítome del heroísmo como pocas veces se ha narrado. El momento «Vengadores, reuníos» es uno de los sucesos más apoteósicos que jamás hayan agraciado una sala de cine. El impacto emocional de esta frase equivaldría a aquel momento de 1993 en que por primera vez vimos a un enorme dinosaurio en pantalla, mientras Richard Attenborough nos decía «bienvenidos a Parque Jurásico».

Endgame no tiene poscréditos. Al igual que en *Logan*, esta omisión es deliberada, una forma de dejar claro que estamos ante el final de una era. Aunque sí puedes oír durante los créditos los martillazos de Stark forjando su armadura en la primera entrega de *Iron Man*. Si algo malo se le puede achacar a esta maravilla cinematográfica es la escena de la muerte de la Viuda Negra, que resulta repetitiva por su excesiva similitud con la de Gamora en la entrega anterior. Una gran polémica que se desató tras el cierre fue la de por qué el anciano Steve Rogers –también conocido como el Capitán Joe Biden– le entrega el escudo a Sam Wilson, al que conoce desde hace unos pocos años, en lugar de a Bucky Barnes, su mejor amigo desde la infancia. Para encontrar la respuesta, solo hay que regresar a la primera película de Steve: cuando el doctor Erskine lo selecciona para ser el Capitán América, le dice que no hace falta un soldado, sino un buen hombre. Bucky es un soldado. Sam es un buen hombre.

Ha habido un antes y un después de la «bilogía» del infinito, lo más grande que se haya hecho en la fantasía heroica. Del mismo modo que *El señor de los anillos* de Peter Jackson marcó un punto de inflexión en las grandes producciones fantásticas, esta hizo lo propio para el género de las mallas y capas. Lo malo es que dejó el listón tan alto que no podemos evitar comparar todo lo que se haga después.

CURIOSIDADES:

- Los Russo tenían pensado continuar el romance entre Steve Rogers y Sharon Carter en *Infinity War*, pero Feige los disuadió, porque no funcionaba entre el público.
- Tom Holland improvisó su «no me quiero ir, señor Stark» como homenaje a la mítica frase de David Tennant en *Doctor Who*. No olvidemos que Holland es británico y es físicamente imposible serlo sin ser un *whovian*.
- Los Russo siempre incluyen cameos de sus dos series más conocidas, *Arrested Development* y *Community*. En *Infinity War*, cuando vemos la sala del Coleccionista arrasada, uno de los cadáveres desperdigados por la zona es Tobias Fünke pintado de azul, como cuando quería ser miembro del Blue Man Group en *Arrested Development*. En *Endgame*, podemos ver a Chang y a Shirley, de *Community*, el primero como guardia de seguridad cuando vuelve Scott y la segunda en la base militar de 1970.
- James Gunn confirmó que el último «I am Groot» que le dice Groot a Rocket, mientras se desintegra por el chasquido, significaba «papá». Ahí fueron a hacer daño.

EL CABALLERO OSCURO

Algunas personas solo quieren ver arder el mundo

The Dark Knight (2008), Christopher Nolan.
Intérpretes: Heath Ledger, Gary Oldman, Aaron Eckhart, Christian Bale, Michael Caine, Maggie Gyllenhaal, Morgan Freeman. **Cómic:** DC. **Película:** Warner Bros.

El fiscal Harvey Dent debe enfrentarse a la creciente corrupción que asola Gotham a través de las mafias y la política, personificada en el misterioso nuevo líder del hampa: el Joker. Menos mal que para ello cuenta con la ayuda del honesto e implacable comisario Gordon. Ah, sí, y de Batman, que también aparece de vez en cuando.

Mientras *Batman Begins* resultaba excesivamente lenta y explicativa incluso para los estándares de Nolan y la tercera entrega se hacía algo repetitiva y vacua, esta segunda parte de la trilogía es redonda en todos los aspectos.

Para empezar, nos dejamos de infinitas escenas introductorias y empezamos ya en plena acción, con un violento atraco encabezado por el que será el villano central de

la obra. Esto la hace destacar por encima de otras películas del director que, pese a su maestría general, siempre tiende a alargarlo todo en exceso y a darnos la información muy masticada, como si tuviera miedo de que no fuéramos a entender una escena si no la sobreexplica. En *El caballero oscuro* encuentra el equilibrio perfecto, sin exposición repetitiva ni horas de metraje de más. Y, como en toda su filmografía, el apartado visual es impecable. Las escenas de acción son realmente brillantes y la galería de *gadgets* y vehículos pasados de vueltas no decepciona. Los giros inesperados, a través de las salvajadas de las que el Joker es capaz, ponen la piel de gallina y te mantienen pegado al asiento. Consigue su principal objetivo, que es imbuir de un tono realista al mito de Batman, y es ahí donde radica la relevancia histórica de la película. Además, logra lanzar un potente mensaje a través de la figura de Harvey Dent, la verdadera estrella.

Una de sus mayores grandezas es que el protagonismo recae en el comisario Gordon y Dos Caras, los personajes interesantes de la película, los que tienen una profundidad psicológica y llevan tanto la acción como la carga emocio-

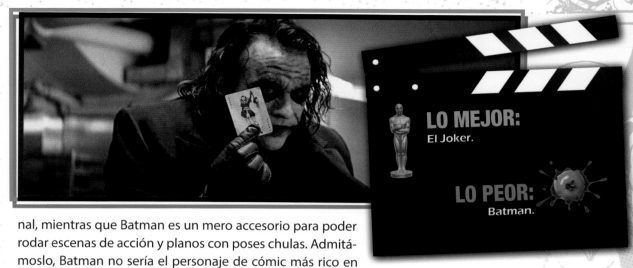

LO MEJOR: El Joker.

LO PEOR: Batman.

nal, mientras que Batman es un mero accesorio para poder rodar escenas de acción y planos con poses chulas. Admitámoslo, Batman no sería el personaje de cómic más rico en matices y personalidad, pero al menos su alter ego Bruce Wayne, un playboy millonario con cierto encanto, daba algo con lo que jugar a otros actores como Keaton, Kilmer, Glen o Affleck –algo que, por desgracia, queda muy alejado del rango actoral de Bale–. Lo interesante de Batman son sus villanos, inmensamente carismáticos, y probablemente el alucinante Joker de Heath Ledger sea el mejor que ha tenido en su trayectoria fílmica: un Joker que hizo historia y quedó grabado para siempre en el imaginario colectivo –aunque da un poco de miedo la cantidad de gente que no entendió que es el villano y no se supone que debamos identificarnos con él ni idolatrarlo como a un profeta–.

CURIOSIDADES:

- Michael Caine asegura que Heath Ledger lo hacía tan bien que lo aterrorizaba y causaba que se le olvidaran los diálogos.
- Primera película basada en un cómic que recaudó mil millones de dólares –dato curioso: en inglés se llama «one billion» a lo que nosotros llamamos mil millones, no a lo que llamamos un billón, que sería un millón de millones–.
- Heath Ledger ganó a título póstumo 32 premios a mejor actor por esta película, incluyendo el Oscar y el Globo de Oro.
- En una versión preliminar del guion, Rachel –Maggie Gyllenhaal– iba a estar emparentada con los Grayson, la familia de Robin. Iba a ser un mero guiño, pero Nolan lo eliminó para no dar falsas esperanzas de que Robin apareciera en futuras secuelas –aunque una especie de versión alternativa muy libre lo haría en la tercera–.
- El tema instrumental del Joker está compuesto por solo dos acordes: Re y Do, que en la nomenclatura más comúnmente usada en Estados Unidos se denominan D y C, como un rebuscado homenaje a DC Comics.

LOS NUEVOS MUTANTES

Pesadilla en X-Men Street

The New Mutants (2020), Josh Boone.
Intérpretes: Blu Hunt, Maisie Williams, Anya Taylor-Joy, Charlie Heaton, Henry Zaga, Alice Braga. **Cómic:** Marvel. **Película:** 20th Century Fox.

Cinco mutantes adolescentes están encerrados en un viejo hospital, supuestamente para aprender a controlar sus poderes después de que se manifestaran de forma trágica. Cuando empiezan a darse sucesos paranormales, sospechan que la instalación no es lo que les habían dicho.

Debo disculparme con *X-Men: Primera generación* y *Logan* por decir esto, pero esta es con diferencia la mejor película de mutantes que nos ha dado Fox. Destaca por el cariño con que se trata a los personajes, pero sobre todo por la serie de atrevimientos llevados a cabo. Mientras la mayor parte de la saga *X-Men* consiste en aventuras de superhéroes centradas en la espectacularidad, Josh Boone se arriesgó a rodar una historia íntima,

psicológica y, lo más rompedor de todo, en clave de cine de terror. No solo tiene la osadía de ceñirse a un solo escenario y poquísimos personajes, que para colmo no usan disfraces vistosos ni nombres de guerra. No se limita a prescindir de la épica superheroica a la que nos han acostumbrado las películas de los Vengadores, para narrar una trama intimista en torno a las emociones de los personajes. ¡Es que encima es una peli de miedo!

Una explosiva mezcla de subgéneros que aúna el slasher adolescente, las historias de casas encantadas y, por encima de todos, el terror psicológico. Pero si lo que buscas es acción, no te preocupes, porque la media hora final –de una cinta de hora y media– es un brutal clímax cargado de superpoderes desatados. Y la criatura maligna a la que se enfrentan –no te diré cuál es, por si aún no has tenido el inmenso placer de verla– es visualmente sobrecogedora. Boone cita como influencia principal *Pesadilla en Elm Street 3: Los guerreros del sueño*, la más loca y genial entrega de la saga de Freddy Krueger, y la verdad es que se nota.

El problema que aquejó a esta película fueron los interminables retrasos de su estreno –se rodó en 2017 y se fue

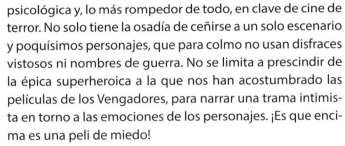

posponiendo hasta tres años después–. Esto se debió a que Fox estaba en proceso de ser comprada por Disney, con el inevitable jaleo legal resultante y la incertidumbre sobre cuál de los dos sellos la estrenaría. El metraje original duraba dos horas, pero en ese limbo entre dos productoras hubo que eliminar escenas con exceso de gore para conseguir la certificación PG-13 que impera en el MCU, además de otras que enlazaban mejor la película con el resto de la franquicia, por si acaso acababa estrenándose como parte del cosmos compartido de Disney y no el de Fox. La nota positiva de este retraso es que la convirtió en la última película de los X-Men de Fox, con lo que la despedida de la franquicia dejó un buen sabor de boca, mucho más que si la última entrega de la saga hubiera sido la desastrosa *X-Men: Fénix Oscura*.

El plan original de Boone era lanzar una trilogía en la que cada parte se englobase en un subgénero del terror: la primera es psicológica; la segunda habría girado en torno a una invasión alienígena y habría incorporado a otro personaje muy querido por los fans, el entrañable extraterrestre Warlock –doblado por Sacha Baron Cohen–, además de aparecer Antonio Banderas como el corrupto padre de Roberto; y la tercera habría sido una epopeya de terror apocalíptico basada en el célebre *crossover* de los ochenta *Inferno* –cruzándose en esta entrega con los X-Men de McAvoy–. Detrás de todo, estaría uno de los villanos más interesantes de los cómics, Míster Siniestro –tiene sentido, si recordamos que él era el artífice de la invasión demoníaca del *Inferno* original–, para cuyo papel ya

se había pactado con Jon Hamm. El villano debía presentarse aquí en una escena poscréditos, pero el desbarajuste Disney-Fox hizo que tuvieran que eliminarlo. Cualquiera que haya leído *X-Men* puede entrever la presencia del carismático villano moviendo los hilos en la historia, aunque al final nos quedásemos con las ganas de verlo. Desde la mención a su Corporación Essex –de esto ya se hizo un *planting* en la poscréditos de *X-Men: Apocalipsis*–, hasta algunos guiños visuales: las cámaras de vigilancia del hospital son rombos con una luz roja en el centro y la doctora Reyes lleva un pin con forma de rombo rojo en la bata –Siniestro, si no lo conoces, es un señor con un rombo rojo en la frente–.

La obra rompió moldes, además, al ser la primera película de superhéroes protagonizada por una pareja homosexual y, por si eso fuera poco, por una heroína nativa americana. Hay un homenaje constante a los noventa –la década dorada del *slasher* adolescente– incluso aunque no esté ambientada en esa época. Uno de los pocos entretenimientos que tienen los chavales en el hospital es la edición clásica de los DVDs de *Buffy, cazavampiros* –serie de la que la obra bebe de forma muy obvia–. Cada vez que los vemos disfrutando de un episodio en la tele de la sala de recreo, la escena que observan presagia algo que sucederá. Cuando se muestra el beso entre Willow y Tara, un punto de inflexión esencial en la historia de la representación en televisión, te están avisando de que piensan aportar lo mismo al cine de superhéroes. La subtrama romántica es una de las mejor llevadas y menos gratuitas en el género. Y la banda sonora de Mark Snow –el de *Expediente X*– es una preciosidad.

Se tomaron algunos elementos clave de los cómics para hacer felices a los fans, como el aspecto de Magik –sabes tan bien como yo que Anya Taylor-Joy ha nacido para ser Illyana– o que, después de un sinfín de adaptaciones, podamos ver por fin a Lockheed, el dragón mascota de Gatasombra. Pero se cambiaron muchas otras para sorprendernos, como convertir en villana a una importante aliada de los X-Men o eliminar a uno de los miembros originales del equipo, Karma, cuyos poderes eran demasiado similares a los de Moonstar. Quizás el mayor acierto sea centrar la trama en torno a Dani Moonstar, uno de los personajes más ricos e interesantes –e injustamente desconocidos– de Marvel, después de tanta sobreexplotación de Lobezno y Mística. La serie original resultó rompedora en los ochenta por el inconfundible dibujo surrealista de Bill Sienkiewicz, cuya huella se nota en la **película**: contribuyó al diseño de producción y dibujó los créditos finales. En el *making of* puedes verlo disfrutando como un niño al ver tan bien representadas a las escalofriantes criaturas que imaginó en su día.

LO MEJOR:
Que se atreva a arriesgar en tantos aspectos distintos a la vez.

LO PEOR:
El tormento que supusieron sus infinitos retrasos.

Dentro de cada persona hay dos osos. A uno le chifla *Los nuevos mutantes*. El otro no es de fiar.

CURIOSIDADES:

- El casting es tan redondo que algunos dibujantes, como Rod Reis, han empezado a dibujar a Loba Venenosa con el rostro de Maisie Williams.
- El viejo psiquiátrico abandonado en el que se rodó, también empleado en *Shutter Island* y *The Box*, ponía la piel de gallina a los actores. Algunos de ellos creían que estaba encantado de verdad.
- Magik es, en los cómics, la hermana pequeña de Coloso. No se menciona ninguna relación entre ellos, aunque se mantiene su apellido, Rasputin. ¿Tal vez en las escenas eliminadas?
- Hubo una polémica porque Roberto «no es lo bastante negro». En realidad, el personaje original es mulato –su madre era una yanqui pelirroja de ojos azules–, pero, como sucede con la mayoría de personajes latinos en los cómics estadounidenses, algunos coloristas hacen su piel más clara y otros más oscura, generando la confusión de que mucha gente haya llegado a creer que Bobby debería ser de raza negra.
- Para los *flashbacks* de los experimentos de Essex, se reciclaron planos de *Logan*, aunque ambas obras no encajan en el mismo universo: en aquella, los niños que escapaban del laboratorio tenían ya sus poderes totalmente desarrollados y se mudaban a Canadá.

LA SAGA DEL CAPITÁN AMÉRICA

La trilogía perfecta

Captain America: The First Avenger (2011), Joe Johnston / *Captain America: The Winter Soldier* (2014) / *Captain America: Civil War* (2016), Anthony y Joe Russo.
Intérpretes: Chris Evans, Sebastian Stan, Hayley Atwell, Dominic Cooper, Scarlett Johansson, Hugo Weaving, Robert Redford, Robert Downey Jr., Daniel Brühl. **Cómic:** Marvel. **Películas:** Disney.

Durante la Segunda Guerra Mundial, el flacucho Steve Rogers se presta a un experimento para convertirse en un supersoldado y pararle los pies a Hitler. Nace el Capitán América, el héroe más grande de todos los tiempos, obsesionado con erradicar el fascismo en todas sus formas. Tras pasar 80 años congelado bajo el océano Ártico, Steve se despierta en la era moderna para meterse de lleno en tramas de espionaje.

Probablemente la mejor trilogía que me haya echado jamás a la cara –y no hablo solo de cine de superhéroes–. Ninguna de sus entregas está por debajo de lo magistral: aunque hay quien ningunea la primera porque la segunda fue excepcionalmente épica y se las compara desde la distancia, aquella también resulta trepidante y magnífica. No ha sido fácil decidir si incluir esta saga en el capítulo sobre aventuras divertidas o en el de historias serias, porque mezcla ambos estilos a la perfección: son películas espectaculares de mucha aventura, pero a su vez juegan de forma brillante con el género narrativo y dan un gran peso al mensaje social contra el autoritarismo. La primera entrega es puro cine bélico, la segunda es un thriller de espionaje al estilo de los setenta y la tercera mezcla ambos conceptos, guerra y espías, añadiéndole un componente de denuncia social centrado en los derechos civiles.

Marvel ha estado siempre cargado de mensaje político y el Capitán América es sin duda el que más destaca en este ámbito, porque Joe Simon y Jack Kirby lo crearon como una obvia alegoría antifascista. Aquellos que solo lo conocen de oídas –o por su horrenda versión del universo

Ultimate– pueden llegar a creer que se trata de uno de esos patriotas reaccionarios, pero desde su misma concepción fue siempre todo lo opuesto. Steve es un chaval de origen humilde y fuerte consciencia de clase que dedica su vida a intentar acabar con cualquier forma de *bullying*. No hay nada que odie más que ver a gente con poder aplastando a quien no lo tiene y lucha incesantemente contra el fascismo y la corrupción política. Aunque vista un uniforme abanderado –porque, en Estados Unidos, hasta los anarquistas aman a la bandera–, no tiene reparos en alzarse contra su gobierno si cree que está abusando de su poder y comportándose igual que los nazis contra los que luchó en la guerra. Porque el Capi siempre ha luchado por América, sí, pero no por los que la gobiernan, sino por su clase obrera. Recordemos un número más o menos reciente de *Vengadores* en el que Steve logra levantar el martillo de Thor para luchar contra El Nido y, para ello, piensa en aplastar el tabique nasal de un nazi a puñetazos, que es lo que él considera más digno y heroico. O esa maravilla de miniserie que es *Spider-Man: Toda una vida*, donde se postula que, de no haber estado congelado durante la guerra de Vietnam, el Capi habría dado la espalda a su país y se habría ido a ayudar a los vietnamitas.

Tal ha sido siempre su talante progresista que, cuando en los años cincuenta se creó el Comics Code Authority como órgano censor del macartismo, Marvel fue la editorial más vapuleada por la paranoia anticomunista –a DC no les tocaron ni un bocadillo de texto porque ya eran del agrado de McCarthy– y hubo que buscar nuevos escritores que reconvirtieron al Capi en un fascista enajenado que mataba rusos sin ton ni son. Obviamente, a los lectores habituales no les gustó nada aquel personaje diametralmente opuesto a su héroe y la serie se canceló. Durante gran parte de la década, Marvel se

dejó de superhéroes y se dedicó a los cómics de ciencia-ficción con un mensaje a favor de la educación: «niños, estudiad y aprended a pensar para que esta década oscura no se repita». Cuando Stan Lee se hizo cargo de la editorial en los sesenta y recuperó a los superhéroes, reexplicó aquel asunto diciendo que el verdadero Steve estaba congelado bajo el mar desde 1945 y que aquel asesino de los cincuenta era un loco que se hacía pasar por él.

La primera película derrocha aventura y emoción, pero encajada en el género bélico. Se nota la mano de Joe Johnston en la dirección, dándole un espíritu y estética muy reminiscente a su otra obra magna, *Rocketeer*. Aparece ya la archinémesis del héroe, Cráneo Rojo, así como Bucky, Peggy Carter, Arnim Zola y los Comandos Aulladores –aunque sin estar liderados por Nick Furia–. Contiene además un emotivo homenaje al origen de Marvel, cuando Steve y Bucky visitan la Exposición Universal y se puede ver al fondo la urna de cristal en la que reposa la Antorcha Humana original.

Pero *Soldado de Invierno* es sin duda la parte más redonda de la trilogía, amén de que sigue siendo a día de hoy la mejor película de superhéroes jamás rodada y, si me apuras, una de las mejores de cualquier género. Puro thriller político y de espionaje que homenajea a *Los tres días del cóndor* y obras similares –tanto, que incluso se fichó a Robert Redford como villano–, con escenas de acción inolvidables y una historia trepidante y adictiva. Los hermanos Russo, que venían de la comedia tras dirigir *Community* y *Arrested Development*, resultaron la mejor adición posible al cine de superhéroes, dos directores que entienden la proporción adecuada entre acción, suspense, aventura y drama que debe lucir el género y que demuestran una maestría sin precedentes en el pulso narrativo. Más tarde se autohomenajearían parodiando en la última temporada de *Community* la legendaria escena en la que el Capi zurra a un montón de soldados de Hydra en un ascensor.

En cuanto a *Civil War*, resulta muy distinta al cómic del que toma su nombre, pero aun así es una gran película. Hay que tener en cuenta que la miniserie de cómic enfrentaba a un centenar de personajes que habían ido brotando a lo largo de cinco décadas, mientras que la película era más modesta y lo hacía con los héroes de cine que había dado

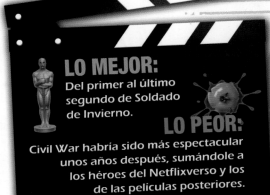

tiempo a crear en ocho años –pero no olvidemos que tuvo la grandeza de traernos por primera vez al Spider-Man de Tom Holland–. Lo más positivo es que están mejor llevados los tonos grises que dificultan escoger un bando, porque ambos tienen algo de razón, mientras que en el cómic era mucho más simple: el Capi luchaba por los derechos humanos y Stark estaba fuera de sí, como un villano plano y simple. En cuanto al barón Zemo, no guarda ninguna relación con la saga de cómic original ni se parece demasiado al personaje en que se inspira, pero era la última película del Capi y no podían dejar fuera a uno de sus villanos más conocidos –un poco lo que sucedía con el Mandarín en *Iron Man 3*–. Es curioso que algunos elementos de la segunda película se parezcan más a la saga *Civil War* que los de la tercera, sobre todo la escena de la huida del Capi de las instalaciones de S.H.I.E.L.D., que es calcada al cómic.

CURIOSIDADES:

- El Capitán América fue creado por Joe Simon y Jack Kirby, cuando Stan Lee aún no era el amo del cotarro de Marvel.
- Ya te comenté que los Russo tienden a incluir siempre cameos de sus series: en *Soldado de Invierno* aparece Abed de *Community*, así como el decano de dicha serie en *Civil War*, donde vemos también el coche con escalera de *Arrested Development*.
- Robert Redford tuvo ofertas para interpretar al Capi en los años setenta, pero las rechazó –por ello se intentó en los noventa que lo hiciese Brad Pitt, que era su viva imagen rejuvenecida–. Curiosamente, acabó interpretando al villano en una de sus películas.
- El Capitán América fue el primer personaje de Marvel en trasladarse a la pantalla, interpretado por Dick Purcell en 1944.
- La mujer que escupe a Stark al principio de *Civil War* es Alfre Woodard, que volvería al MCU interpretando a la villana Mariah Dillard en *Luke Cage*.

TITANES

Los sidekicks se emancipan

Titans (2012-¿?), Akiva Goldsman y Geoff Johns.
Intérpretes: Brenton Thwaites, Anna Diop, Teagan Croft,
Iain Glen. **Cómic:** DC. **Serie:** Warner Bros.

Dick Grayson abandonó su identidad de Robin hace años y ahora es agente de policía. Nuevas amenazas lo llevan a retomar sus actividades de vigilante como Nightwing, en compañía de algunos antiguos *sidekicks* como él y otros nuevos héroes adolescentes, formando una nueva iteración de su antiguo equipo, los Titanes.

Después de la deriva hacia el optimismo y la simpatía de las series DC, *Titanes* recupera el tono oscuro y hostil de las primeras épocas de *Arrow*. Sus escenas de acción son ultra-violentas, la música es de coger migraña en una discoteca gótica y, si buscas un producto con un mensaje de esperanza que te alegre el día, olvídate de esta serie. En el mundo de *Titanes* siempre es de noche y llueve sin parar –ni que fueran daneses–, confiriéndole una atmósfera sombría, pero sin llegar a lo intensito de algunas producciones actuales.

La historia ahonda en la psicología del grupo protagonista, centrándose en los traumas acarreados por los *sidekicks* adolescentes, que se metieron demasiado pronto en el violento mundo de los superhéroes adultos. No emana demasiada simpatía hacia Batman, culpándolo de haber destrozado la infancia de todos sus Robins y haberlos convertido en juguetes rotos. A ese respecto, Iain Glen –nada menos que Sir Jorah Mormont de *Juego de Tronos*– es un Bruce Wayne impresionante, aunque sea una pena no verlo jamás con el traje de murciélago. Ese ya legendario «fuck Batman» que suelta Dick en el episodio piloto es toda una declaración de intenciones.

Y si te comentaba que Glen nunca llega a vestir el negro, se debe a que DC Comics le tiene prohibidísimo a Warner desde hace décadas que Batman y el Joker aparezcan en series de televisión. Según los ejecutivos de la editorial, es para que, cuando aparezcan en películas, resulte más especial para los fans –pues qué quieres que te diga, después de ver lo de Jared Leto, no sé yo–. De ahí que ninguno de los dos haya podido ser mostrado en series como *Smallville*, *Supergirl* y similares, sino que siempre se les menciona de forma sutil, a menudo como parodia de esta prohibición. Para *Titanes*, Johns solo consiguió permiso para mostrar a Bruce Wayne, pero siempre de paisano.

La serie la protagonizan Nightwing, Starfire, Raven, el Chico Bestia, Wonder Girl, Halcón y Paloma, el segundo Robin y Superboy. La primera temporada

gira en torno al demonio Trigon, la segunda tiene como villano a Deathstroke y la tercera al Espantapájaros, interpretado por Vincent Kartheiser –al que, a poco friki que seas, puede que recuerdes como el insufrible Connor en *Angel*–. Geoff Johns asegura que su intención es que cada uno de los protagonistas represente un género narrativo distinto: Raven es el toque de terror sobrenatural, Nightwing el de acción policial, Starfire el de ciencia-ficción alienígena, Superboy el de los tebeos de superhéroes bienintencionados de antaño. Con ello, consiguió una serie tan rompedora como variada.

LO MEJOR:
Nightwing es un héroe de acción como la copa de un pino.

LO PEOR:
No poder ver al Batman de Iain Glen.

CURIOSIDADES:

- La madre de Raven está interpretada por Rachel Nichols, la protagonista de *Continuum*.
- En un episodio en que Dick no deja de tener alucinaciones sobre Bruce Wayne, el bueno de Iain Glen nos dejó de piedra marcándose el baile del Batusi de Adam West sobre un escenario.
- Algunos de los personajes, como Raven o Starfire, nunca habían sido adaptados antes a imagen real.
- Los personajes hicieron un cameo en *Crisis en tierras infinitas*, pese a que *Titanes* no forma parte del Arrowverso.
- Akiva Goldsman, uno de los cocreadores de la serie, fue también guionista de la terrible *Batman y Robin* de 1997, la última película en la que había aparecido un Dick Grayson de imagen real hasta la llegada de *Titanes*.

DAREDEVIL

Un hombre sin esperanza es un hombre sin miedo

Daredevil (2015-2018), Drew Goddard.
Intérpretes: Charlie Cox, Elden Henson, Deborah Ann Woll, Rosario Dawson, Vincent D'Onofrio, Élodie Yung. **Cómic:** Marvel. **Serie:** Netflix.

Matt Murdock es un abogado ciego que intenta ganarse la vida en un barrio obrero de Nueva York sin renunciar a sus principios, en un bufete de poca monta junto a su mejor amigo Foggy Nelson. Poco se imagina Foggy que, por las noches, Matt se viste de negro y emplea sus habilidades en artes marciales y su sentido del radar para luchar contra la mafia como Daredevil.

Esta adaptación ya no es que beba de la legendaria miniserie que reinventó al personaje, *El hombre sin miedo* –Frank Miller y John Romita Jr., 1993–, sino que bebe de ella a morro y sin importarle mojarse la pechera. Se convirtió en la primera de todo un microcosmos de historias interconectadas de Marvel producidas por Netflix, las que trataban sobre los héroes de a pie, los que no salen al espacio a pelear contra dioses, sino que se quedan en los callejones húmedos protegiendo a sus vecinos de amenazas mucho más cercanas. *Jessica Jones*, *Luke Cage*, *Iron Fist*, *Punisher* y *Los defensores* serían los productos derivados, cruzándose casi siempre mediante personajes secundarios como Claire Temple o Turk Barrett.

Matt parece tener el superpoder de recibir más palizas que ningún otro superhéroe. Su única habilidad sobrenatural le sirve para contrarrestar su ceguera y ser tan capaz como una persona vidente, fuera de eso es un tipo del montón. Lo que lo hace heroico es su aguante a los golpes, conseguir siempre mantenerse en pie un poquito más que sus oponentes, aunque luego llegue a casa cojeando y deje la moqueta perdida de sangre. Es un ninja, sí, pero por encima de todo es un boxeador y puede aguantarle un asalto a cualquiera –en los cómics, ha podido derrotar en combate cuerpo a cuerpo a luchadores mucho más fuertes que él, como el Capitán América o Hércules–.

La serie tiene un tono oscuro y violento, pero trata siempre de encontrar el más tenue rayo de esperanza, igual que

lo hace su protagonista: un hombre abatido, rodeado de dolor y corrupción, pero que se esfuerza por creer que puede hacer del mundo un lugar mejor, aunque sea a base de llevarse palos. Matt ejemplifica la ciega creencia de que existe bondad en el ser humano; Kingpin, la de que el hombre es un lobo para el hombre y nadie se merece una oportunidad. La dualidad no solo es palpable en los dos oponentes, sino ya en el propio protagonista: un católico convencido que lucha por la esperanza, pero se viste como el Diablo.

Una serie profunda, dramática y sensible, sin una subtrama que no valga la pena y sin que ello le reste acción a raudales. Las coreografías de lucha son de vértigo y en cada temporada destaca un capítulo que contiene una escena de acción desenfrenada rodada en plano-secuencia. La de la primera, en un pasillo, dura tres minutos; la de la segunda, en una escalera, otros cuatro; y la de la tercera, en una cárcel y con Matt de paisano, la friolera de once gloriosos minutos.

D'Onofrio se erige como el villano más escalofriante que haya pisado el MCU, aunque en dura disputa con David Tennant. Llega a dar mucho más miedo que los que tienen poderes divinos como Thanos o Hela. En una serie que se mueve en el mundo de lo real y plausible, su enfermizo antagonista aterra porque nos lo podemos imaginar en nuestro entorno. Kingpin es peligroso porque sus poderes son el dinero, la falta de moral y la

capacidad de explotar la codicia de los demás. Así se planta el tema central de la obra: la corrupción en nuestros días, hasta qué rincones insospechados puede llegar y si queda alguna forma de acabar con ella.

Daredevil es, junto con Spider-Man y el Capitán América, el representante de la clase obrera del universo Marvel. Es uno de los personajes más interesantes y complejos de la editorial y esta serie una de las mejores que se han hecho en televisión, tanto del género heroico como en general. Y, si la serie de Netflix te ha gustado, te recomiendo enormemente la etapa actual de los cómics escrita por Chip Zdarsky, una de las más brillantes que haya tenido Marvel.

CURIOSIDADES:

- La primera temporada se convirtió en la segunda serie más descargada ilegalmente en el mundo, después de *Juego de Tronos*.
- Hay un guiño a los X-Men al final de la serie, en la poscréditos que muestra cómo le forran la columna a Bullseye de adamantium. El médico que le opera es llamado por su compañero «doctor Oyama», que en los cómics fue el que inventó el proceso para recubrir los huesos de Lobezno con dicho metal y es además el padre de la villana Dama Mortal. Un posible *teaser* de la presencia de los mutantes, si recordamos que, paralelamente, ya estaba saliendo la mutante María Tifoidea en *Iron Fist* –y haciendo sutiles referencias a la existencia de los 4 Fantásticos, para colmo–.
- Matt dice haberse criado en el orfanato Saint Agnes, igual que Temblor en *Agentes de S.H.I.E.L.D.* No es la única conexión que confirma el cosmos compartido: cada vez que aparece un periódico en plano, suele llevar noticias sobre cosas sucedidas en la mencionada serie o en las películas del MCU.
- En la versión de Affleck, a Foggy lo interpretaba Jon Favreau. Fue durante ese rodaje cuando le propuso a Feige dirigir *Iron Man*, así que podríamos decir que *Daredevil* –la mala– fue sin saberlo la semilla del MCU.
- La oficina que hay junto a la del despacho de Matt y Foggy lleva el logo de Atlas Comics, antiguo nombre de Marvel. En los años treinta y cuarenta fue Timely Comics y en los cincuenta fue Atlas, pero su producto estrella era la revista Marvel Comics y todo el mundo los llamaba así, con lo que acabaron por adoptar el nombre de forma oficial.

AGENTES DE S.H.I.E.L.D.

Me llamo Coulson, Phil Coulson

Agents of S.H.I.E.L.D. (2013-2020), **Joss Whedon, Jed Whedon y Maurissa Tancharoen. Intérpretes:** Clark Gregg, Chloe Bennett, Ming-Na Wen, Iain De Caestecker, Elizabeth Henstridge, Henry Simmons, Natalia Cordova, Adrianne Palicki. **Cómic:** Marvel. **Serie:** ABC – Mutant Enemy.

El agente Phil Coulson, el personaje más entrañable del MCU, vuelve a la vida de modo misterioso y se pone al cargo de la agencia de espionaje S.H.I.E.L.D. –Strategic Hazard of Intervention, Espionage, Logistic and Defense, intenta decirlo de carrerilla–, demostrando ser el James Bond de Marvel, con perdón de Jimmy Woo. Con su equipo de agentes secretos, se enfrentará a Hydra, a los Inhumanos –y no me refiero al grupo de pop español de los ochenta–, a los Kree y a montones de enemigos más.

Una serie que, aun ambientada en un mundo de superhéroes, se decanta hacia el género del espionaje: secretos militares, conspiraciones y algún que otro héroe o villano de los cómics Marvel dejándose caer por allí de vez en cuando. Fue un gran atrevimiento que la primera serie *spin-off* del MCU la protagonizasen los secundarios olvidados, los agentes secretos que hacen el trabajo sucio mientras los Vengadores se lucen en grandes batallas épicas. Sufrió un problema de ritmo en su primera temporada, que flojeaba por culpa del intento de hacerla procedimental, con un caso autoconclusivo en cada episodio. Pero a mitad de temporada, el estudio apretó las tuercas a los guionistas –dice la leyenda que el propio Stan Lee se acercó para cantarles las cuarenta– y se zambulleron en arcos de temporada más complejos, mejorando la serie de forma exponencial.

Coulson es una de las cosas más grandes que le han pasado al MCU. Se lo inventó Favreau para *Iron Man*, pero tuvo tanto éxito que Whedon lo recuperó para *Vengadores*, lo mató para que llorásemos, luego lo resucitó y le dio su propia serie. Y por si fuera poco, tiene el honor de haber saltado de la pantalla a las viñetas y no al revés, integrándose más tarde en el universo 616. Resulta admirable que un épico héroe de acción de la tele, capaz de mantenerse siete años en antena, no sea un joven atlético y guaperas, sino un señor de mediana edad, bajito, con cara de bonachón y que parece el cartero de una urbanización de montaña. Phil es tan majo que te llega al corazón y le coges cariño, pero en cuanto alguien se pasa con él, desata el infierno a tiro limpio y no hay quien pueda pararle –ni siquiera Loki–. Cuando Nick Furia le da un emotivo discurso al final de la primera temporada, diciendo que lo considera un Vengador con tanto derecho como Stark o el Capi, se aflojan sin remedio las compuertas de los conductos lagrimales.

La otra gran protagonista es Daisy Johnson, conocida como Temblor –Quake en inglés–, que en los cómics llegó a dirigir S.H.I.E.L.D. con apenas 16 años. Se jugó muy bien al misterio de no decirnos quién era hasta mediados del segundo año. Hasta entonces, la llamaban Skye y no recordaba nada de su pasado, lo que nos hacía sospechar que nos encontraríamos con algún personaje de los cómics. Y por supuesto, si salía Daisy, tenía que estar también su padre, el villano Mr. Hyde, interpretado de forma terrorífica por Kyle MacLachlan –el agente Cooper de *Twin Peaks*–. También con él se jugó al engaño, porque al principio no sabíamos quién era y, como la serie se estaba encaminando hacia la temática inhumana, internet hervía con teorías de que se trataba de Maximus el Loco, pero su identidad salió a la luz al mismo tiempo que la de su hija. La mayoría de los otros protagonistas –May, Simmons, Fitz, Ward– se crearon específicamente para la serie, aunque luego siguieron a Coulson hacia el universo Marvel. Cabe destacar la excepción de los agentes Mack, Hunter y Yo-Yo, que sí son versiones muy libres de personajes de Marvel.

LO MEJOR:
Cómo Coulson combina la chulería con su expresión risueña y afable.

LO PEOR:
La primera media temporada.

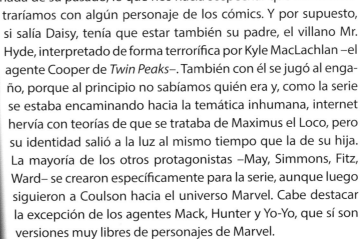

La serie comenzó como un anexo al MCU y, durante un tiempo, se convirtió en un centro neurálgico que lo complementaba y unía, la centralita que conectaba todas las líneas. Si habláramos de uno de esos *megacrossovers* de los cómics –*Civil War*, *Invasión Secreta*–, *AoS* sería la miniserie troncal y las películas del MCU serían los *tie-in* puntuales. Destacó especialmente su conexión con *Capitán América: El Soldado de Invierno*: seguir la serie enriquecía mucho la trama de la película y convertía en suspense algunas subtramas de esta que, para el espectador puntual, no eran suspense sino sorpresa. Cuando se estrenó la película, los fans de la serie ya hacía unos días que sabíamos que Hydra se había infiltrado en S.H.I.E.L.D. y veíamos a algunos supuestos aliados en la película sabiendo que eran villanos escondidos, que nos tenían en un sinvivir esperando al momento en que el Capi lo descubriese –mención especial a Sitwell, aquel señor calvo al que el Capi y la Viuda interrogan de forma pintoresca en una azotea–. Y a su vez, la película plantaba ciertas semillas de tramas que se desarrollarían en profundidad en la serie, como aquellos misteriosos rostros a contraluz con los que hablaba Robert Redford y que aparecerían como villanos centrales de las aventuras de Coulson. Nos presentó antes que nadie el retorno de Hydra, a los Inhumanos, los universos *What If*, a los Kree y la vertiente mística de este cosmos, que luego se desarrollaría en *Doctor Extraño*. Y lo más divertido y gamberro de todo: mediante un leve guiño, ¡canonizó la terrible *Ghost Rider: El motorista fantasma* de Nicolas Cage! ¿Significa eso que ya nunca veremos a Mephisto en el MCU, porque técnicamente ya lo vimos en la piel de Peter Fonda?

Con los años, la serie se fue distanciando del MCU y su canonicidad se puso en duda, hasta el punto en que ya no quedaba claro si formaba parte del mismo universo o no. Se llegó a bromear con ello en la quinta temporada: Coulson predijo la llegada de la nave de Thanos a la Tierra unos días antes, pero estaba muy liado zurrándose con los Kree como para ir a avisar a los Vengadores. En el final de esa temporada, que coincidió con el estreno de *Vengadores: Infinity War*, hay una escena loquísima en que Jake Busey viene a traerle unas armas a Daisy para la batalla final y, de paso, le menciona la que se está liando en el centro de Nueva York con esos tipos del espacio, pero ella lo interrumpe y le dice que los problemas, de uno en uno. Para más cachondeo, cuando comienza la siguiente temporada, han pasado cinco años, nadie menciona el chasquido de Thanos ni si alguno de los protagonistas se había esfumado y había vuelto, pero sí que cae algún chistecito de tipo «vaya, estás igual de joven» para dejarnos con la duda.

Pocos personajes del MCU pasan por la serie: apenas Nick Furia, Maria Hill, Peggy Carter, Dum Dum y Lady Sif, que dejó de salir en las películas de Thor, pero volvió un par de veces para echar un cable a Coulson. En cambio, sí que desfila toda una galería de personajes de los cómics Marvel, algunos más famosos y otros menos. Uno de los principales es Bobbi Morse, alias Pájaro

Burlón, que en los cómics es Vengadora y la exmujer de Ojo de Halcón. Como no podían permitirse a Jeremy Renner, rescataron a un olvidado secundario de los tebeos del Capitán Britania, el agente Lance Hunter, le dieron una personalidad idéntica a la del Clint Barton de los cómics y lo convirtieron en el ex de Bobbi. La dinámica entre ambos fue uno de los puntos álgidos de la serie y su marcha de la misma el más lacrimógeno: se iban para protagonizar el *spin-off Marvel's Most Wanted*, pero nunca llegó a hacerse –Adrianne Palicki está gafada con esto de los pilotos fallidos–. Otros personajes de cómic que han desfilado por la serie: el Hombre Absorbente, Blackout, el Motorista Fantasma, Slingshot –rebautizada como Yo-Yo–, Deathlok, Patriot, Ventisca, Victoria Hand, Lorelei, Kraken, Mr. Hyde, Whiplash, Lash, Hellfire, o Flint de los nuevos Inhumanos. Un gran giro fue introducir a un personaje conocido de los cómics como es el mayor Glenn Talbot –secundario habitual de Hulk, interpretado aquí por Adrian Pasdar, de *Héroes*– y que se convirtiera por sorpresa en el villano Gravitón, que en el original no tenía nada que ver con él.

CURIOSIDADES:

- Blackout fue un villano de la segunda temporada interpretado por Patrick Brennan, que luego hizo de camarero en *Capitana Marvel*. La productora Victoria Alonso ha confirmado que se trata del mismo personaje, que fue camarero antes de ser supervillano.
- A.I.D.A., la villana de la cuarta temporada, es un SDV –los robots de S.H.I.E.L.D.– que acaba creando un mundo *What If* dirigido por los nazis y proclamándose Madame Hydra. En los cómics, A.I.D.A. y Madame Hydra son dos personajes distintos: la primera es una inteligencia artificial y la segunda es Víbora, a la que vimos en *Lobezno inmortal*.
- En la serie, Coulson tiene un descapotable volador, L.O.L.A. –Levitating Over Land Automobile, porque en S.H.I.E.L.D. les chiflan los acrónimos–. En los cómics, era Hulka la que tuvo un coche muy parecido en la mágica etapa de John Byrne.
- Al ser una serie creada en un primer momento por los hermanos Whedon, está plagada de referencias a *Buffy, cazavampiros*: Coulson suelta en cierto momento la clásica muletilla «cinco por cinco» y, en uno de los últimos episodios, Daisy y Simmons gritan a dúo «phlebotnium» –una palabra de invención propia que usaban los guionistas de *Buffy* para referirse a los MacGuffins narrativos y que homenajean siempre que pueden en sus posteriores trabajos–.
- Adrianne Palicki se presentó al casting de Gamora y Brian Patrick Wade al de Drax, pero los redirigieron a esta serie, como Pájaro Burlón y el Hombre Absorbente. Chloe Bennett hizo el casting para ser Simmons y la recolocaron como Skye. No le revelaron cuál sería la sorprendente identidad de su personaje y la pobre se pasó un año convencida de que iba a ser Hulka.

WATCHMEN

La serie

Watchmen (2019), Damon Lindelof.
Intérpretes: Regina King, Jeremy Irons, Don Johnson. **Cómic:** DC. **Serie:** HBO – Warner.

Han pasado años desde el *Watchmen* de Alan Moore, los superhéroes son ilegales, pero todo está a punto de cambiar debido al retorno del Ku Klux Klan, que ha sustituido las capuchas blancas por máscaras de Rorschach. La expolicía Angela Abar se retiró del cuerpo tras recibir un disparo de los supremacistas blancos, pero ejerce de vigilante enmascarada bajo el alias Sister Night, junto a un grupo de agentes que se toman el reglamento policial de forma laxa. Y a todo esto, llueven calamares del cielo –el sueño de todo propietario de un bar de tapas–.

Esta maravilla narrativa tiene acción, suspense, información dada con cuentagotas para que supliquemos más y mucha temática racial. Es importante señalar que no ejerce de secuela de la película sino del cómic. *Watchmen* es probablemente una de las series de cómic más inteligentes que te puedas echar a la cara y esta continuación no tiene nada que envidiarle, en cuanto a su afilado guion, sus imprevisibles giros y su brillante forma de mostrar la realidad social a través de una alocada ucronía.

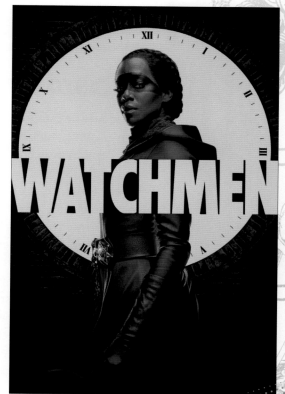

Los villanos centrales son un grupo de supremacistas blancos, el «Séptimo de Kaballería» o Cyclops, que se dedican a asesinar a gente de color entre proclamas fanáticas pasadas de vueltas, resultando terroríficamente de actualidad –les falta la gorra roja o la corbata verde para que temblemos de miedo ante la perspectiva de encontrárnoslos al girar la esquina–. Es muy interesante que se disfracen con máscaras de Rorschach, enfatizando cómo los extremistas aprovechan a día de hoy ciertos conceptos que nunca habían estado asociados a ellos: en el caso de la serie, agenciarse la imagen de un vigilante –que, pese a su fanatismo y crueldad, nunca habría aprobado estas matanzas neonazis–; en la realidad que refleja, la apropiación de la conspiranoia y del sentimiento de rebeldía social, que jamás habían guardado la menor relación con los supremacistas.

LO MEJOR:
Jeremy Irons.

LO PEOR:
Las innecesarias comparaciones con la película.

Casi todos los personajes son nuevos –brilla en especial Looking Glass, con su máscara de espejo y el carisma de Rorschach, pero sin el fanatismo de este–, aunque nos visitan ciertos viejos conocidos del cómic. El más obvio es el villano Ozymandias, en la piel de un Jeremy Irons que pone los pelos de punta. También está Laurie Jupiter –ahora Laurie Blake–, que ha dejado de ser el Espectro de Seda y es una agente federal entrada en años. Otro que vuelve a aparecer es Justicia Encapuchada, que en la serie de Moore se decía que fue el primer vigilante enmascarado y cuyos orígenes descubriremos al fin. Y bueno, hay alguna que otra sorpresa más, pero, como decía la doctora River Song… «*spoilers*».

CURIOSIDADES:

- El presidente de Estados Unidos en la realidad de *Watchmen* es Robert Redford, igual que en el cómic. Aunque se le menciona a menudo, Redford no hace ningún cameo, para decepción de la protagonista Regina King, que es una gran fan y estaba deseando conocerlo.
- Tim Blake Nelson, que encarna a Looking Glass, ya había tocado el género superheroico como el Líder en *El increíble Hulk* de 2008. A Jean Smart –Espectro de Seda– la vimos como Melanie Bird en *Legión* y a Jessica Camacho –Pirate Jenny– en *Flash* como Gypsy. A la protagonista, en cambio, puede que la recuerdes como la sufrida jefa de recursos humanos que tenía que aguantar a Sheldon en *Big Bang*.
- En el piloto, cuando Sister Night conduce un coche negro con los cristales tintados, la música imita de forma descarada a la de *El coche fantástico*.
- El sheriff Bass Reeves, que aparece en la película muda que se repite en varios capítulos, existió de verdad: fue el primer sheriff negro en Estados Unidos.
- Los miembros de Cyclops se saludan entre ellos llevándose los dedos a la frente y haciendo el signo «OK», como referencia a la ultraderecha estadounidense, que se ha apropiado de este signo pero invirtiendo la mano.

JESSICA JONES

El halcón marvelés

Jessica Jones (2015-2019), Melissa Rosenberg.
Intérpretes: Krysten Ritter, Rachael Taylor, David Tennant,
Carrie-Anne Moss. **Cómic:** Marvel. **Serie:** Netflix.

Jessica tiene superfuerza y puede saltar por encima de los edificios… pero no le da la gana. Odia a los héroes y a los villanos, lo único que quiere es ganar dinero con su negocio de detective privada para que nunca le falte el whisky. Cuando Killgrave, el demente que la raptó y torturó años atrás, vuelva a aparecer en su vida, tendrá que ponerse las pilas.

Debutó en la serie *Alias* de Brian Bendis en 2001, un cómic de marcado tono *noir* que se alejaba del superheroismo y se adentraba en el thriller de detectives. Jessica no lleva un vistoso disfraz, sino una chupa de cuero, guantes sin dedos, una botella en la mano y cara de pocos amigos. La serie es cien por cien lo mismo, un magistral ejercicio de cine negro en el que la protagonista, casualmente, tiene poderes. Jessica es Bogart, bebiendo whisky en su cochambroso despacho mientras nos cuenta lo harta que está de la vida. Prima en este thriller lo turbio, el alcohol, las drogas, el sexo y la violencia, pero sin restarle profundidad dramática. Jessica Jones es uno de los personajes más redondos del MCU –y, sin duda, la más borde de todos–.

David Tennant pone la piel de gallina en el rol de Killgrave, uno de los villanos más terroríficos que puedas haber visto. Y no es el único: la serie recupera a malosos de segunda de Marvel, que andaban olvidados por lo ridículo de sus planteamientos, y los convierte en personajes truculentos que dan ganas de encender todas las luces de casa y abrazarte a un peluche. No solo lo logra con Nuke, enemigo clásico de Lobezno, sino incluso con un villano tan irrisorio como el Exterminador de Tontos –sí, te juro que hay un malo de Marvel que se llama así–. La crudeza y detalle con que la serie trata los traumas acarreados por sus personajes es apabullante.

Como amago de *sidekick* tenemos a Patsy Walker, a la que cualquier fan conocerá como la Gata Infernal. Patsy fue uno de los primeros personajes de la era de Timely Comics. Por entonces, la editorial publicaba mucho más que superhéroes: cómics del oeste, de terror, de hazañas bélicas, o incluso comedias románticas adolescentes. Y de esas últimas, la estrella de los años cuarenta era Patsy, con su humor juvenil al estilo de *Archie*. Cuando en los sesenta Stan Lee aunó todas las publicaciones de Timely y declaró que sucedían en un mismo universo, fueran del género que fuesen, recuperó a Patsy. Fue en 1976 cuando se convirtió en la Gata Infernal, miembro de los Vengadores, luchadora de *krav maga* y capaz de sentir fenómenos paranormales. Acabó siendo la mejor amiga y *sidekick* ocasional de Hulka, aunque para la serie se la han prestado a Jessica.

CURIOSIDADES:

- Los hipnóticos créditos se basan en las portadas de acuarela de David Mack para el cómic, con un marcado aire surrealista. También se emplearon ilustraciones suyas para los cuadros que pinta el vecino de Jessica.
- Killgrave es más conocido en los cómics como el Hombre Púrpura, debido al color de su piel. La serie eliminó este rasgo para darle un tono más realista, pero el color lila sigue presente en su ropa y la iluminación de sus escenas.
- La chica a la que Jessica rescata en el episodio piloto es Erin Moriarty, más conocida como Starlight en *The Boys*.
- En los cómics, Jessica Jones y Luke Cage están casados y tienen una hija llamada Dani, en honor a Danny Rand –Puño de Hierro, el mejor amigo de Luke–. En algunos viajes temporales se descubre que, cuando sea mayor, Dani será la nueva Capitana América.
- La mejor amiga de Jessica era originalmente Carol Danvers, la Capitana Marvel actual. En un principio, se planeó incluirla en la serie, pero los planes para lanzar una película del personaje en solitario hicieron que se la sustituyese por Patsy.
- Rachael Taylor –Patsy– ya había aparecido en una pésima adaptación de Marvel: *Man Thing (La naturaleza del miedo)*, de 2005.

AGENTE CARTER

Acción y misterio en los años 40

Agent Carter (2015-2016), **Christopher Markus y Stephen McFeely.**
Intérpretes: Hayley Atwell, James D'Arcy, Dominic Cooper, Enver Gjokaj, Kurtwood Smith, Ken Marino. **Cómic:** Marvel. **Serie:** ABC.

Tras la desaparición del Capitán América, la agente Peggy Carter entra a trabajar en la SSR, una agencia secreta que acabaría siendo la semilla de S.H.I.E.L.D. a manos de ella misma. Con la ayuda del mayordomo Edwin Jarvis, Peggy resuelve enigmas, detiene conspiraciones, lucha contra Viudas Negras y salva el mundo de horrores primigenios, mientras se enfrenta a la misógina condescendencia de sus compañeros de trabajo.

Una dinámica serie cargada de misterios y espionaje, cuya principal baza son las toneladas de carisma que derrocha la protagonista, amén de sus simpáticos secundarios. El agente Sousa –ese pobre hombre cojo que está loquito por Peggy– se hace querer fácilmente; el entrañable Jarvis es una especie de señora Fletcher que resuelve crímenes en sus ratos libres; y el caradura Howard Stark no tiene nada que envidiar a su hijo en cuanto a comerse la pantalla. Ojalá Dominic Cooper hubiera seguido siendo Howard en el MCU, maquillado para parecer mayor como se hizo con Peggy, pero tampoco podemos quejarnos, porque su marcha nos trajo la maravillosa *Predicador* –que, si bien no sale en este libro porque es lo menos superheroico que te puedas imaginar, te la recomiendo muchísimo–.

La primera temporada fue muy procedimental, pero enganchaba gracias a sus personajes. La segunda, en cambio, fue un derroche de emoción y acción que incluso llegó a tener un lisérgico capítulo musical. La primera se centró en historias detectivescas y de espionaje, con la trama de una agente secreta soviética infiltrada en la inteligencia militar estadounidense: la primera Viuda Negra, inspirada en la villana que ostentó el apodo en los

LO MEJOR:
El hartón de reir que es siempre Howard Stark.

LO PEOR:
Que durase tan poco.

cómics de los años cuarenta. En el segundo año fueron mucho más allá, entrando en terreno sobrenatural, con una trama sobre Madame Máscara tratando de dominar una energía arcana a la que llamaba Materia Cero. Algo que se resolvería setenta años más tarde –o ese mismo año, según veíamos las dos series en paralelo– en *Agentes de S.H.I.E.L.D.* y desencadenaría la trama de la muy inferior *Capa y Puñal*.

Nos dejó multitud de guiños en los que se entrevén las semillas de este cosmos de ficción: la creación de la Habitación Roja, en la que se entrenarían Natasha y Yelena; la alianza entre Arnim Zola y el Dr. Ivchenko para fundar el proyecto Soldado de Invierno; o Anton Vanko, el padre del villano de *Iron Man 2*, comenzando a enemistarse con Howard Stark. Una serie que terminó tristemente pronto y que prometía mucho jugo si se le hubiera dado una oportunidad.

CURIOSIDADES:

- Hay una escena en la que Stark dirige una película del oeste sobre Kid Colt. Cuando Peggy llega al rodaje, le dice que el cine basado en cómics es una chorrada –pues hija, qué quieres que te diga– y él responde que en realidad es un *biopic* histórico. Es un guiño a los cómics de *Kid Colt*, publicados en los años cuarenta y que luego fueron integrados en la continuidad de Marvel.
- El director de fotografía decidió que la mejor forma de darle un look de los cuarenta era mediante técnicas de cámara que se usaban entonces, como poner una media muy fina delante de la lente.
- Con James D'Arcy, ya son cuatro los actores del MCU que han interpretado alguna vez a Sherlock Holmes. Los otros son Robert Downey Jr., Benedict Cumberbatch y Richard E. Grant –el viejo Loki–. También han pasado por la franquicia los dos Watson más recientes, Jude Law y Martin Freeman.
- Tres villanos clásicos de los cómics de Iron Man aparecen en la serie: La Dínamo Carmesí, la primera Viuda Negra y Madame Máscara.
- Sousa volvería en la última temporada de *Agentes de S.H.I.E.L.D.*, mediante viajes temporales, y acabaría, para sorpresa de todos, en una relación con Daisy Johnson.

ARROW

Le has fallado a esta ciudad

Arrow (2012-2020), Greg Berlanti.
Intérpretes: Stephen Amell, Caity Lotz, Katie Cassidy, David Ramsey, Emily Bett Rickards, Willa Holland, John Barrowman. Cómic: DC. **Serie:** Warner Bros.

El millonario cabezahueca Oliver Queen es dado por muerto tras un accidente de barco, pero vuelve a Starling City cinco años después, totalmente cambiado tras su estancia en una isla «desierta» –que en realidad está más concurrida que el Lidl un sábado por la tarde–. Oliver se convierte en un siniestro justiciero enmascarado, decidido a limpiar su ciudad de corruptos y mafiosos.

Una serie nacida de la intención de mostrar una visión más oscura y cruda de un colorido personaje de cómic, que podríamos equiparar al *Daredevil* de Netflix. Durante cuatro temporadas, se mantuvo en la cresta de la ola, acaparando la audiencia de su franja horaria y fascinándonos con su tono y sus giros de guion. El equilibrio entre la acción desenfrenada y el tratamiento interno de los personajes estaba muy bien llevado, sus escenas de acción eran variadas, bien repartidas y no resultaban gratuitas, sino que ayudaban a desarrollar la trama. Stephen Amell, sin llegar al nivel de Justin Hartley, es un digno Flecha Verde y sus villanos son muy carismáticos.

La estética oscura y desgastada, casi *grunge*, potencia la oscuridad de los personajes, especialmente la del antihéroe principal, al que no le tiembla el pulso a la hora de matar. Starling City –un nombre poco adecuado para una lóbrega ciudad en la que siempre parece de noche– rivaliza con la Gotham de Burton o la versión de Los Ángeles de *El Cuervo*. Resulta curioso que una serie sobre alguien que ha ido a parar a una isla desierta, como en *Perdidos*, se estructure también alternando *flashbacks* del pasado con escenas de la actualidad, pero que lo haga infinitamente mejor que aquella. En este caso, la trama sucedida cinco años atrás es tan potente como la del presente y siempre te deja queriendo saber más, en lugar de potenciar las ganas de echar la siesta.

Al principio, la serie avanzó sin estancarse, cambiando el estatus quo de los personajes y su entorno para mantenernos siempre alerta: el protagonista podía cambiar según la temporada de apodo, de aliados e incluso de ideales. Pero a

LO MEJOR:
Sara Lance, la primera Canario Negro.

LO PEOR:
Se estiró demasiado el chicle, en lugar de cancelar la serie cuando aún valía la pena.

mediados del quinto año se empezó a hacer cuesta abajo, repitiendo tramas, sobreexplotando el culebrón e incorporando a nuevos personajes que eran ya copias de las copias de las copias. La llegada de la hija de Oliver y Felicity desde un futuro alternativo, para ocupar el puesto del arquero enmascarado, fue un leve soplo de aire fresco que llegó demasiado tarde, cuando la serie estaba herida de muerte y nada podía salvarla de la cancelación. Pese a todo, sus cuatro primeros años son muy recomendables. La serie brilla por el valor de haber engendrado el extenso Arrowverso televisivo, con multitud de *spin-offs*.

CURIOSIDADES:

- Talia al Ghul está interpretada por Lexa Doig, quien diera vida al personaje titular de la mítica serie de ciencia-ficción *Andromeda*.
- Las series de DC tienden a incluir cameos de actores que hayan interpretado a los mismos personajes, pero en *Arrow* jamás lograron que Justin Hartley, el Flecha Verde de *Smallville*, se dejara caer para una aparición especial. Al final, Warner les permitió sacar del armario su uniforme y usarlo en un breve plano del *crossover Elseworlds*.
- Brandon Routh iba a interpretar originalmente a Blue Beetle, pero, por problemas de derechos, se decidió que fuese Atom.
- En el capítulo piloto, a Sara Lance la interpretaba Jacqueline MacInnes Wood, pero a partir de su retorno en la segunda temporada se la sustituyó por la «legendaria» Caity Lotz.
- Originalmente, la serie se centró en dar una visión más realista del personaje, al estilo del Batman de Nolan. La idea cambió cuando se creó a Flash y los metahumanos, dotando al cosmos compartido de mayor fantasía.

THE GIFTED: LOS ELEGIDOS

Días del futuro jodido

The Gifted (2017-2019), Matt Nix.
Intérpretes: Stephen Moyer, Amy Acker, Jamie Chung, Emma Dumont, Blair Redford. **Cómic:** Marvel. **Serie:** 20th Century Fox.

Tras una catástrofe achacada a los X-Men, el gobierno ha empezado a meter a los mutantes en campos de concentración. El fiscal Reed Strucker –de los Strucker de toda la vida– se dedica a encerrarlos, hasta que descubre que sus propios hijos lo son. Su familia emprende entonces una huida de la ley, uniéndose a un grupo de disidentes que ayudan a mutantes a cruzar la frontera hacia países más amistosos.

Ambientada en una de esas realidades distópicas que tanto gustan en la franquicia *X-Men*, su piloto es flojito, pero enseguida sube de nivel, gracias en gran parte a redirigir el protagonismo hacia Polaris y Ave de Trueno. Y es que tal vez no sean los superhéroes más famosos, pero a cualquier lector de Marvel le emocionará encontrarse una serie protagonizada por Polaris –la hija de Magneto–, Ave de Trueno –el primer superhéroe nativo americano del cómic–, Destello, Sabia o las quintillizas Cuco –los clones juveniles de Emma Frost–.

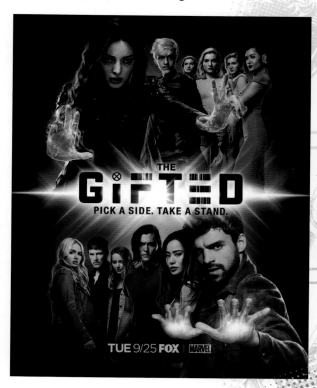

Lo más chocante es la elección de los dos «protagonistas» –los mencionados hijos del fiscal–, nada menos que los Fenris. En los cómics, estos gemelos, hijos del barón Von Strucker, siempre han sido sangrientos asesinos de ideología nazi. En la serie no se hace referencia al barón porque lo tiene el MCU, pero sí se menciona que la familia emigró de Alemania, quitándose el «Von» del apellido, para huir de las atrocidades de cierto antepasado.

Recupera conceptos tan importantes del cosmos mutante como el Club Fuego Infernal o la masacre Morlock, aunque en este caso no la llevan a cabo los Merodeadores de Míster Siniestro, sino solda-

dos racistas que recuerdan a los Purificadores del reverendo Stryker, combinando las tramas de dos cómics míticos: *La masacre mutante* y *Dios ama, el hombre mata*. Se hacen fugaces menciones al poderoso padre de Polaris, sin decir su nombre, y ella llega a ponerse su clásica tiara en forma de M en su honor.

Todas las historias de los X-Men son sobre el racismo, pero las postapocalípticas suelen ser las que más inciden en ello. El tema central es el fanatismo y trata de arrojar esperanza sobre que la gente es capaz de cambiar. Lo ejemplifica a la perfección que varios miembros de la familia Strucker –los principales representantes, junto a Cráneo Rojo, de la Alemania nazi en Marvel– acepten que estaban equivocados y ayuden a los oprimidos. Una historia con temática social sobre odio e integración, pero con mucha acción y personajes tan apasionantes como Polaris o Destello, reinas de los corazones de los lectores mutantes.

CURIOSIDADES:

- El girito final muestra un portal a una realidad alternativa donde se necesita la ayuda de los héroes: la de la película *X-Men: Días del futuro pasado*.
- En dicha película aparece, en efecto, Destello –aunque es otra actriz–, así como Sendero de Guerra, el hermano de Ave de Trueno. Así se pretendía conectar ambas historias.
- Jamie Chung se redimió con su magnífico rol de Destello, tras el mal trago de haber encarnado a Chi Chi en *Dragonball Evolution*, la *X-Men Orígenes: Lobezno* de las adaptaciones de anime.
- Elena Satine interpreta a Dreamer, pero ya había estado antes en Marvel y en DC: fue Mera –sí, la de *Aquaman*– en *Smallville* y Lorelei –la hermana pequeña de La Encantadora, villana de Thor– en *Agentes de S.H.I.E.L.D.*, aunque prácticamente ejercía de La Encantadora pero con el nombre de su hermana.
- Todos los episodios de la primera temporada llevan una X mayúscula en alguna parte –eXposed, eXodus– y los de la segunda una M –eMergence, meMento–. La idea original era tener cuatro temporadas y, con la letra que sobresale en cada una, deletrear «X-MEN».

THE DEFENDERS

Los Vengadores del barrio

The Defenders (2017), **Doug Petrie.**
Intérpretes: Charlie Cox, Krysten Ritter, Mike Colter, Finn Jones, Jessica Henwick, Simone Missick. **Cómic:** Marvel. **Serie:** Netflix.

Daredevil, Jessica Jones, Iron Fist y Luke Cage, los héroes de los bajos fondos, deben trabajar juntos cuando La Mano llega a la fase final de un plan que amenaza Nueva York. Y es que, cuando los Vengadores andan ocupados en el espacio, les toca a los Defensores dar la cara por su ciudad.

La miniserie que unió al fin a los héroes del *Netflixverso* de Marvel, como la primera *Vengadores* pero a menor escala, recalca la diferencia de magnitud entre la vertiente fílmica del MCU y la televisiva: los Vengadores luchan contra aliens y viajan en lujosos *quinjets*; los Defensores pelean a puñetazos contra ninjas y van en metro. Se retoma el tono oscuro de las series individuales, combinando sus rasgos: la investigación de *Jessica Jones*, las tramas de corrupción de *Daredevil*, el misticismo oriental de *Iron Fist* y el estilo de *Luke Cage* de arreglarlo todo entrando como un elefante a una cacharrería.

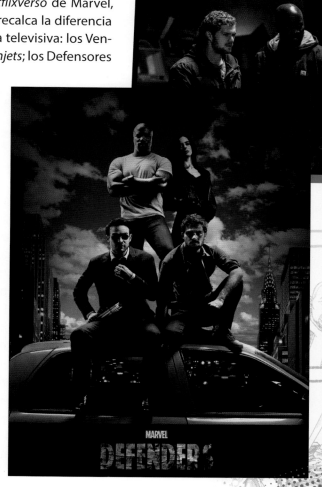

Todos los miembros del grupo se lucen, aunque destacan Daredevil y Jessica: él por ser el que inició la subfranquicia, ella por su personalidad y gracia sin rival. Cada uno se trae a sus secundarios y es divertido verlos interactuar entre sí, a muchos por primera vez, brillando en alguna escena pero no tanto como en sus series. Al menos, sí se les ha dado un papel principal a Misty Knight –uno de los mayores aciertos de casting del MCU, porque parece arrancada de las páginas de un cómic– y Colleen Wing, que tenían tanto derecho como los otros cuatro a protagonizar este remake apócrifo de los *Héroes de Alquiler*.

Marvel no tiende a emparejar a sus héroes, que actúan en solitario o en grupos numerosos, no en

dúos como Batman y Robin. Las dos excepciones a la norma son, por un lado, Iron Fist y Luke Cage –el mayor *bromance* de la historia del cómic– y, por el otro, Colleen y Misty. La química entre los dos primeros no está mal del todo y a las otras dos las veíamos al fin unidas repartiendo leña en la segunda temporada de *Iron Fist*. La lástima es que el personaje de Danny sea tan flojo, el eslabón más débil de la cadena del carisma. Finn Jones no es mal actor, pero es evidente el poco interés con que ha sido escrito su personaje. Tiene apenas un par de escenas de lucimiento, como cuando se pone chulo en una reunión empresarial de los villanos y acaba a tortazos con todo el personal de seguridad –desembocando en la clásica pelea de artes marciales en un pasillo, marca de la casa *Daredevil*–. La primera temporada de la serie en solitario de Danny resulta bastante insoportable, pero la segunda mejora de forma exponencial.

CURIOSIDADES:

- En los cómics, es Iron Man quien le da a Misty su brazo-robot. En esta versión, se lo consigue Iron Fist, el otro multimillonario de la franquicia.
- Los Defensores originales no guardan la menor relación con estos. Es un grupo que se enfrenta a amenazas cósmicas, por el que han pasado el Doctor Extraño, Hulk, Namor, Estela Plateada, Valquiria o la Hulka Roja. A la ocasional agrupación de héroes de a pie que vemos en la serie, sumándoles unos pocos más como Punisher o el Caballero Luna, se les suele llamar Marvel Knights.
- Brian Bendis sacó más tarde una serie en la que unía a estos héroes y los llamaba Defensores, en uno de esos trucos de la editorial para publicitar sus adaptaciones audiovisuales.
- Marvel planteó varias series de animación de humor gamberro –*M.O.D.O.K.*, *Mono asesino*, *Howard el Pato* y *Dazzler & Tigra*–, que confluirían en el *crossover The Offenders*, parodia de esta obra. No llegó a suceder porque las dos últimas fueron canceladas.
- Tras *Hawkeye* y *Spider-Man: No Way Home*, queda confirmado que el *Netflixverso* forma parte del MCU. Disney+ ha anunciado su incorporación a su catálogo. Aunque no se sabe aún si habrá nuevas temporadas, Charlie Cox asegura que volverá a ser Daredevil.

THE UMBRELLA ACADEMY

Hipsterhéroes

The Umbrella Academy (2019-¿?), **Steve Blackman y Jeremy Slater.**
Intérpretes: Elliot Page, Robert Sheehan, Emmy Raver-Lampman, Tom Hopper. **Cómic:** Dark Horse. **Serie:** Netflix.

Un excéntrico millonario que adoptaba bebés con superpoderes y los criaba para que fueran superhéroes acaba de morir. Sus hijos extraviados se reúnen años después para llorarlo y no ven el momento de volverse a ir cada uno por su lado y no verse más. El problema es que uno de ellos acaba de volver del futuro para advertirles de que el apocalipisis llegará en menos de una semana.

Una serie tremendamente interesante por su modo de narrar y su imaginería visual, aunque no tanto por su originalidad. Pese a un tono lento y contemplativo, la historia te mantiene enganchado y contiene algunos momentos realmente divertidos y otros especialmente emotivos. Algunas soluciones visuales están muy bien pensadas, pero su principal baza son sus personajes. Tienen una genial construcción emocional y resulta fascinante conocerlos poco a poco. Algunos de ellos tienen poderes muy curiosos: Allison puede convencer a los demás de que hagan lo que ella quiera mediante su voz, como Predicador; Klaus puede hablar con los muertos y manipularlos; y Número Cinco puede teleportarse a través del espacio y el tiempo, como Magik. La trama es interesante y se centra sobre todo en la relación entre esos seis hermanos que no se llevan bien, que han vivido alejados demasiado tiempo y ahora se sienten incómodos en compañía de los demás. Una mirada a cómo la familia vuelve a reclamarte cuando ya estabas lejos y tenías tu propia vida.

Pese a todos sus aciertos, su mayor problema es el aire pretencioso de haber inventado la rueda. Tanto el cómic original como su adaptación se enorgullecían de innovar mostrando la realidad emocional de unos personajes con la excusa del género superheroico y criticando el estrés postraumático de aquellos que fueron lanzados a esa vida demasiado temprano. Algo que, si el autor hubiera leído algún tebeo antes de lanzarse a escribir el suyo, sabría que ya está más que sobreexplotado desde hace cuarenta años, no solo en el terreno *indie* sino también en el *mainstream*. Parece que haya intentado romper

LO MEJOR: Robert Sheehan y el mono parlante.

LO PEOR: Las pretensiones.

los clichés superheroicos sin conocerlos, que lo último que haya leído del estilo fuesen aquellos primeros cómics ingenuos de los años treinta y haya dado por hecho que deben seguir siendo así y que él los cambiará. Imagínate que alguien te dice «todos los cómics de superhéroes son iguales, muy simplones y fáciles, yo voy a hacer algo distinto» y luego te escribe algo que ya hizo Marvel setecientas veces en los ochenta. Lo que consigue es un producto para que los hipsters puedan decir que han consumido algo del género superheroico sin avergonzarse, algo así como lo que *Drive* fue al cine de acción.

Con todo, la trama y los personajes resultan lo suficiente interesantes como para perdonarle su esnobismo y disfrutar de la historia como de cualquier otra adaptación de cómic, no especialmente original, pero sí entretenida.

CURIOSIDADES:

- En el cómic, todos los hermanos tenían apodos superheroicos –Spaceboy, Kraken, Rumor, White Violin–, mientras que en la serie solo a Luther lo llaman Spaceboy en algunas ocasiones, como burla.
- Los créditos emplean la tipografía de *Buffy, cazavampiros*.
- El cómic original fue escrito por el cantante del grupo emo My Chemical Romance, de ahí el tono hipster que intenta deconstruir un género sin molestarse antes en investigarlo.
- Netflix cambió a posteriori el nombre de Elliot Page de los créditos de todos los capítulos, tras su salida del armario como transgénero.
- El nombre del dueño de la academia Umbrella, Reginald Hargreeves, es un guiño al del señor con el que se casó Alice Liddell, la inspiración del libro de Lewis Carroll.

THE PUNISHER

Simpatía por el diablo

The Punisher (2017-2019), Steve Lightfoot.
Intérpretes: John Bernthal, Ben Barnes, Amber Rose Revah, Deborah Ann Woll. **Cómic:** Marvel. **Serie:** Netflix.

Tras los sucesos de *Daredevil*, Frank Castle intenta pasar desapercibido, pero la traición de su mejor amigo lo llevará a volver a bañar las calles de sangre bajo el manto del Castigador. Castle es el antihéroe por excelencia, hasta tal punto que es muy cuestionable considerarlo un héroe. No cree en la redención y su obsesión es matar de forma sangrienta a los criminales. A consecuencia, su serie es enfermizamente violenta, con más sangre y fuego por metro cuadrado que un bautizo de la familia Targaryen.

Esto no le resta profundidad: la trama gira en torno al estrés postraumático del superviviente. Se refleja sobre todo en el propio Frank, en cuya psique se ahonda más que en ninguna, pero lo recalcan el resto de personajes, desde el villano Jigsaw, que enloquece tras desfigurarle Frank la cara, hasta Karen Page, con un síndrome de Estocolmo que la lleva a enamorarse del Castigador después de que este le salve la vida en mitad de una vorágine de plomo. Esta tensión romántica es de lo más raro, pero no resulta desagradable ni está escrita con mal gusto, sino de forma sensible y madura.

Es chocante la elección de Ben Barnes para interpretar al deforme Jigsaw porque, si hay un actor al que resulte difícil afear, es a él. Pero hay que admitir que poca gente hace tan bien de retorcido psicópata.

CURIOSIDADES:

- Menos conectada que otras series de Marvel, pero aparecen un par de secundarios para dar continuidad: Karen Page y el agente Brett Mahoney.
- La primera vez que vemos a Ben Barnes, se refieren a él como «un hombre de riqueza y buen gusto», una frase de *Sympathy for the Devil* de los Rolling Stones, dando una pequeña pista de que será el villano de la historia.
- Micro vendría a ser el *sidekick* de Punisher, un hacker de alto nivel. En la primera temporada de *Agentes de S.H.I.E.L.D.*, Daisy mencionaba haber trabajado con él.

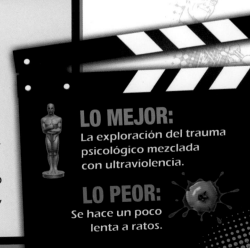

LO MEJOR:
La exploración del trauma psicológico mezclada con ultraviolencia.

LO PEOR:
Se hace un poco lenta a ratos.

LOGAN

Adonde voy, no puedes seguirme

Logan (2017), James Mangold.
Intérpretes: Hugh Jackman, Patrick Stewart, Dafne Keen, Boyd Holbrook, Stephen Merchant. **Cómic:** Marvel. **Película:** 20th Century Fox.

En un futuro distópico en que la mayoría de mutantes han sido exterminados, el hombre antes conocido como Lobezno, ahora enfermo por culpa del adamantium que envenena su sangre, se gana la vida como chófer y se mantiene lejos de los problemas. Hasta que se ve obligado a ayudar a una niña mutante con sus mismos poderes, cruzando todo el país para intentar llegar a Canadá y ponerla a salvo de los sádicos racistas que la persiguen.

Tras el infumable despropósito de la primera película en solitario del mutante de las garras, y donde la segunda película se dejaba ver y era entretenida pero lejos de ser

memorable, esta tercera entrega resulta al fin una obra maestra. Nos sorprendió desmarcándose del tono general de la franquicia para mostrar una historia profunda y sentimental, una especie de western crepuscular al estilo de *Sin perdón* o *El jinete pálido*. Es una obra sangrienta, cruel y depresiva, pero sencillamente preciosa.

James Mangold asegura que el motivo por el que pidió la calificación R –para adultos– no fue mostrar más sangre y violencia, sino poder emplear una narración más adulta que no interesaría a un público infantil, con escenas más largas, mucha introspección, diálogos centrados más en la emoción interna que en la trama y un ritmo más poético. Y el final, de verdad, es uno de los hartones de llorar más agradecidos que te puedas pegar con una película «de superhéroes» –o, al menos, ambientada en un universo del género–.

La representación de la demencia senil por parte de sir Patrick Stewart llega a poner la piel de gallina y hace que nos reafirmemos en que ese hombre se merece un Oscar ya solo por existir. Es más, no me parecería en absoluto excesivo que se creara una nueva categoría llamada «Oscar al mejor Patrick Stewart» y cada año le dieran la esta-

tuilla a él. Entre tanto talento, da un poco de pena la pobreza narrativa del villano central que se ha elegido: una especie de *cani* de los noventa con menos interés que la letra pequeña de un bote de champú, que, si miras los créditos finales, descubres con estupor que se trata supuestamente de Donald Pierce, el Rey Blanco del Club Fuego Infernal. Y digo «supuestamente» porque las similitudes con aquel elegante y temible villano de los cómics ascienden a un total de cero. Pierce estaba mucho mejor representado por Matt Frewer en el telefilme de los noventa *Generación X*, y eso que no se suponía que fuera él. No te digo que este personaje sea el villano con menos carisma de la historia del cine de superhéroes, porque existen el Chaqueta Amarilla de *Ant-Man* y el Lex Luthor de Jesse Eisenberg, pero poco le falta. Por fortuna, la película se centra en los problemas emocionales de Logan y todo lo demás es secundario, así que el villano no la estropea.

En principio, la obra debía ser una adaptación de la miniserie de Mark Millar *El viejo Logan*, uno de los mejores cómics jamás escritos. En esa distopía, los villanos de Marvel se habían unido para masacrar a casi todos los superhéroes y Cráneo Rojo era el führer de Estados Unidos. Logan llevaba 30 años sin sacar las garras, retirado en una granja con su mujer e hijos. Hasta que un viejo y ciego Ojo de Halcón, reconvertido en narcotraficante, lo contrata como chófer para llevar un cargamento a la otra punta del país, dando pie a una *road movie* crepuscular sobre dos viejas glorias olvidadas que se lanzan a un último viaje para revivir por un instante el brillo de su pasado. No se pudo adaptar porque Fox no tenía los derechos de los secundarios esenciales de la obra –Cráneo Rojo, Ojo de Halcón y Hulk–, así que se cambió radicalmente la historia, pero se procuró conservar el espíritu de *road movie* con un Logan viejo,

LO MEJOR:
El tono maduro y desgarrador.

LO PEOR:
Que hayan llamado Donald Pierce a ese señor.

cansado de todo, en una sociedad en que los héroes ya no tienen cabida, pero sacando las garras una vez más para ayudar a que haya un poquito más de luz en el mundo. Al fin y al cabo, es lo que siempre ha definido al personaje: puede ser un brutal asesino, pero nada le importa tanto como que los niños sigan siendo niños y no tengan que convertirse en monstruos como él.

CURIOSIDADES:

- En los créditos finales suena Johnny Cash, que no solo tiene sentido por ser un western crepuscular, sino también porque Mangold dirigió el aclamado biopic del cantante, *En la cuerda floja*.
- Roy Thomas escribió a Lobezno en 1974 con la idea de crear al «primer superhéroe feo» –si obviamos al fallido Doctor Druida–, harto de que todos fueran siempre altos, guapos y atléticos. En los noventa, estuvo muy cerca de ser interpretado por Bob Hoskins. Los dibujantes de esa década comenzaron a hacerlo cada vez más atractivo, hasta que acabó eligiéndose a Hugh Jackman para interpretarlo.
- Richard E. Grant, que aquí interpreta al malvado doctor Rice, volvió a Marvel con su insuperable papel en *Loki*.
- Laura Kinney, alias X-23, fue creada para la serie de animación *X-Men: Evolution* y luego se la introdujo en los cómics, pero no era una niña sino que rondaba ya la veintena. Más tarde, se añadió a una enésima clon de Lobezno, una niña más parecida a la de la película: Honey Badger –ahora rebautizada como Scout–.
- La mayoría de los niños mutantes que aparecen se han creado para la película, a excepción de Ríctor, un conocido veterano de los X-Men. Aunque hay un crío con escamas y ojos enormes al que se refieren en los créditos como Lizard Boy: podría ser una versión muy, muy libre de Camaleón –Anole en inglés–, que llevó ese alias muy brevemente.

BRUJA ESCARLATA Y VISIÓN

¿Pero al final era Mephisto?

WandaVision (2021), Jac Schaeffer.
Intérpretes: Elizabeth Olsen, Paul Bettany, Kathryn Hann, Teyonah Parrish, Randall Park, Kat Dennings. **Cómic:** Marvel. **Serie:** Disney.

Wanda Maximoff y la Visión gozan de una idílica vida en un pueblo de la América profunda. Todo muy normal, de no ser porque la última vez que vimos a Visión, estaba muerto. La pareja parece vivir en una realidad ambientada en las *sitcoms* clásicas en blanco y negro, con un humor muy familiar, risas enlatadas y guiños a cámara. Pero no tardamos en ver que algo falla en esa utopía. Algo que da muy, muy mal rollo. Y no: no es Mephisto.

Esta metalingüística serie arrasó con los índices de audiencia y, más aún, con nuestros corazones, situándose como la mejor valorada de las series Marvel creadas para Disney+. Cada capítulo parodia una mítica telecomedia familiar de una década distinta –*El show de Dick Van Dyke*, *Embrujada*, *La tribu de los Brady*, *Enredos de Familia* mezclada con *Los problemas crecen*, *Malcolm* y *Modern Family*–.

El ambiente y la dirección están logradísimos para llevarnos a las comedias de antaño, con sus clichés e incluso efectos especiales de baratillo hechos con toda la intención. Las canciones y créditos de apertura te trasladan a la época de cada episodio, así como los falsos anuncios encajados. Y hasta tenemos a un elenco de secundarios de lujo, venidos de otras películas del MCU –*Ant-Man y la Avispa*, *Thor* y *Capitana Marvel*–. El humor blanco de *sitcom* familiar se combina con momentos de verdadera angustia, cuando los personajes cobran consciencia puntual de estar atrapados en una serie de televisión sin saber por qué, y la tensión va en aumento.

Poco a poco la historia va progresando, cada capítulo remodela el entorno, avanza hacia una nueva década. Pero no solo lo visual evoluciona, sino también el propio género de la serie, virando de la comedia inicial a un desenlace que es pura épica marvelita, cargado de giros de guion enloquecedores y tensión dramática en su máximo esplendor. El final es sin duda la puerta a la nueva fase del MCU, que se deja de aliens y ciencia-ficción y se zambulle en la oscura fantasía arcana.

La locura que asoló internet durante la emisión de estos nueve episodios fue la generalizada teoría fan de que el villano en la sombra era Mephisto, un personaje de Marvel que

básicamente viene a ser el mismísimo Diablo –lo recordarás en la piel de Peter Fonda en *El motorista fantasma* de Nicolas Cage–. Cada vez que se desmentía, los fans lanzaban teorías más rebuscadas para justificar que en el último capítulo le veríamos los cuernos al susodicho, hasta el punto de saturar las redes y hacernos desear a todos que por favor no lo fuese. Esto se acabó convirtiendo en una broma recurrente para cada nuevo producto Marvel, llegando al punto en que, si un día a Feige le da por incluir a Mephisto en una de sus películas, no nos lo vamos a creer.

CURIOSIDADES:

- Jimmy Woo se presenta mostrando su tarjeta de visita con un truco de magia que le enseñó Scott Lang en *Ant-Man y la Avispa*.
- La serie tuvo que renombrarse en España, porque una distribuidora de cine independiente llamada Wanda Visión tiene el nombre registrado en el país.
- Aunque en el MCU Jimmy Woo es un entrañable federal, en los cómics es uno de los agentes secretos más *badass* del mundo, director de los Agentes de Atlas, un héroe clásico de la Marvel de los cincuenta y uno de los primeros superhéroes asiáticos en el cómic americano.
- La soberbia película *Pleasantville* fue una evidente influencia para la serie. Se la homenajea de forma muy clara en los momentos en que empiezan a aparecer elementos en color en el mundo en blanco y negro de Wanda.

THE BOYS

El Escuadrón Supremo de Wildstorm

The Boys (2019-¿?), Eric Kripke.
Intérpretes: Jack Quaid, Erin Moriarty, Karl Urban, Elisabeth Shue. **Cómic:** Wildstorm - Dynamite. **Serie:** Amazon Studios – Sony Pictures.

E l célebre equipo de superhéroes conocido como Los Siete es adorado por el público, lo que comporta que se les hayan subido los humos a la cabeza. Y es que realmente Los Siete son poco más que unos sanguinarios asesinos egocéntricos a los que les importa más su fama y poder que las vidas humanas que presuntamente protegen. Cuando uno de ellos mata accidentalmente a una viandante y ni se detiene a disculparse, el novio de la víctima, Hughie Campbell, se une a un grupo de chalados armados que viven con el objetivo de acabar con la lacra de los superhéroes. Las cosas se complican cuando Hughie se enamora de Starlight, la única persona decente que hay en Los Siete.

Una serie macarra a más no poder, basada en un cómic más macarra aún de Garth Ennis. El original pecaba de ser un poquito demasiado *edgy*, un producto muy de su época –los inicios de los dos mil–, que a día de hoy provoca una cierta grima por sus excesos. Esto es algo que les pasa mucho a los cómics de Ennis: el tipo es realmente bueno en lo suyo, construye tramas con mucho acierto y se le da de miedo crear personajes reales y únicos, pero se esfuerza demasiado en mostrar un tono «malote» y transgresivo –o al menos lo hacía por entonces–. La serie ha pulido estos excesos, manteniendo su arriesgado tono ultraviolento y macarra, pero sin caer en ciertas bajezas innecesarias. Así, donde el cómic era entretenido, la serie es brillante: espectaculares escenas de acción que no dejan de lado una fuerte carga emocional, un ritmo frenético, incesantes giros de guion y escenas que te dejan con la boca abierta.

El principal atractivo es que los villanos de la historia, estos superhéroes endiosados, sean una parodia tan clara de la Liga de la Justicia. Homelander –Patriota en castellano–, el líder de Los Siete y obvia réplica de Superman, se ha convertido en un verdadero icono del terror contemporáneo, un temible psicópata ultrafascista y omnipoten-

te que pone los pelos de punta cada vez que esboza una de sus enfermizas sonrisas. Resulta incomprensible que haya fans que lo adoran y lo toman como ejemplo a seguir, cambiando sus habituales avatares del Joker por los de este otro villano. Elisabeth Shue también está espléndida en este rol villanesco que tantos años lleva esperando y tanto se merecía, cansada de haber pasado de «novia de» en las comedias ochenteras a «madre de» en el cine actual. Pero el que más se luce es, sin duda, Karl Urban como Billy Butcher, el líder del grupo terrorista que protagoniza la obra. Puede que los protagonistas sean Hughie y Starlight, pero Butcher es la verdadera estrella.

CURIOSIDADES:

- En el cómic, Hughie aparecía dibujado con la cara de Simon Pegg, como una propuesta de casting por si alguien adaptaba alguna vez el cómic a la pantalla. Como Pegg ya no tiene edad para el papel, interpreta al padre de Hughie.
- Paralelismos de los «héroes» con los de DC: Homelander es Superman, Black Noir es Batman, A-Train es Flash, The Deep es Aquaman, Queen Maeve es Wonder Woman y Lamplighter es Linterna Verde. El séptimo héroe, Translúcido, fue creado para la serie, mientras que en el cómic original era Jack from Jupiter, una parodia del Detective Marciano.
- Jack Quaid es el hijo de Dennis Quaid y Meg Ryan –y se parece un montón a su madre–.
- En el cómic también había algunos personajes que imitaban a los de Marvel. Jensen Ackles, que estuvo muy cerca de ser el Capitán América del MCU, aparecerá en la serie como Soldier Boy, una parodia del mismo.
- Seth Rogen ha participado en las dos adaptaciones recientes de cómics de Garth Ennis, en esta como productor ejecutivo y en *Predicador* como productor, director, guionista y *showrunner*.

VIUDA NEGRA

El mundo del mañana nunca muere otro día

Black Widow (2021), Cate Shortland.
Intérpretes: Scarlett Johansson, Florence Pugh, David Harbour, Rachel Weisz, Ray Winstone, Olga Kurylenko. **Cómic:** Marvel. **Película:** Disney.

Ambientada en sus años como fugitiva tras los sucesos de *Capitán América: Civil War*, Natasha Romanoff debe enfrentarse a su tortuoso pasado como asesina, reencontrarse con sus padres adoptivos y su añorada hermanastra Yelena Belova, la Viuda Blanca. Juntos, tratan de poner fin de una vez por todas a las maquinaciones de la organización secreta que los creó, la Habitación Roja.

La primera película del MCU en estrenarse simultáneamente en cines y en Disney+, debido a la pandemia, se aleja de la épica fantasiosa y se convierte en puro espionaje y acción por un tubo, al estilo del 007 de la era de Pierce Brosnan, con un nivel tan pasado de vueltas en las heroicidades físicamente imposibles que te hace dar saltos en el asiento y pillar agujetas de tanto aplaudir.

Todos estamos de acuerdo en que Natasha se merecía una aventura en solitario desde muchos años atrás, pero al menos pudimos llegar a tenerla –menos es nada– y resultó ser un peliculón con escenas trepidantes y mucha emoción, aunque con un villano un tanto insulso, ese Dreykov sin matices, que es malo y ya está. Las persecuciones y tiroteos son pura adrenalina, ambientándonos más en el cine de acción de toda la vida que en el superheroico. La escena de la fuga de prisión del Guardián Rojo es espectáculo palomitero a un nuevo nivel y tanto Johansson como Pugh destacan en el arte de correr a cámara lenta con una explosión a sus espaldas, como en un sueño de John Woo. El Guardián Rojo es un hartón de reír, Rachel Weisz repartiendo leña como otra Viuda Negra es magnífica y Yelena resulta uno de los personajes más divertidos y refrescantes de los últimos años. Scarlett, cómo no, se merecería todos los Oscars del mundo, pero ya sabemos que eso nunca sucederá con una película «para frikis».

Se da una gran cantidad de cambios con respecto a los cómics, algunos para mejor y otros… no tanto. Para empezar, la familia adoptiva de Nat en la película poco o nada tiene que ver con sus contrapartidas de las viñetas. En el original, el Guardián Rojo no era su padrastro sino su exmarido, el líder de la Guardia de Invierno –los Vengadores soviéticos–; Yelena jamás fue su hermanastra sino una habitual amiga-enemiga en modo intermitente; y en cuanto a Melina, el personaje de Rachel Weisz, era en los cómics Iron Maiden, una villana habitual de la Viuda Negra que solía vestir una armadura azul. Hay algunos guiños a la mencionada Guardia de Invierno, como el cameo en la cárcel de Ursa Major, uno de sus miembros más míticos –en los cómics es un oso parlante y alcohólico– o que Yelena llame a su padrastro como pulla «Dínamo Carmesí», que era algo así como el Iron Man ruso y padre de Whiplash.

Todos estos cambios resultan interesantes, aunque no tanto en el caso del Supervisor, un enemigo que podría haber dado mucho juego, pero que está irreconocible hasta el punto de no ser siquiera el mismo personaje. El Supervisor –*Taskmaster* en inglés– es un villano graciosillo y bocazas que recuerda a Masacre. Un asesino a sueldo con una máscara de calavera y ropajes muy medievales, con reflejos fotográficos –puede imitar cualquier habilidad con solo verla una vez, desde la puntería de Ojo de Halcón hasta la maestría en el kung fu de Shang-Chi–, que regenta una exclusiva academia donde entrena a esbirros para alquilárselos a otros supervillanos. El Supervisor de la película apenas ha imitado la habilidad de los reflejos fotográficos, pero su atuendo, identidad y origen son radicalmente distintos. Su historia no deja de ser también interesante, pero es una pena que, cuando por fin íbamos a ver en pantalla a uno de los villanos más divertidos de Marvel, al final resulte que no es él ni se le parece en nada. Un poco como lo que pasó con Masacre en la bochornosa *X-Men orígenes: Lobezno*. Si este giro drástico se le hubiera dado a algún villano mediocre y olvidable, como el Zancudo o Calavera, habría sido muy de agradecer, pero no en el caso de uno tan fantástico como el Supervisor.

Cabe mencionar, por último, la curiosa tensión sexual no resuelta entre Natasha y un amigo suyo cuyo rostro recuerda poderosamente al de Mark Ruffalo, algo que sin duda no es casualidad.

CURIOSIDADES:

- Julia Louis-Dreyfuss, que interpreta a la mítica condesa Valentina Allegra de Fontaine, es la segunda de los protagonistas de *Seinfeld* en dejarse caer por Marvel. El primero fue Wayne Knight –«¡Newmaaaaan!»– en *Punisher 2: Zona de guerra*.
- A Natasha de niña la interpreta Ever Anderson, nada menos que la hija de Milla Jovovich y Paul W.S. Anderson –no me negarás que es el vivo retrato de su madre–.
- Al guionista Eric Pearson le hacían tanta gracia las constantes bromas de Florence Pugh sobre las poses de Scarlett en *Vengadores* que acabó incluyéndolas en la película.
- La Viuda Negra ha tenido en los cómics varias relaciones amorosas intermitentes con otros personajes, de los que destacan Ojo de Halcón, Bucky Barnes, Guardián Rojo, Hércules, Spider-Man y, por encima de todos, Daredevil. En el cine, solo se creó para ella un breve y trágico romance con Hulk.
- La Habitación Roja ya había aparecido en *Agente Carter*, mediante un personaje, Dottie Underwood, que durante un tiempo nos hicieron sospechar que se trataba de Yelena, pero que al final era otra Viuda Negra.
- El Guardián Rojo asegura haber combatido al Capitán América en los ochenta y todos creen que se lo inventa, pero… ¿y si no? El gobierno siguió experimentando con supersoldados y además Rogers viajó al pasado en *Vengadores: Endgame* y vivió toda una vida allí. ¿Y si Alexei luchó contra el Capitán América negro de *Falcon y el Soldado de Invierno*? ¿O contra el propio Rogers tras su retorno al pasado?

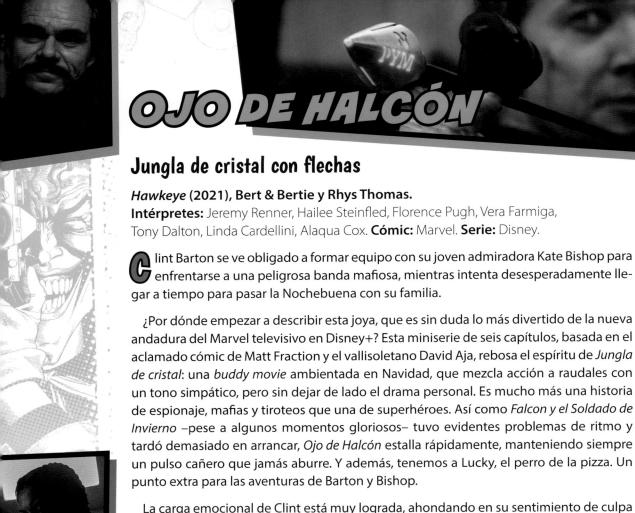

OJO DE HALCÓN

Jungla de cristal con flechas

Hawkeye (2021), **Bert & Bertie y Rhys Thomas.**
Intérpretes: Jeremy Renner, Hailee Steinfled, Florence Pugh, Vera Farmiga, Tony Dalton, Linda Cardellini, Alaqua Cox. **Cómic:** Marvel. **Serie:** Disney.

Clint Barton se ve obligado a formar equipo con su joven admiradora Kate Bishop para enfrentarse a una peligrosa banda mafiosa, mientras intenta desesperadamente llegar a tiempo para pasar la Nochebuena con su familia.

¿Por dónde empezar a describir esta joya, que es sin duda lo más divertido de la nueva andadura del Marvel televisivo en Disney+? Esta miniserie de seis capítulos, basada en el aclamado cómic de Matt Fraction y el vallisoletano David Aja, rebosa el espíritu de *Jungla de cristal*: una *buddy movie* ambientada en Navidad, que mezcla acción a raudales con un tono simpático, pero sin dejar de lado el drama personal. Es mucho más una historia de espionaje, mafias y tiroteos que una de superhéroes. Así como *Falcon y el Soldado de Invierno* –pese a algunos momentos gloriosos– tuvo evidentes problemas de ritmo y tardó demasiado en arrancar, *Ojo de Halcón* estalla rápidamente, manteniendo siempre un pulso cañero que jamás aburre. Y además, tenemos a Lucky, el perro de la pizza. Un punto extra para las aventuras de Barton y Bishop.

La carga emocional de Clint está muy lograda, ahondando en su sentimiento de culpa tras la muerte de su mejor amiga en *Vengadores: Endgame*, las atrocidades que cometió como Ronin en los cinco años del chasquido de Thanos y, más curiosamente, sus problemas con la sordera: tantos años como agente secreto, rodeado de disparos y explosiones, le han pasado factura a sus tímpanos, algo que le da una dimensión mucho más real y que no se suele explorar en el cine de acción, pero que tiene todo el sentido del mundo. Todos los personajes principales tienen su implicación emocional, ninguno es «malo porque sí»: Clint, Yelena y Echo tienen motivos comprensibles para su antagonismo y a ninguno de los tres se le puede negar su parte de razón. Un punto que da importancia a esta obra es centrarse en los siempre ninguneados personajes sin poderes, los que son más agentes secretos que superhéroes, dando un contrapunto real a ese cosmos de fantasía –esta idea ya se tocó en *Agentes de S.H.I.E.L.D.*, pero no tardaron en incorporar al equipo a gente como Temblor o el Hombre Absorbente, mientras que en *Ojo de Halcón* todos son simples humanos–. La serie pondera la idea de que, de todos los Vengadores, Clint es la verdadera inspiración para la gente de a pie, porque un hombre sin poderes que se codea con grandes dioses y monstruos les enseña que –en palabras de Kate– «ser un héroe no es solo para los que pueden volar o lanzar rayos con las manos».

Los giros de guion no cesan, las escenas de acción son espectaculares –esa persecución en coche y ese momentazo de la flecha Pym– y qué delicia la pequeña subtrama del misterioso Rolex robado, que no sabemos muy bien qué pinta ahí en medio y, cuando lo descubrimos, nos quedamos a cuadros. Renner no había tenido oportunidad de lucirse tanto como otros Vengadores, pero aquí está que se sale en su papel de cínico cansado de todo. Steinfeld es carismática, divertida y no hay personaje con el que no tenga química, especialmente con Yelena –la escena de los macarrones pasará a la historia–. La Mafia del Chándal resulta desternillante y el musical de Broadway sobre la batalla de Nueva York, más aún. La serie nos trae a un personaje de Marvel que ya iba tocando ver: Maya López, que aún no había llegado a las pantallas, pero era cuestión de tiempo debido a su relevancia en los cómics de los últimos años –fue Echo, luego Ronin y actualmente Fénix–. Además, la serie es un punto de inflexión al conectar por fin el MCU con las series de Netflix, que siempre habían vivido en un limbo de «¿pero esto es canónico del MCU o no?» hasta este momento histórico. No te haré *spoiler* de cómo canoniza a esas series, por si no la has visto, pero para el ojo afilado ya había ciertas pistas diseminadas por los primeros capítulos que llevaban a sospechar que podía suceder.

LO MEJOR:
La química entre personajes y el espíritu de buddy movie navideña.

LO PEOR:
Que no haya más escenas con Linda Cardellini.

CURIOSIDADES:

- En los cómics, el Espadachín –Jacques Duquesne– es un Vengador clásico que, además de ser quien enseñó tiro con arco a Clint, acabó casándose con Mantis.
- Hubo un gran revuelo entre el *fandom* por no incluirse el nombre de David Aja en la serie, pese a que fusilaron sus dibujos para los créditos, e incluso una campaña viral con el *hashtag* #PayDavidAja.
- La segunda incursión de Hailee Steinfeld en Marvel, tras poner voz a Spider-Gwen en *Spider-Man: Un nuevo universo*.
- El cantante principal del musical, ese señor con traje, corbata y un vozarrón increíble, es Adam Pascal, al que tal vez recuerdes por *Escuela de rock*, donde hacía de cantante glam.
- Taissa Farmiga, la protagonista de *American Horror Story*, estuvo muy cerca de interpretar a Kate. Habría sido curioso de ver, ya que a la madre de Kate la interpreta su hermana veintiún años mayor, Vera Farmiga, con la que guarda un enorme parecido físico.

El poder corrompe... pero mola

Powers (2015-2016), **Brian Michael Bendis y Charlie Huston.**
Intérpretes: Sharlto Copley, Susan Heyward, Noah Taylor, Eddie Izzard, Michelle Forbes, Michael Madsen. **Cómic:** Image. **Serie:** Sony Pictures.

E n el mundo de Powers, los superhéroes y villanos están muy normalizados en el día a día, tienen su burocracia propia y hasta hay una rama policial que se dedica a capturar a lo que llaman «Poderes». Christian Walker, antes conocido como el célebre superhéroe Diamond, perdió sus poderes y ahora es uno de estos agentes de policía especializados en resolver casos metahumanos.

Esta curiosa serie, más cercana al thriller policial que a la acción épica, se basa en el cómic homónimo del maestro Brian Michael Bendis, que ha trabajado también en adaptar

su propia obra a la televisión. Una profunda narración en torno al misterio y los asesinatos, que te atrapa y te lleva a querer saber más, con un mundo de maravillas como telón de fondo para narrar una trama de investigación criminal, pero sobre todo de psicología y trauma. Una historia de policías pura y dura, pero ambientada en un mundo en que se trata como estrellas de rock a los superhéroes, corruptos e inmorales, que creen que pueden salirse siempre con la suya. Una mirada a un mundo de superhéroes desde el punto de vista de los currantes de a pie, los que se comen el marrón sin llevarse la gloria, algo que recuerda a la premisa de *Agentes de S.H.I.E.L.D.*, pero enmarcado en un tono más serio y urbano. Bendis aprovecha este fascinante mundo que ha establecido para criticar el elitismo de los ricos y los famosos, de la gente que ha nacido con todo regalado y cómo miran por encima del hombro a los «normales».

Los personajes tienen un espectro de tonalidades grises mucho mayor que en otras obras del género: nadie es del todo bueno ni del todo malo, todo el mundo comete errores y puede caer bajo en algunos momentos o actuar de forma desinteresada en otros, como en la vida real. Un gran punto a favor es que las historias

de fondo de cada personaje no sirven solo para dar dimensión a sus personalidades, sino que aportan mucho a la trama principal: todo lo que pasa en la serie, pasa por algún motivo. El protagonista es muy complejo, un héroe caído, una estrella venida a menos, hastiado de la vida y moviéndose entre la nostalgia y el desprecio hacia sus días de gloria. Si la serie fuera británica, no hay duda de que lo interpretaría David Tennant, porque es la viva imagen de su personaje en *Broadchurch*. Y ver a Noah Taylor en modo villano siempre es un placer.

Una de las cosas que más refrescantes resultan es poder disfrutar de una obra que deconstruye el género superheroico, pero que para hacerlo no recurre una vez más a la habitual triquiñuela de parodiar a los superhéroes más conocidos de Marvel y DC, sino que crea su propio cosmos, original y distinto a cualquier otro.

LO MEJOR:
La adictiva trama de investigación.

LO PEOR:
Muchas cosas interesantes del pasado se explican mediante diálogo y sería genial poder verlas en lugar de oírlas.

CURIOSIDADES:

- Michael Avon Oeming, el dibujante del cómic, también ejerce de productor ejecutivo.
- Uno de los actores tiene un nombre ten genial como Justice Leak. Es como si hubiera nacido para salir en una serie de superhéroes.
- Algunas conocidas figuras televisivas que hacen aparición son Tricia Helfer –*Battlestar Galactica*–, Enrico Colantoni –*Veronica Mars*–, Wil Wheaton –*Star Trek: La nueva generación*– o Mario López –*Salvados por la campana*–.
- Eddie Izzard, más conocido por su papel en *Hannibal*, interpreta aquí precisamente a un asesino caníbal, Big Bad Wolfe.
- La serie se estrenó en PlayStation Network, por lo que resulta muy difícil a día de hoy encontrarla en plataformas de *streaming*.

ETERNALS

No digo que sean aliens, pero son aliens

Eternals (2021), Chloé Zao.
Intérpretes: Gemma Chan, Richard Madden, Salma Hayek, Angelina Jolie,
Kit Harington, Kumail Nanjiani. **Cómic:** Marvel. **Película:** Disney.

D iez poderosos alienígenas se ocultan entre nosotros desde el origen de los tiempos, dando forma al devenir de la humanidad, en una trama que haría las delicias de cierto presentador del History Channel.

Marvel Studios nos sorprendió al anunciar una película sobre estos desconocidos para el gran público y que, a decir verdad, eran un tanto mustios en los cómics. Jack 'el rey' Kirby creó una interesantísima cosmología con los Eternos y todo lo que los rodea, pero siempre han protagonizado historias muy secundarias, lejos del meollo de las series de mayor éxito. Como otros héroes de escasa fama que saltaron al MCU, mejoraron drásticamente, con una rica y compleja trama sobre el desarrollo de la civilización. Su directora la define como «una historia atrevida y ambiciosa, que abarca 7000 años de la historia de la humanidad y nuestro lugar en el cosmos».

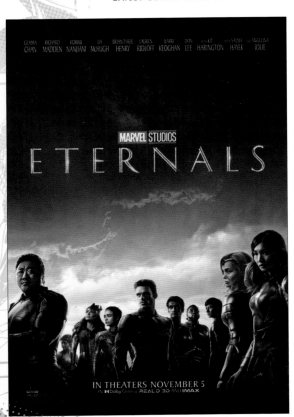

La película se desmarca del tono desenfrenado de la compañía y se decanta por un ritmo más pausado. Y es que hablamos de seres que viven eternamente y se toman las cosas con calma: si tienen una acalorada discusión, quedan para hacer las paces tomando un café un par de siglos después. Los Eternos viven a un ritmo distinto al nuestro y la elección del tempo relajado no es casual, sino que sirve para meternos en su piel. Pese a lo contemplativo del montaje, el interés no flaquea en ningún momento: las cosas pasan despacio, pero no dejan de pasar.

Todos los personajes resultan interesantes, no solo Sersi –algo más conocida por los fans al haber sido Vengadora–. Thena está que se sale tanto en las escenas de acción como en las de su profundo drama; Gilgamesh es maravilloso; Kingo es un hartón de reír y su mayordomo, Karun, un hilarante personaje creado directamente para el cine al que acabaremos aman-

do como a Coulson; Druig resulta insufrible por sus modales, pero lo curioso es que tiene razón en cada frase que dice.

Eternals ha roto moldes en la forma en que el público concibe las historias de superhéroes, demostrando que no siempre tienen que ser bombas de adrenalina y que pueden contar algo profundo de forma sosegada. Su diseño visual es sobrecogedor; el aspecto de los Celestiales, puro Kirby. Algunos se apresuraron a señalar que también rompía barreras al ser la primera película de superhéroes con una relación homosexual –e interracial–, pero eso solo significa que no han visto *Los nuevos mutantes*, que se adelantó. En lo que sí destaca su atrevimiento es en tratar los problemas de una heroína con una enfermedad que simboliza la demencia senil, algo nunca antes visto en el género –a excepción del Xavier de *Logan*– y que pone la piel de gallina, gracias a la conmovedora interpretación de Jolie.

La única nota negativa es que Dane Whitman, el Caballero Negro –un Vengador clásico– aparece mucho menos de lo que los trailers nos habían hecho creer. La campaña de promoción nos dejó con las ganas de ver al bueno de Jon Nieve enfundado en sus ropas medievales y blandiendo su espada negra al servicio de Camelot. Solo podemos esperar que sea un preámbulo a su propia película en solitario.

LO MEJOR:
Thena.

LO PEOR:
Que Dane salga tan poco.

CURIOSIDADES:

- Gemma Chan ya había aparecido antes en el MCU, como la villana Minn-Erva en *Capitana Marvel*.
- Cuando Kingo le habla a Sprite de *Peter Pan*, es un guiño al cómic, donde Sprite aseguraba que fue ella quien le dio la idea a J.M. Barrie para su famoso libro.
- La primera obra del MCU en que se menciona a personajes de DC: Superman y Alfred, el mayordomo de Batman.
- Cuando Thena blande Excalibur, Makkari la confunde con la Espada de Ébano, la misteriosa espada maldita que da su poder al Caballero Negro.
- El Desviante que habla es Bill Skarsgard, el segundo miembro de la extensa familia de actores suecos en aparecer en el MCU: su padre, Stellan Skarsgard, fue el profesor Selvig en *Thor*.

SIN CAPAS NI BATARANGS

SUPERHÉROES FUERA DE LO COMÚN

«Una víctima... ¿y quién no lo es?»
—Eric Draven.

No todos los superhéroes lucen uniformes de colorines que te funden las retinas. No todos los superhéroes vuelan o lanzan rayos ópticos. No todos los superhéroes gritan algún sermón sobre la justicia y el estilo de vida americano antes de lanzarse a luchar contra dementes con un doctorado.

Los hay que visten de paisano. Los hay que tienen un aspecto más escalofriante que el de sus enemigos. Los hay que se tambalean en un limbo entre el bien y el mal. Es más, hay algunos que, cuando los ves, te preguntas muy en serio si eso es un superhéroe o un monstruo de circo.

En este capítulo repasaremos a algunos héroes y antihéroes que se salen de la norma, ya sea por su estética, su origen o sus principios éticos.

LA MONJA GUERRERA

Sor Buffy evangeliza vampiros

Warrior Nun (2020-¿?), Simon Barry.
Intérpretes: Alba Baptista, Toya Turner, Tristán Ulloa, Joaquim de Almeida, William Miller, Melina Matthews. **Cómic:** Antarctic Press. **Serie:** Netflix – Fresco Films.

Ava Silva es una joven portuguesa internada en un orfanato católico, tetrapléjica desde el accidente de coche que mató a sus padres en unas vacaciones en Andalucía, siendo ella niña. Hasta que llega el día en que una cruel monja la asesina y es entonces cuando sucede lo más raro: Ava resucita y no solo puede caminar perfectamente, sino que encima tiene superpoderes. Ahora posee el halo de un ángel incrustado en su espalda y es la heredera del poder de Areala, la primera Monja Guerrera. En un convento de Málaga, descubre a la orden secreta de la Espada Cruciforme –un poco redundante, ¿no tienen todas las espadas forma de cruz?–, donde un montón de monjas se entrenan como ninjas para luchar contra demonios, bajo las órdenes del padre Vincent –que vendría a ser Tristán Ulloa interpretando al Rupert Giles de esta serie–. Ava es la elegida, sí, pero si la secta se cree que solo por eso se va a meter a monja y va a dejar que le den órdenes, lo llevan claro.

La serie se inspira de forma muy, muy libre en un olvidable cómic de los noventa, *Warrior Nun Areala*, pero no se parece a este ni en el espacio blanco entre viñetas –lo cual es una virtud, porque, créeme, el cómic es terrible–. Lo único que se ha conservado de la historia original es a Shotgun Mary, una exmonja malota que va por ahí con una escopeta recortada y una moto, torturando a demonios y mafiosos.

La historia en esta reinvención es mucho más entretenida, menos beata y con personajes mucho más interesantes. La protagonista es carismática y los guionistas han hecho un muy buen trabajo al crearnos empatía con ella, porque es imposible que no te caiga bien desde el primer momento. Y además, puede atravesar paredes, generar unas ondas de choque que arrasan todo a su paso cuando está estresada, curarse

a gran velocidad, tiene superfuerza y resistencia, y a veces hasta puede levitar. Vaya, pues al final habrá que probar eso de hacerse monja.

Es curioso que la historia esté rodada en Málaga y se suponga que transcurre allí, pero casi todos los personajes hablen entre ellos en inglés con acento castizo. No hay otra, el *showrunner* es canadiense y así lo ha querido. La serie es pura «*buffyxploitation*»: esas series de ahora que han sido escritas por gente que ha visto tantas veces *Buffy, cazavampiros* –no tantas como yo, eso ya te lo aseguro– que todo lo que crean huele a esta. *Wynonna Earp*, *Sobrenatural*, *Grimm*, *La reina de las sombras*, *The Magicians*… y, por supuesto, *La monja guerrera*. Las escenas de acción son cañeras y la serie, pese a su rocambolesca premisa, no se hace pesada como muchos otros productos de la plataforma, que empiezan bien y acaban aburriendo a los peces –ay, la maldición del penúltimo capítulo en las series de Netflix, que casi siempre es un relleno absurdo para alargar la historia de forma innecesaria–.

CURIOSIDADES:

- La protagonista del cómic original era la hermana Shannon, que en la serie es una secundaria que apenas dura dos capítulos.
- Incluso las escenas ambientadas en el Vaticano han sido rodadas en Andalucía.
- Los títulos de los episodios son referencias bíblicas (p. ej., *Proverbios 31:25*) que, para los entendidos en la materia, pueden encerrar spoilers de lo que va a suceder en el capítulo.
- El nombre de la doctora Jillian Salvus está inspirado en un villano del cómic, Julian Salvius, un adorador del diablo.
- En la historia original, Areala, la primera Monja Guerrera, fue una valquiria que traicionó a los vikingos para unirse a la Iglesia. En esta versión, fue una monja medieval a la que un ángel –William Miller– le regaló su halo, otorgándole poderes.

LEGIÓN

El Twin Peaks de los mutantes

Legion (2017-2019), **Noah Hawley.**
Intérpretes: Dan Stevens, Rachel Keller, Aubrey Plaza, Jemaine Clement, Navid Negahban. **Cómic:** Marvel. **Serie:** FX.

David Haller, un enfermo mental encerrado en un psiquiátrico, descubre que en realidad tiene poderes mutantes y al más poderoso parásito psíquico de la historia de Marvel viviendo en su cerebro. Lo que no quita que, además, esté como una cabra.

Esta maravilla con todas sus letras es la serie de superhéroes –si es que así se la puede llamar, yo aún tengo mis dudas– más lisérgica jamás creada. Si te preguntan qué tal es, lo primero que respondes es «rara de narices» y la frase que más repites mientras la estás gozando es «¿pero qué carajo acabo de ver?». El creador de la serie cita como influencia a David Lynch y no hace falta ser un genio para notarlo: las escenas que transcurren en la mente de David son una mezcla entre un videoclip *makinero* de los noventa y *Cabeza borradora*.

El tema central es discernir la realidad de la fantasía, desde el punto de vista de un esquizofrénico paranoide y, realmente, trata con mucho esmero la percepción de las personas con trastornos mentales. En ningún momento va por el camino fácil, por recurrir a la excusa del parásito psíquico para curar al protagonista y olvidarse del planteamiento psicológico. David sigue estando enfermo toda la serie y tiene que lidiar con ello le guste o no.

Una serie sobre uno de los personajes más enrevesados de Marvel, Legión, un mutante de clase omega –que significa que es el más poderoso del mundo en su disciplina concreta– con tantos superpoderes distintos como personalidades habitan su cerebro fracturado. Uno de esos hijos secretos que le aparecen de vez en cuando al profesor Xavier, al que, si no existieran el Capitán Marvel o Lobezno, podríamos llamar «el Julio Iglesias de Marvel». Además, la serie tiene como antagonista a uno de los más terroríficos villanos de los cómics, que era inexcusable que aún no hubiera salido en ninguna de las películas de X-Men: Amahl Farouk, el Rey Sombra. En la serie han sabido hacer que cause verdadero terror, sobre todo en una de sus encarnaciones, el demonio de ojos amarillos.

Estos dos son los únicos personajes sacados de los cómics, mientras que el resto han sido creados para la serie. Pero no te preocupes, porque la galería de secundarios es tan variopinta y bizarra que no echarás de menos a los X-Men: solo te digo que hay una serie de androides con mente colmena y aspecto de señoritas con mostacho que hablan cantando con *autotune*. El actor principal es espectacular, aunque los que brillan por encima de todos los demás son Aubrey Plaza y Jemaine Clement, que no te dejan cerrar la boca cada vez que la abren ellos. El profesor Xavier hace aparición en unos pocos capítulos y, aunque no sea Stewart ni McAvoy, la interpretación de Harry Lloyd –Viserys Targaryen de *Juego de tronos*– es impecable.

Otra gran baza es el aspecto visual, que emplea interesantes imágenes para expresar conceptos abstractos muy difíciles de narrar. La banda sonora, centrada en la psicodelia, ayuda mucho a la idea, con grandes temas de The Who, T. Rex, Cream, Lou Reed, la época hippie de los Rolling Stones y, sobre todo, Pink Floyd. Y no solo hay música de fondo, sino que, cuando menos te lo esperas, te calzan una escena musical de Broadway que, aunque no venga a cuento de nada, te deja con una sonrisa de oreja a oreja. Hay unas cuantas donde elegir, pero la que abre el capítulo final de la segunda temporada, con el héroe y el villano cantándose el uno al otro *Behind Blue Eyes* de los Who, es sin duda la cúspide del surrealismo. Y si los números musicales no te parecían suficiente locura, aderézalos con paradojas temporales y batallas épicas dentro del cerebro humano, porque, como dice David Haller, «la realidad es una elección».

CURIOSIDADES:

- La influencia de Pink Floyd no solo es evidente en la banda sonora: el personaje de Syd Barrett se llama como el primer cantante de la banda, que la abandonó en 1972 precisamente debido a su esquizofrenia.
- Lauren Tsai, que interpreta a Switch, es también una reputada ilustradora que ha trabajado como portadista para Marvel.
- En la segunda temporada hay un narrador en off, que es nada menos que Jon Hamm.
- En el capítulo diez, en el que empiezan las paradojas temporales, aparece una caja de música que emite una melodía espeluznante. Se trata del tema *Swinging on a Star*, de Bing Crosby en 1944, que fue versionado en 1987 para la cabecera de la serie *De otro mundo*, que trataba precisamente sobre una chica con poderes para alterar el tiempo. Así de rebuscado es Noah Hawley.
- En ese mismo episodio, se hace una breve referencia a los Shi'Ar, el único de los tres grandes imperios galácticos del universo Marvel al que aún no hemos visto en pantalla –los otros son los Kree y los Skrull–.

¿Has construido una máquina del tiempo… con un asgardiano?

Loki (2021), Michael Waldron y Kate Herron.
Intérpretes: Tom Hiddleston, Owen Wilson, Sophia Di Martino, Gugu Mbatha-Raw, Richard E. Grant. **Cómic:** Marvel. **Serie:** Disney.

Tras huir de la corriente temporal en *Vengadores: Endgame*, Loki, el hermano macarra de Thor, es capturado por la AVT –Agencia de Variación Temporal–, una organización secreta que se encarga de proteger el continuo espacio-tiempo y retiene como prisioneros a los que lo ponen en peligro. Pero Loki sospecha que hay algo mucho más oscuro detrás de la AVT y, con la ayuda de su nuevo mejor amigo el agente Mobius, piensa llegar al fondo de la cuestión.

Estamos ante el primer proyecto del MCU que se centra en un villano y no en un héroe. Y es que a veces cuesta recordar que Loki fue creado como un malvado al que se supone que debemos odiar, porque le pasa como al Spike de *Buffy* o al Crowley de *Sobrenatural*: es tan divertido y carismático que el público lo adora pese a sus maldades y los guionistas no se atreven a matarlo –o lo matan muchas veces pero luego lo recuperan mediante ardides argumentales, como es el caso–. Tal es el éxito del personaje entre el *fandom* que era cuestión de tiempo que le acabasen dando su propia serie. Una historia cargada de viajes en el tiempo y paradojas cuánticas, que nos presenta un rincón del MCU que aún no conocíamos: el que controla todo lo relacionado con la continuidad temporal –ay, ojalá el universo mutante de Singer hubiera tenido un apartado así… los pobres empleados de la AVT habrían tenido que hacer horas extra–. La factura de imagen es impecable y destaca el magnífico uso del color, sobre todo en las escenas de Loki y Sylvie atrapados en un planeta a punto de ser destruido y en todo el capítulo final.

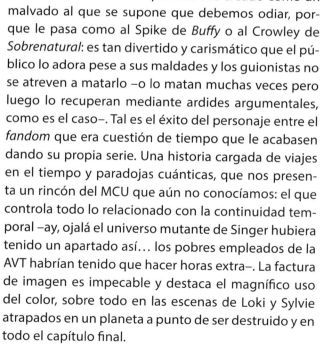

La historia llega a tener un puntito de *buddy movie*, con esa inesperada y entrañable amistad entre Loki y Mobius, los Bill y Ted de Marvel. Pero la mayor química

se da, sin duda, entre Loki y Sylvie, el misterioso personaje que resulta ser una versión femenina del dios del engaño venida de una realidad alternativa. Al principio se juega al despiste, dando falsas pistas que conducen a sospechar que se trata de La Encantadora –la única villana importante que aún faltaba por aparecer en las películas de Thor–: desde los colores de su atuendo hasta la forma en que lanza sus hechizos, todo apuntaba a que se trataba de Amora. Pero no lo fue, quizás porque ya habíamos visto en *Agentes de S.H.I.E.L.D.* a su hermana pequeña, un personaje demasiado similar, y habría resultado repetitiva. De cualquier modo, tiene mucho sentido la elección de la identidad de Sylvie: si el más egocéntrico de los dioses nórdicos es capaz de enamorarse de alguien, solo puede ser de una versión alternativa de sí mismo.

Gracias a la brillante idea de aunar a distintas versiones de Loki, podemos gozar de algunos que han aparecido en los cómics, como su versión infantil –que formó parte de los Jóvenes Vengadores–, el caimán o el más genial de todos: el viejo Loki, que viste como en los cómics originales de los años sesenta. Y en cuanto al villano sorpresa que mueve los hilos desde las sombras, cabe decir que, aunque todas las pistas apuntaban a él para cualquier lector habitual de Marvel, su aparición sigue resultando altamente aplaudible. Al

final, te deja con la sensación de que toda la serie ha sido una artimaña para poder presentar a este personaje, que podría convertirse en el nuevo Thanos de la franquicia, sin que ello le reste genialidad al producto. Junto a *WandaVision*, *Spider-Man: No Way Home* y *Doctor Strange en el multiverso de la locura*, *Loki* es el encargado de dar el pistoletazo de salida a una nueva fase del MCU centrada en el multiverso y las realidades alternativas.

CURIOSIDADES:

- El Mobius de los cómics está basado en Mark Gruenwald, un editor de Marvel conocido por su sumo cuidado en mantener la coherencia interna entre cómics y evitar fallos de continuidad –de ahí que lo homenajeasen al crear una agencia que se dedica a cuidar la continuidad de la línea temporal–. Mobius se ha dibujado siempre con el aspecto físico de Gruenwald, por eso el mostacho.
- Los hermanos Luke y Owen Wilson pasaron unas semanas viviendo juntos mientras rodaban sus respectivas series de superhéroes, *Stargirl* y *Loki*, en platós cercanos. Luke asegura que Owen trató de explicarle varias veces la trama de *Loki*, pero que sigue sin entender nada.
- A juzgar por los artes conceptuales, se había planeado un cameo de Rocket Raccoon en el primer capítulo, pero se desechó. Lo que sí puede verse en dicho piloto, al fondo, es a una prisionera de la AVT que se parece muchísimo a Peggy Carter.
- Aunque comúnmente se empezó a llamar «Lady Loki» a Sylvie, la Lady Loki de los cómics era muy distinta: Loki era asesinado, pero burlaba a la muerte por enésima vez con el truco de convertirse en fantasma y poseer a Lady Sif. Así que Lady Loki no era un personaje aparte, simplemente era Sif poseída por Loki.
- La serie está infestada de guiños a Marvel: en los baldíos a los que han sido arrojadas las variantes de Loki, podemos ver detalles de los cómics como Throg –la versión rana de Thor, cuyo croar está doblado por Chris Hemsworth–, el Thanoscóptero, el casco de Chaqueta Amarilla o la cabeza cortada de un miembro del Tribunal Viviente.

DOOM PATROL

Metahumanos metalingüísticos

Doom Patrol (2019-¿?), Jeremy Carver.
Intérpretes: Brendan Fraser, Timothy Dalton, Diane Guerrero, April Bowlby, Matt Bomer, Joivan Wade, Alan Tudyk. **Cómic:** DC. **Serie:** Warner Bros.

El corredor de Fórmula-1 Cliff Steele es dado por muerto en un accidente de carreras en los ochenta –vaya, parece el principio de *Freejack*–, pero vuelve a la vida, convertido en robot por un científico excéntrico conocido como El Jefe. El renombrado Robotman vivirá aventuras junto a sus nuevos compañeros de hogar, Crazy Jane, Negative Man, Elasti-Girl –que no es la de *Los Increíbles*– y Cyborg, mientras el villano psicótico Mr. Nobody intenta acabar con ellos.

Este *spin-off* de *Titanes* se aleja tanto que no hay ningún problema en disfrutarlo sin haber visto la otra. Su tono es tan humorístico que hasta tiene un narrador en off: el villano de la historia, Mr. Nobody. Un personaje tremendamente metalingüístico –y con un aspecto visual chulísimo–, que vive más allá del tiempo y el espacio, consciente de ser un personaje de una serie, con lo que comenta alegremente los clichés de la trama y te suelta cosas como «y ahora que ya hemos resumido el capítulo anterior, que empiece la pretenciosa secuencia de créditos». La serie se regodea en lo extravagante, como en una competición de a ver quién suelta la burrada más grande en el *brainstorming* del guion; te puedes encontrar desde un burro cuyas flatulencias emiten un humo verde, en el que aparecen mensajes escritos, hasta culos autosuficientes que caminan por ahí con un montón de colmillos afilados.

Los antihéroes principales tampoco tienen desperdicio: Crazy Jane tiene 64 personalidades, cada una con un superpoder, como Legión; Elasti-Girl –que sigue sin ser la de *Los Increíbles*– es una actriz de los años cincuenta que se estira, pero que si se estresa demasiado se convierte en una repugnante masa amorfa; Negative Man es un antiguo aviador

con todo el cuerpo quemado y cubierto de vendas, fusionado con un espíritu radiactivo del espacio que tiene mente propia y, cuando le apetece, sale a arrasarlo todo a su paso.

Pese a su espléndido humor, la serie no es una mera patochada, sino que ahonda de forma inteligente en el drama personal de cada protagonista, en lo rotos y apartados que se sienten y en cómo hasta el más insignificante de ellos –y de nosotros– es importante para el mundo. Una mezcla curiosa entre la obsesión por lo estrambótico y circense, con giros rebuscados que jamás te ves venir, y una maestría increíble para la empatía. Muchas historias presentan a marginados que se unen como improbable grupo heroico, pero esta se distingue en su delicada atención a los motivos por los que alguien acaba siendo un marginado; no lo deja en una mera excusa para crear personajes antipáticos y malotes, sino que lo analiza a fondo.

Los superhéroes siempre quieren salvar el mundo. La Patrulla Condenada quiere salvar a la gente y, sobre todo, a sus amigos.

CURIOSIDADES:

- Tercer papel de Dalton en una adaptación de cómic, tras *Flash Gordon* y *Rocketeer*.
- Jeremy Carver es uno de los principales artífices de *Sobrenatural* y se ha traído a algunos de sus villanos: Mark Sheppard, Curtis Armstrong y Julian Richlings, que en el piloto interpreta al científico nazi Heinrich Von Fuchs.
- Pese a ser un *spin-off* de *Titanes*, transcurre en un universo distinto y esta Doom Patrol es otra versión extradimensional de aquellos, como se vio en *Crisis en tierras infinitas*. Fue algo que Carver se sacó de la manga para justificar los errores de continuidad con la serie de la que nacía.
- Todos los capítulos, excepto el piloto, llevan la palabra «Patrol» en el título.
- Phil Morris, que interpreta al padre de Cyborg, es el mismo que hizo de Detective Marciano en *Smallville*.

LA TRILOGÍA DE LAS TORTUGAS NINJA

El perdón es divino, pero nunca pagues el precio completo de la pizza que llega tarde

Teenage Mutant Ninja Turtles (1990), Steve Barron / *Teenage Mutant Ninja Turtles II: The Secret of the Ooze* (1991), Michael Pressman / *Teenage Mutant Ninja Turtles III* (1993), Stuart Gillard.
Intérpretes: Judith Hoag, Elias Koteas, Corey Feldman, Paige Turco.
Cómic: Mirage Studios. **Películas:** New Line Cinema.

Cuatro tortugas mutantes adolescentes, tuteladas por la sabia rata parlante Splinter, protegen Nueva York de una banda de ninjas carteristas, con ayuda de la periodista metomentodo April O'Neil y el vigilante enmascarado Casey Jones.

El cómic original, creado por Kevin Eastman y Peter Laird en 1983, empezó como una parodia de *Daredevil*, con elementos tomados del *Ronin* de Frank Miller y *Los nuevos mutantes*. Se daba a entender que el accidente de camión que mutó a las tortugas era el mismo que había dejado ciego a Matt Murdock –al ser de dos editoriales distintas, nunca se dijo de forma directa sino con alusiones–. Se trataba de un cómic mucho más crudo y violento que la adaptación de dibujos animados de 1987. El maestro Splinter era un guiño al maestro Stick y, por supuesto, los grandes villanos de las tortugas eran el Clan del Pie, una parodia muy obvia del Clan de la Mano, los archienemigos de Daredevil y Elektra.

La primera entrega ostentó el récord de la obra independiente con mayor recaudación en taquilla, hasta que en 1999 llegó *El proyecto de la bruja de Blair*. Pura acción, risas y artes marciales con unos disfraces muy, muy molones. Es importante el uso de animatronics, que les da una mayor credibilidad que a la insulsa versión CGI de Michael Bay. Y es que, en las dos primeras partes, se encargó de los muñecos la factoría Henson. A Jim Henson no le hacía mucha gracia la violencia de la obra, pero lo hizo como un favor personal a Steve Barron, que había dirigido el piloto de su serie *El Cuentacuentos*. Para la tercera parte, en la que viajan por el tiempo hasta el Japón feudal, cambiaron de compañía y los animatronics resultan más deficientes –si te fijas, Splinter siempre aparece asomado por una ventana porque el muñeco no tenía pier-

nas y, en la única escena en la que se le ve de cuerpo entero, han tratado de disimularlo con muebles–.

Shredder como villano de las dos primeras resulta bastante espectacular, aunque es una pena que no se incluyera a sus esbirros Bebop y Rocksteady –en su lugar, se creó a otras dos bestias antropomórficas, un perro y una tortuga marina–. Para la segunda, se contó con Vanilla Ice, que cantaba en directo el *Go, ninja, go* que escribió para la película –para los más jóvenes, fue como si ahora ruedas una peli y consigues que salga Billie Eilish–. Y en cuanto a los cuatro protagonistas, mientras los otros eran desconocidos, a Donatello lo dobló el mismísimo Corey Feldman en la primera y la tercera, pero solo cobró 1.500 dólares por cada una –no apareció en la segunda porque estaba en una clínica de desintoxicación–.

CURIOSIDADES:

- El adolescente macarra que coordina a los niños del Clan del Pie es un jovencísimo Sam Rockwell.
- April cambió de actriz de la primera parte a la segunda y a ambas las hemos visto en series recientes, haciendo de madre de la protagonista: Judith Hoag como madre de Alice en *The Magicians* y Paige Turco como madre de Clarke en *Los 100*.
- Para las escenas del cubil de Shredder, se rodó en una cementera abandonada en Carolina del Norte, la misma que se usó como la guarida de Top Dollar en *El Cuervo*.
- Al final de la primera película, se menciona que dicha guarida está en la calle Lairdman, un guiño a los creadores del cómic, Eastman y Laird.
- El villano de la tercera es Stuart Wilson, en un papel muy similar al que haría cinco años después en *La máscara del Zorro*.

TMNT – TORTUGAS NINJA JÓVENES MUTANTES

Las tortugas se ponen en modo badass

TMNT – Tortugas Ninja Jóvenes Mutantes (2007), Kevin Munroe.
Intérpretes: Sarah Michelle Gellar, Chris Evans, Patrick Stewart, Lawrence Fishburne, Kevin Smith, John DiMaggio. **Cómic:** Mirage Studios. **Película:** Golden Harvest Company.

Las tortugas han crecido, ya no son adolescentes, sino jóvenes adultos. Leonardo lleva una temporada viviendo en la selva mexicana como protector de un pueblo cercano y, en su ausencia, las cosas se han desmadrado: Donatello es teleoperador, Michaelangello anima fiestas infantiles y… ¡Raphael es ahora un vigilante enmascarado en moto! Cuando un millonario excéntrico resucite a unos ancestrales demonios mayas, las tortugas deberán volver a trabajar juntas para salvar Nueva York.

La verdad, si vas a hacer una película sobre las Tortugas Ninja, o bien la haces con muñecos de Jim Henson o bien te vas a la animación cien por cien 3D, nada de medias tintas en las que se mezcla a actores reales con CGI de rápida caducidad. En este caso, acertaron de pleno con la animación, creando un producto visualmente apabullante. El 3D de 2007 no ha envejecido nada mal, porque nunca pretendió ser realista, sino darle a la obra un aire de cómic muy estilizado y dinámico. Algunas composiciones de plano son sencillamente preciosas, así como el diseño de los fondos y el fluido movimiento de los personajes. Todo lo que necesita una película de las Tortugas Ninja, a las que además se puede representar en acción de una forma mucho más ágil que al hacerlas en imagen real y tener que contar con actores a los que les cuesta moverse dentro de esos pesados disfraces. Amén de que ya era hora de que April volviera a vestir de amarillo.

El tono de la historia es mucho más maduro y serio que el de las tres anteriores, dejando atrás la mayor parte del humor que habíamos visto hasta ahora, para narrar una trama más emotiva sobre las disputas y celos entre hermanos. Las escenas de acción son vertiginosas, mucho más épicas de lo que la imagen real habría permitido, y en esta ocasión todos se lucen en sus combates de artes marciales… ¡incluso April! Mikey y Donnie son un poco de relleno, igual que en las anteriores, pero qué se le va a hacer

LO MEJOR:
El combate bajo
la lluvia.

LO PEOR:
Que Michaelangello y
Donatello sigan siendo
demasiado secundarios.

si todo el mundo se pirra por Raphael y Leonardo. Precisamente, la encarnizada pelea bajo la lluvia entre estos dos protagonistas –los Lobezno y Cíclope del mundo reptiliano– es la escena más memorable de la película y su realización pone la piel de gallina.

Una obra inolvidable que probablemente sea, a día de hoy, la mejor adaptación que se haya llevado a cabo de los héroes de media concha.

CURIOSIDADES:

- Peter Laird, cocreador del cómic original, ejerció de productor en la película.
- Se hacen referencias a la trilogía original, para dejar claro que se trata de una secuela directa de esta, como por ejemplo esa galería de trofeos que vemos al final en la guarida de las tortugas: todos son elementos vistos a lo largo de la saga –aunque, para notar que es una secuela, solo hay que mirar el dibujo de Casey Jones, calcado a Elias Koteas–.
- La frase de Raphael con la que termina la película es la misma con la que terminó el número 1 de la serie de cómic.
- Estaba pensada como primera entrega de una trilogía que no llegó a hacerse. En la segunda, Michaelangello, harto de que sus hermanos no lo tomen en serio, se habría unido al Clan del Pie, cambiando su antifaz naranja por uno negro. En la tercera, se habrían enfrentado a los Triceraton de la Dimensión X.
- Una propuesta inicial para la trama fue que las tortugas viajaran por el tiempo y conocieran a los antiguos mayas, pero Laird lo rechazó diciendo «eso ya lo hicimos en el 93».

HELLBOY / HELLBOY II: EL EJÉRCITO DORADO

El demonio steampunk que patea nazis

Hellboy (2004) / *Hellboy II: The Golden Army* (2008), **Guillermo del Toro.**
Intérpretes: Ron Perlman, John Hurt, Selma Blair, Doug Jones, Jeffrey
Tambor. **Cómic:** Dark Horse. **Películas:** Revolution Studios.

El legendario Grigori Rasputín, que por algún motivo inexplicable trabaja para los nazis, invoca a un demonio que resulta ser un bebé adorable. Tras ser adoptado por un
científico bonachón, crece para convertirse en el rudo antihéroe Hellboy. Trabaja como
cazador de monstruos para una división secreta del FBI dedicada a lo paranormal, que
lleva desde los años treinta luchando contra los
ocultistas nazis que se agenciaban reliquias arcanas
para conseguir poder.

A principios de los dos mil, mientras Marvel y DC
se peleaban por ver si a alguno de los dos les salía bien una película de una vez, Guillermo del Toro
decidió ir a su rollo y adaptar una de las creaciones
más locas de Dark Horse Comics, el *Hellboy* de Mike
Mignola. Esta pareja de películas sobre un héroe
fuera de lo común tiene todo lo que se le puede pedir a una obra del género: diversión por un tubo y
originalidad estética. Destaca por sus grandísimas
escenas de acción y el inmenso carisma de Ron
Perlman, ya acostumbrado a interpretar a una bestia incomprendida que vive apartada de la sociedad
–recordemos que protagonizó la serie *La bella y la
bestia* de 1987 a 1990–.

Una de las obras más significativas de la carrera de
del Toro, tan imaginativa y extraña como suele serlo toda su filmografía. Como en todas sus películas,
brilla por encima de todo la dirección artística, con
su inconfundible estética, que mezcla lo colorido y
lo *grunge* con ciertos toques *steampunk*, pero que
es tan personal que quizás habría que bautizarla

más bien como «*Toropunk*». De verdad te lo digo: la dirección de arte es una barbaridad, llena de excesos estéticos y diseños cien por cien comiqueros. Puede que la primera entrega sea la más emblemática, pero la segunda es en la que del Toro se suelta la melena y desata su locura visual sin limitaciones. En la primera parte teníamos como villanos a Rasputín y a una suerte de dioses primigenios lovecraftianos con muchos tentáculos, mientras que en la secuela se recurría a la mitología celta para llenar la pantalla de hadas, elfos, trolls y mil criaturas fantásticas más. La escena del mercado de los trolls es el punto álgido en el que el director se desmadra presumiendo de marionetas, en un desfile constante de maravillas que solo del Toro podía conseguir.

CURIOSIDADES:

- Rupert Evans, que interpretó al joven agente John Myers –algo así como el *sidekick* de Hellboy– no pudo aparecer en la secuela porque estaba trabajando en musicales en Londres. Más recientemente, lo hemos podido ver como el ángel guardián en el remake de *Embrujadas*.
- Abe Sapien está interpretado por Doug Jones, experto en hacer de monstruo, pero en la primera película la voz no la pone él, sino David Hyde Pierce, más conocido como el hermano de Frasier.
- El villano de la secuela, el príncipe Nuada, está inspirado en una figura mitológica celta del mismo nombre, que fue un rey legendario y semidivino conocido como «el del brazo de plata».
- Al doctor Krauss le dan vida dos actores, James Dodd y John Alexander, pero la voz se la pone nada menos que Seth MacFarlane.
- Al principio de la segunda entrega, en un *flashback* de la infancia de Hellboy, John Hurt se sienta junto al fuego a tierra a leerle al chico un cuento sacado de un grueso y antiguo libro. La escena es un homenaje a la serie de Jim Henson *El cuentacuentos*, de 1987, en la que Hurt se sentaba junto a la chimenea a leer en voz alta historias que luego eran representadas con actores y marionetas. Henson es una de las principales influencias en la filmografía de del Toro.

SHANG-CHI Y LA LEYENDA DE LOS DIEZ ANILLOS

Luz, fuego, destrucción

Shang-Chi and the Legend of the Ten Rings (2021), Destin Daniel Cretton.
Intérpretes: Simu Liu, Awkwafina, Tony Chiu-Wai Leung, Ben Kingsley, Michelle Yeoh. **Cómic:** Marvel. **Película:** Disney.

La organización de los Diez Anillos lleva dando forma al mundo en secreto desde el albor de los tiempos, bajo las órdenes de su amo inmortal, Wenwu. Su hijo Shang-Chi ha escapado y vive una vida humilde en Estados Unidos, pero se ve obligado a volver a China para poner fin a las maquinaciones de su padre y, de paso, salvar a un dragón.

Una espectacular historia de artes marciales que combina la fantasía con el cine de Hong Kong de los setenta. Las llamativas coreografías de lucha están muy bien resueltas, algunas llegando a provocar el vértigo –si la viste en el cine, seguro que te agarraste al asiento en la secuencia del andamio–. Todo tiene un aire muy a lo *Bola de Dragón* –la serie original, antes de «Z»–, en el estilo visual, el humor y la acción en general: es la mejor película posible sobre Goku… sin ser una película sobre Goku. En el terreno artístico, una de las más impresionantes de Marvel, con una imaginería visual fascinante. Toda la parte en que los padres de Shang-Chi se conocen, hacia el principio de la cinta, es preciosa; el aspecto visual de la tierra mística de Ta Lo es hipnótico; y los dragones, menuda maravilla son los dragones.

Un gran acierto fue recuperar a Ben Kingsley para puntualizar el giro sorpresa sobre el Mandarín en *Iron Man 3*: allí se nos decía que era todo una farsa y

él un actor contratado para hacerse pasar por esa figura legendaria. Pero a la vez se dejaba abierta la idea de que se había inspirado en una leyenda urbana, con lo cual podía resultar que el Mandarín fuese real, como se confirma aquí. El Mandarín es una de las muchas identidades asumidas a lo largo de la historia por el padre de Shang-Chi.

Otra gran idea ha sido fusionar en uno a dos personajes tan similares como el Mandarín y el villano que nos ocupa: Fu Manchú. Como lo oyes: en los cómics, el padre de Shang-Chi era el mítico villano del cine y las novelas *pulp* al que dieran vida Boris Karloff, John Carradine, Christopher Lee o hasta Peter Sellers. Marvel consiguió los derechos del personaje y se inventaron un hijo para él: Shang-Chi. Fu Manchú ejercería de antagonista principal en la serie del susodicho de 1974 a 1983. Con los años, los derechos se agotaron y no pudieron volver a mencionarlo, pero se quedaron a su hijo. Durante décadas, el padre del héroe permaneció muerto y jamás se decía su nombre porque «traía mala suerte», hasta que se optó por cambiarle el nombre para poder volver a utilizarlo, de ahí que en la película se llame Wenwu.

El final nos deja ese interesante misterio sobre el origen de los diez anillos, que están hechos de algo que no es de este universo. Yo, por si acaso, diré que tiene que ver con Mephisto y así me curo en salud.

LO MEJOR:
Awkwafina y la tronchante escena poscréditos con Wong.

LO PEOR:
Que, ahora que al fin tenemos dragones, siga sin aparecer Fin Fang Foom.

CURIOSIDADES:

- Simu Liu comenzó como modelo de fotos de stock para internet.
- El personaje se creó en una época en que arrasaba el cine oriental de artes marciales y Marvel se lanzó a publicar obras del género, como Puño de Hierro. Shang-Chi estaba visualmente inspirado en Bruce Lee.
- En la arena de combates de Xialing, no solo vemos a viejos conocidos como Wong y la Abominación. Si te fijas bien, puedes ver a una Viuda Negra y a un hombre con los implantes Extremis de *Iron Man 3*.
- En el doblaje en castellano, hay una referencia friki a *Bola de Dragón* –al final, cuando Awkwafina explica a sus amigos en el bar que Shang-Chi «hizo un kamehame»– que en el idioma original no aparecía.
- Ta Lo, que aquí es una especie de pueblo de las hadas del que viene la madre de Shang-Chi, en los cómics es una dimensión de bolsillo en la que viven los dioses a los que se adora en China, de forma similar al Asgard de *Thor*.

CONSTANTINE

Este sí es John Constantine

Constantine **(2014-2015), Daniel Cerone y David S. Goyer**
Intérpretes: Matt Ryan, Angélica Celaya, Harold Perrineau,
Charles Halford. **Cómic:** DC. **Serie:** Warner Bros.

John Constantine, «exorcista, demonólogo y maestro de las artes oscuras», según su tarjeta de visita. El hechicero oscuro protagonista de *Hellblazer* cobra vida en una de las mejores adaptaciones de la compañía, jugándosela para proteger a una joven con visiones de una conspiración demoníaca.

Tras el fiasco de la película –que como obra era bastante decente, pero como presunta adaptación de cómic resultaba absurda–, la serie le hizo al fin justicia al mejor personaje de DC. El tono es el indicado para narrar sus aventuras entre lo místico y lo macarra, y el personaje es cien por cien fiel, hasta tal punto que parece arrancado de una página dibujada por Steve Dillon. Y es que Matt Ryan podría ser la quintaesencia del casting perfecto en una adaptación de un cómic. En la serie, lo acompañan sus eternos secundarios: su mejor amigo Chas Chandler y la psíquica Zed Martin.

John se comporta como el original. Recurre a la magia negra cuando es necesario, pero siempre que puede resuelve sus problemas a base de bravuconadas, cobrarse favores

CURIOSIDADES:

- A principios de los dos mil, los portadistas de *Hellblazer* comenzaron a dibujar a John con los rasgos de Kiefer Sutherland, para convencer a Warner de que lo fichasen para la película, pero se acabó contratando a Keanu Reeves, que se parece a Constantine en que ambos tienen ojos.
- Alan Moore creó a Constantine en *La cosa del pantano*, inspirándose en Sting. Con los años, el dibujo cambió y ya no tiene el aspecto del cantante, pero en *Legends of Tomorrow* se bromea al respecto.
- Entre los dibujos de John que hace Zed hay un par de portadas míticas de *Hellblazer*, de Phil Hale y Tim Bradstreet.
- La Liga de la Justicia Oscura iba a aparecer en la segunda temporada. Ya en el piloto hay un guiño a Zatanna, con la frase «more tan this» escrita al revés en una pizarra, y llega a aparecer Jim Corrigan –conocido en los cómics como el Espectro– en un par de capítulos.
- En el *crossover Crisis en tierras infinitas* del Arrowverso, Constantine coincide con el Lucifer de Tom Ellis. Al parecer, son viejos conocidos interdimensionales y Lucifer le debe un favor a John.

y valerse de su dudosa reputación, que no conoce fronteras físicas ni astrales. En *Los libros de la magia*, de Neil Gaiman, hay una escena en la que John entra en un bar hasta los topes de peligrosos demonios y todos se callan de golpe al verlo llegar, aterrorizados ante los rumores que se oyen de él. Ese es su mayor poder: nadie sabe del todo de qué es capaz, ni se atreven a comprobarlo. Se profundiza aquí en el mayor trauma del personaje, el «incidente de Newcastle», cuando no logró salvar a una niña llamada Astra de ser arrastrada al infierno. Esta trama se resolvería a modo de secuela no oficial en *Legends of Tomorrow* e incluso una Astra ya adulta y criada en el infierno, al estilo de la Magik de Marvel, ha acabado convertida en una de las protagonistas de la serie.

La serie del mago oscuro comenzó sin formar parte del universo compartido de DC pero, tras su prematura cancelación, se conectó al aparecer John en un capítulo de *Arrow*. Fue una pena que una serie tan brillante se cortase tan pronto, dando lugar a un final apresurado que podía haber dado mucho más de sí. Pero, si la insistencia de los fans y sus recogidas de firmas no lograron convencer al estudio de renovar su serie, al menos salvaron al personaje y lo llevaron a coprotagonizar tres gloriosas temporadas de *Legends of Tomorrow*.

Seguimos a la espera de una muy necesaria continuación y no hay que perder la esperanza: si *Expediente X* volvió a las pantallas catorce años después, tal vez Johnny también encuentre el camino.

EL CUERVO

No llueve eternamente

The Crow (1994), Alex Proyas.
Intérpretes: Brandon Lee, Michael Wincott, Ernie Hudson, Rochelle Davis. **Cómic:** Caliber – Image – IDW. **Película:** Miramax.

«Antiguamente, la gente creía que, cuando alguien moría, un cuervo se llevaba su alma a la tierra de los muertos. Pero a veces, solo a veces, el cuervo puede traer esa alma de vuelta para arreglar las cosas.» El músico Eric Draven y su novia, Shelly, son brutalmente asesinados por una banda de mafiosos, pero Eric vuelve de la tumba y no parará hasta acabar con el último de ellos.

La obra magna de la filmografía de Proyas –junto a otras dos dignas películas, *Dark City* y *Días de garaje*– y una de las obras más emblemáticas de la historia del cine. *El cuervo* es una

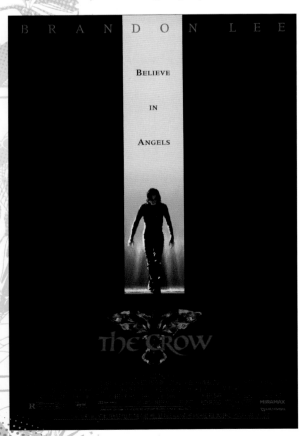

de las mejores películas jamás rodadas, a nivel de guion y, sobre todo, de fotografía, con una maestría apabullante en el arte de generar estados de ánimo mediante la psicología del color. Pocas películas pueden presumir de una estética tan rica e icónica como para haber sido imitada a posteriori hasta la extenuación.

Cuando se estrenó, los góticos del mundo entero se regocijaron al encontrar un nuevo referente estético que reemplazase a Robert Smith. El *look* Draven fue tal bombazo que, durante muchos años, no pasaba un carnaval sin que te cruzases con hordas de «cuervos», y así siguió siendo hasta la llegada del Joker de Ledger. Aún hoy en día, el rostro de Eric Draven sigue siendo uno de los emblemas de la cultura *dark*.

Eric Draven tiene rasgos de superhéroe –si no, no estaría en este libro–, pero es muy distinto a los Capitanes Maravilla con capas y antifaces. Es un muerto que se llevó tanta frustración a la tumba que logró salir de ella en busca de venganza. Exhibe habilidades sobrehumanas y se pinta la cara, pero vive puramente para su venganza, el combustible que lo mantiene en pie es el dolor, y su sed de retribución es equiparable a la de Punisher. Y aun así, consigue caernos bien, por-

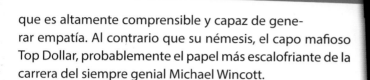

que es altamente comprensible y capaz de generar empatía. Al contrario que su némesis, el capo mafioso Top Dollar, probablemente el papel más escalofriante de la carrera del siempre genial Michael Wincott.

LO MEJOR:
La fotografía.

LO PEOR:
Algunas escenas rodadas tras la muerte de Brandon Lee tuvieron que hacerse con CGI de 1994 y, vistas a día de hoy, chirrían un poco.

La película es muy distinta al cómic, con una estructura narrativa comprensible y redonda. El original era realmente deprimente, caótico e inconexo. James O'Barr lo escribió en mitad de una grave depresión, como válvula de escape para su rabia contenida, una fantasía de venganza de alguien que se siente impotente ante la pérdida de un ser querido. La película tiene un trasfondo algo más optimista dentro de su negrura y termina con una nota positiva –«la gente muere, los edificios arden, pero el amor verdadero dura para siempre», es la última frase de la cinta–.

CURIOSIDADES:

- Al principio, los productores querían que fuera un musical protagonizado por Michael Jackson. Cuando se lo dijeron a O'Barr, les soltó una carcajada creyendo que era una broma.
- El anime *Cowboy Bebop* bebe mucho de la estética de esta obra, sobre todo para la creación de su villano central, Vicious, que es prácticamente una copia de Top Dollar. La pelea entre Spike y Vicious en la iglesia, en el último capítulo de la serie, es casi un calco del clímax de *El Cuervo*.
- Se eliminó una subtrama de la que ya habían rodado alguna escena, sobre un zombi vestido de cowboy que ejercía de guía para Eric. Lo interpretaba Michael Berryman, el Pluto de *Las colinas tienen ojos*.
- Hay un cameo del propio O'Barr robando un televisor de la casa de empeños de Gideon.
- Además de las varias secuelas protagonizadas por otros tipos a los que resucita un cuervo –de las cuales la cuarta, con Edward Furlong y David Boreanaz, no estaba tan mal como la segunda y la tercera–, se intentó llevar a cabo un *reboot* televisivo de la historia de Eric Draven, en este caso interpretado por Mark Dacascos, pero jamás pasó del piloto.

¡ES LA HORA DE LAS RISAS!

HISTORIAS DE HUMOR Y PARODIA

«¿Qué es amarillo y escribe?»

—El Acertijo

El género superheroico es tan amplio que ha engendrado un montón de subgéneros. Y, como en cualquier otro ámbito narrativo, resulta inevitable que uno de los más exitosos sea el del humor. Existe un sinfín de parodias que imitan de forma muy clara a conocidos cómics de superhéroes, así como otras que, sin parodiar a nadie, eligen emplear un tono de humor ya desde su creación.

Esto no solo sucede en el ámbito fílmico, sino ya en los propios cómics. Algunos tebeos de superhéroes han gozado ya desde su origen de un tono de comedia, como los *Guardianes de la Galaxia* de Abnett y Lanning, *El incorregible Hombre Hormiga* de Robert Kirkman, los *Nextwave* de Warren Ellis, las aventuras en solitario de Harley Quinn o las de Masacre. En España es más común encontrarnos con parodias de los superhéroes norteamericanos, como Superlópez o Pafman, que con cruzados enmascarados de creación propia y cuyo género no sea la comedia.

Pero el tema que nos ocupa en este libro son las adaptaciones audiovisuales. Y de esas también hay un buen montón que están pensadas para que nos desencajemos la mandíbula de tanto reír.

LA MÁSCARA

¡Chissssspeante!

The Mask (1994), Chuck Russell.
Intérpretes: Jim Carrey, Cameron Díaz, Peter Riegert, Peter Greene, Amy Yasbeck, Richard Jeni. **Cómic:** Dark Horse. **Película:** New Line Cinema.

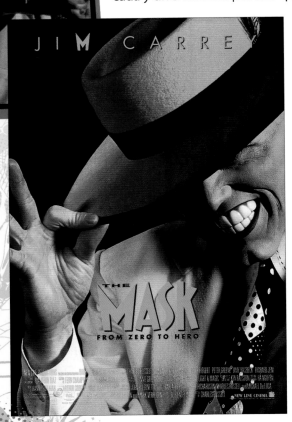

Stanley Ipkiss es un modesto funcionario bancario de Edge City, un perdedor absoluto en cuyas manos cae por pura chiripa una máscara ancestral que contiene la esencia del dios nórdico Loki. Cada vez que se pone la máscara –y solo si es de noche–, se convierte en un enloquecido personaje de rostro verde que parece sacado de los dibujos de los Looney Tunes. Stanley empleará sus nuevos y absurdos poderes para luchar contra la mafia.

Probablemente el papel más legendario de la carrera de Jim Carrey sea el de esta alocada y divertidísima película que, a los que tenemos ya una cierta edad, prácticamente nos dio la infancia. Si eres un *gen-x* o un *early millenial*, sin duda recordarás cómo el traje amarillo y la cara verde monopolizaron los carnavales infantiles de 1994 y 1995, reemplazando a Steve Urkell como el disfraz hegemónico entre la chavalada. Sospecho que muchos llevamos gafas por culpa de aquellos colores chillones.

Qué te voy a contar de *La Máscara*, un hartón de reír que quedó grabado para siempre en el imaginario colectivo por el histrionismo de su entonces desconocido protagonista, con un superhéroe nada común, cuyo poder consistía, prácticamente, en ser un dibujo animado y comportarse como tal. La acción es tan divertida como la parte cómica, los pobres mafiosos no tienen nada que hacer contra el adorable psicópata del traje amarillo y Carrey está que se sale. Deja escenas memorables como cuando hace globitos de animales para los matones que intentaban atracarle, el baile en el Congo Bongo con Cameron Díaz –su primer papel, por cierto–, o el ya legendario número musical de *Cuban Pete*.

Pese a que no carece de sus propios topicazos, rompe algún que otro cliché interesante: la rubia despampanante, que en cualquier otra obra suele ser una malvada

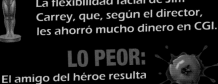

femme fatale, en este caso resulta ser la buena, mientras que la tímida periodista torpona y entrañable resulta ser la que traiciona a Stanley por dinero –que por cierto, es asesinada por Dorian justo después en una escena que se eliminó, pero que puede verse en la adaptación oficial a cómic de la película, donde Dorian la arroja a la prensa y todos los periódicos salen impresos en rojo–. El amigo *cuñao* de Stanley, otro cliché del cine de los noventa, está interpretado por un tipo que, aunque cueste creerlo viendo su rostro y el tipo de papel que interpreta, no es Tom Arnold, sino su versión –aún más– de baratillo, Richard Jeni. Y por cierto, la banda sonora instrumental de Randy Edelman –el genio que compuso también la de *Dragonheart (Corazón de dragón)*– es una absoluta gozada.

CURIOSIDADES:

- Chuck Russell tiene pocas películas en su carrera directoral, pero solo con haber hecho esta y *Pesadilla en Elm Street 3: Los guerreros del sueño* ya se merece un puesto entre los grandes.
- Ben Stein, el psicólogo que le dice a Stanley que «todos llevamos máscara en un sentido figurado», fue también el mítico profesor de *Todo en un día* que se quedaba atascado preguntando una y otra vez «¿Bueller? ¿Bueller?».
- Los productores odiaban el número musical *Cuban Pete* y querían eliminarlo del montaje, pero al hacer unas primeras proyecciones con público de prueba, resultó ser la escena más aplaudida y vitoreada, con lo que, gracias al cielo, la dejaron.
- *La máscara* y *Ace Ventura: Un detective diferente*, los dos puntos álgidos de la época cómica de Carrey, se estrenaron ambas el mismo año.
- En el cómic original, el alter ego de Ipkiss se llamaba en realidad Big Head, mientras que *La máscara* era solo el título de la colección, no el nombre del personaje.

BATMAN DE LOS SESENTA

¡Santas onomatopeyas, Batman!

Batman (1966-1968), William Dozier y Lorenzo Semple Jr.
Intérpretes: Adam West, Burt Ward, Alan Napier, Yvonne Craig, César Romero, Julie Newmar, Burgess Meredith. **Cómic:** DC. **Serie:** 20th Century Fox.

Bruce Wayne y Dick Grayson se enfundan en sus coloridas mallas para luchar contra simpáticos criminales en Gotham, escalando temibles paredes verticales, desatando poderosas onomatopeyas y mostrando su maestría en el baile del Batusi.

Cuando se lanzó la serie, el mítico personaje creado por Bill Finger y Bob Kane estaba en sus horas más bajas. Había nacido como un cómic relativamente oscuro, enmarcado en el género *noir* detectivesco y, al ser prácticamente un calco de otros vigilantes *pulp* como La Sombra o Black Bat, incluso llevaba pistola –de cualquier modo, ni punto de comparación con la versión verdaderamente oscura que se dio de los setenta en adelante–. Conforme el cómic ganó éxito, fue dejando de lado lo sombrío y se fue volviendo más colorido y fantasioso, sobre todo en los años cincuenta y sesenta. De ahí nació la idea de llevarlo a la pantalla como un producto vivo, desternillante y diametralmente opuesto al *noir*.

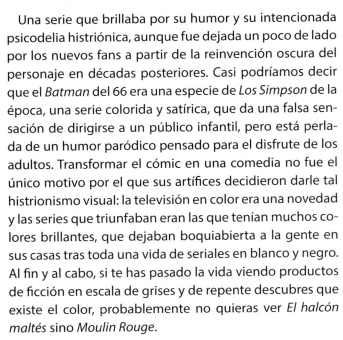

Una serie que brillaba por su humor y su intencionada psicodelia histriónica, aunque fue dejada un poco de lado por los nuevos fans a partir de la reinvención oscura del personaje en décadas posteriores. Casi podríamos decir que el *Batman* del 66 era una especie de *Los Simpson* de la época, una serie colorida y satírica, que da una falsa sensación de dirigirse a un público infantil, pero está perlada de un humor paródico pensado para el disfrute de los adultos. Transformar el cómic en una comedia no fue el único motivo por el que sus artífices decidieron darle tal histrionismo visual: la televisión en color era una novedad y las series que triunfaban eran las que tenían muchos colores brillantes, que dejaban boquiabierta a la gente en sus casas tras toda una vida de seriales en blanco y negro. Al fin y al cabo, si te has pasado la vida viendo productos de ficción en escala de grises y de repente descubres que existe el color, probablemente no quieras ver *El halcón maltés* sino *Moulin Rouge*.

El derroche cromático de la serie, que obedecía al de las viñetas, destacaba en la jugosa galería de villanos. Los enemigos de Batman suelen ser gente con problemas mentales –otro día hablaremos de las implicaciones morales del murciélago–, así que sus vestuarios, tan histriónicos como elegantes, reflejaban a la perfección sus excéntricas personalidades. Los actores que pasaron por la obra como Bat-villanos eran el verdadero *star system* de la tele de entonces: ya sin contar al recurrente César Romero –que le arrebató su deseado papel de Joker nada menos que a Frank Sinatra–, desfilaron por la Batcueva estrellas como Vincent Price, Eli Wallach –el que no era ni el bueno ni el malo en cierta película de Leone–, Roddy McDowall, Liberace, Shelley Winters o Zsa Zsa Gabor. Los cuatro villanos que se ganaron por méritos propios el corazón del público fueron el Joker, el Acertijo, el Pingüino y Catwoman; por eso serían los cuatro que formarían equipo en la aclamada película que se estrenó en cines con el reparto de la serie.

Batman nos dejó una serie de elementos clave tan icónicos que han pasado a la historia del audiovisual como muy pocas series lo han logrado: las onomatopeyas que aparecían en pantalla en las escenas de acción; el uso indiscriminado del prefijo «Bat-»; las exageradas exclamaciones de Robin, que siempre empezaban por «santos» o «santas» –«¡Santos procesos mentales fotográficos imposibles, Batman!»–; el desfile de estrellas tanto en los roles villanescos como en el gag recurrente de trepar por una pared y que se asomase un famoso por la ventana; las retorcidas adivinanzas del Acertijo; los *gadgets* más rebuscados aún; la legendaria canción de los créditos, que era puro rock surfero; los dobles capítulos con su *cliffhanger* y su «mañana, a la misma Bat-hora, en el mismo Bat-canal»; y, cómo no, esa preciosidad de Batmóvil. Destacó por encima de las adaptaciones que se habían hecho hasta entonces por su fidelidad al cómic. Y es que William Dozier, pese a que nunca había sido un ávido lector, se tomó muy en serio usarlos como base, aunque fuese para hacer una parodia: los consultaba una y

LO MEJOR:
La escena del plátano-bolígrafo es el súmmum del humor absurdo en los sesenta.

LO PEOR:
Que haya mucha gente que no la entendió y crea que les salió mal «sin querer».

otra vez para saber cómo debía escribir a cada personaje, como se relacionaban unos con otros, los orígenes de cada villano...

Adam West siguió siendo Batman muchos años después de la serie, tanto actuando en especiales televisivos como doblando al personaje en series y películas de animación, al menos hasta 1985, lo que implica que durante veinte años fue el único Batman del mundo audiovisual. Sin duda, el que más tiempo ha ostentado el título y el que más hondo ha calado en el imaginario colectivo. Curioso fue el caso de Catwoman, interpretada en las dos primeras temporadas por la mítica Julie Newmar y reemplazada en la tercera por Eartha Kitt, una mujer de raza negra, pero que representaba ser el mismo personaje y se trataba con total naturalidad. Hoy en día, a más de un *youtuber* de extremo centro le daría un ataque de Bat-pánico y tendría que respirar en una Bat-bolsa.

La serie se canceló por problemas económicos tras su tercera temporada y, poco después, se decidió retomarla abaratando costes, pero Fox ya había derribado los decorados de la Batcueva, así que no pudo ser. Eso sí, no solo nos dieron tres años de risas absolutas, sino también una película que es una verdadera maravilla del humor absurdo, sin nada que envidiar a los Monty Python. En ella destacan momentos inolvidables como la escena de la bomba en el puerto, el Bat-spray contra tiburones, el acertijo del plátano-bolígrafo y los emblemáticos vehículos: el Bat-cóptero, la Bat-lancha y el Submarino Pingüino.

Batman del 66 no solo vendió *merchandising* a unos niveles inimaginables y ha sido reemitida en televisión incontables veces. Se convirtió en un icono de la cultura pop al nivel de *Doctor Who*, *Los Simpson* o *Star Wars*. Y, la verdad, se lo merece.

CURIOSIDADES:

- Adam West estuvo cerca de conseguir el papel de James Bond. Cuando lo llamaron para la serie, ya se había hecho famoso gracias a un anuncio de Nestle's Quik –el antecesor del Nesquik–, en el que precisamente parodiaba a 007. Búscalo en YouTube, te vas a partir de risa.
- Burt Ward –Robin– fundó en 2001 la empresa Boy Wonder Visual Effects, que ha trabajado, entre otras, en *Piratas del Caribe*.
- Algunos cameos de famosos que se asomaban por la ventana mientras Batman y Robin trepaban fueron Jerry Lewis, Sammy Davis Jr. y hasta Bruce Lee.
- Los dos protagonistas de la serie original de *La familia Addams* fueron villanos en *Batman*: Carolyn Jones –Morticia– fue Marsha la Reina de Diamantes y John Astin –Gómez, que además es el padre del actor Sean Astin– fue el Acertijo.
- Una asociación llamada Liga Católica de la Decencia presentó una queja porque a Robin se le marcaba mucho el paquete. Al pobre Burt Ward le tuvieron que poner doble ropa interior y algodones para disimular.

DEADPOOL / DEADPOOL 2

«You're welcome, Canada»

Deadpool (2016) / *Deadpool 2* (2018), **Tim Miller y David Leitch.**
Intérpretes: Ryan Reynolds, Morena Baccarin, Brianna Hildebrand, Josh Brolin, Zazie Beetz, Stefan Kapicic. **Cómic:** Marvel. **Películas:** 20th Century Fox.

L a historia del mercenario bocazas, que nació como una parodia gamberra del Deaths-troke de DC, de la mano de Fabián Nicieza y cierto dibujante cuyo nombre no mencionaremos para no invocar la ausencia de pies. El asesino a sueldo Wade Wilson se está muriendo, pero un experimento para implantarle ADN de Lobezno lo salva, otorgándole un factor curativo infinito, un rostro que parece un aguacate y tal nivel de locura que ya jamás puede dejar de soltar chorradas.

Cuando Ryan Reynolds apareció en *X-Men orígenes: Lobezno* como una irreconocible versión de Masacre –el nombre en castellano de Deadpool en los cómics–, hubo unanimidad en el odio del *fandom*. Pero el actor, un friki de nivel omega, siguió peleando para que le dejasen representar una versión fiel de su personaje favorito. Y lo logró, siendo él y Lobezno los únicos mutantes que han tenido películas en solitario –Gambito y el Hombre Múltiple estuvieron muy cerca, pero la compra de Fox por Disney desbarató los planes–. El carisma de Reynolds para el humor quedó más que patente: él no interpreta a Masacre, él *es* Masacre.

Sin duda, la adaptación superheroica más metalingüística jamás estrenada –a la espera de la serie de Hulka–, con un nivel de risas que te trincha las costillas y unas escenas de tiroteos y explosiones extremadamente logradas. La primera entrega exhibe un aire más modesto, rodada en muy pocas localizaciones, casi siempre en exteriores, sin apenas decorados espectaculares ni efectos especiales extremos al estilo MCU. Se limita a batallas más «de a pie», a peleas con pistolas y espadas, en lugar de naves espaciales y dioses que

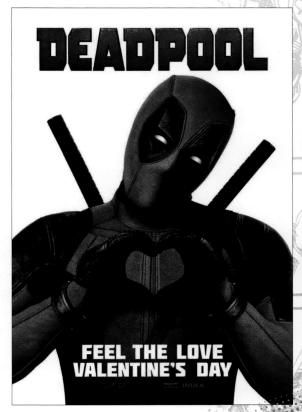

lanzan rayos con sus martillos. La segunda, gracias al éxito de la anterior, resulta más cara y espectacular, y sigue siendo igual de divertida. Pese al constante tono de comedia, la carga dramática subyacente es potentísima. La parte en que Wade descubre que se está muriendo y cómo él y Vanessa deben lidiar con esa inevitabilidad resulta emocionalmente demoledora –además de que su historia de amor es tan grotesca como preciosa–. La secuela es incluso más emotiva, comenzando con una escena en que Wade trata de suicidarse tras la muerte de su amada, algo que, aunque te lo presenten en tono humorístico, es toda una patada en el corazón. Y no olvidemos a Cable, atormentado por la muerte de su esposa e hija, viajando atrás en el tiempo para acabar con su asesino.

Deadpool se ha convertido en una celebridad entre los fans por su humor y su ruptura de la cuarta pared. Habla con el espectador y es consciente de ser un personaje de ficción. En los cómics, esto se debe a un enfrentamiento con Loki, que lo castigó sacándolo unos instantes de la página para que viera a Fabián Nicieza tecleando su vida en una máquina de escribir, lo que le reveló que no era más que un personaje de cómic y aumentó su locura. Antes que él, ya hubo un par de personajes que rompían la cuarta pared, hablaban al lector y se mofaban de los clichés de los cómics: Howard el Pato en su serie original y Hulka en la legendaria etapa de John Byrne.

CURIOSIDADES:

- Los dos creadores del personaje tienen su guiñito en la primera entrega: Liefeld sentado en el bar que frecuenta Deadpool y Nicieza con su nombre escrito en un letrero de la autopista.
- En el clímax de la segunda, suena la canción *Tomorrow* del musical *Annie*. Ryan Reynolds la cantó en el programa *The Masked Singer*, disfrazado de unicornio.
- El patio de recreo donde transcurre la batalla final de la secuela es el mismo en el que se rodó la escena onírica de la explosión atómica en *Terminator 2: El juicio final*.
- Hay un cameo de Matt Damon muy caracterizado, como un *redneck* que da un discurso sobre el papel higiénico, pero en los créditos aparece como Dickie Greenleaf.

Ambas películas se dedican a recuperar a personajes olvidados –y a menudo bochornosos– de la historia de Marvel. Empieza ya con que el villano de la primera sea el nada interesante Ajax, con Gina Carano ejerciendo de una especie de sicario neonazi pasada de vueltas –un papel que le viene al dedillo–, y el de la segunda el prácticamente desconocido Firefist. La suerte de *sidekick* que se agencia Wade, Cabeza Nuclear Negasónica Adolescente, es una absoluta secundaria de corta duración que creó Grant Morrison a principios de los dos mil, para poco más que verla morir en brazos de Emma Frost, pero a los guionistas les hizo tanta gracia su nombre que tuvieron que recuperarla –la primera vez que Negasónica se presenta ante los X-Men, Gatasombra opina, y con razón, «guau, parece que se nos han acabado los nombres»–. Y no olvidemos al equipo X-Force que, además de personajes célebres como Cable o Dominó, tiene también a secundarios irrelevantes como Confusión, Zeitgeist o incluso el Desvanecedor, que nos da el que tal vez sea el cameo más tronchante jamás visto –aunque en la película sea una broma recurrente sobre si está ahí o no, en los cómics el Desvanecedor fue el segundo villano al que se enfrentaron los X-Men originales y su poder era teletransportarse–. Hay también breves apariciones de Bob, el agente de Hydra –el mejor amigo de Wade en el original– o Yukio –una ninja que suele aparecer en cómics de Lobezno y que fue creada como interés romántico de Tormenta–, aunque el caso de Yukio es un poco caótico: ya apareció en *Lobezno inmortal* como un personaje de mayor edad que aquí y, además, en *Deadpool 2* le han dado los poderes de Tensión, otra mutante japonesa.

La «bilogía» rebosa humor metalingüístico sobre el cosmos ficticio de los X-Men, tanto el de los cómics como el de Fox. «Menuda mansión, es curioso que siempre os vea solo a vosotros dos, es casi como si la productora no pudiera permitirse a los otros X-Men», les dice Wade a Coloso y Negasónica. En la segunda parte, repite la broma, sin darse cuenta de que a su espalda están varios de los actores de la segunda trilogía mutante. La película se ríe en la cara de los infinitos errores de continuidad de la saga –cuando Coloso le dice a Wade que lo lleva a ver al Profesor X, este le responde «¿McAvoy o Stewart? Las cronologías son muy confusas»–. En la segunda, se presenta como «somos los X-Men, una metáfora obsoleta sobre el racismo en los años sesenta». Y no solo hace bromas sobre su propio universo, también sobre el MCU y todo lo que se le ponga por delante: a Josh Brolin lo llama Thanos en una ocasión y Willy el Tuerto en otra, como guiño a *Los Goonies*; al Juggernaut le recita el rollo de que «el sol se está poniendo», parodiando a la Viuda Negra y Hulk en *Vengadores*. Incluso se burla de algunas lamentables decisiones de la Distinguida Competencia: «Siento llegar tarde, estaba luchando contra un tío con

capa, pero descubrí que su madre también se llama Martha». Solo podemos esperar que, en su próxima incorporación al MCU, se eche unas risas a costa del cambio de productora y mencione el curioso parecido físico entre el Capitán América y la Antorcha Humana.

Pero lo más grande de *Deadpool* es, sin duda, *Deadpool 2*. Aquella estupidez que se solía decir antaño de que «segundas partes nunca fueron buenas» quedó más que obsoleta con las películas de superhéroes del nuevo milenio y, en especial, con esta maravilla de secuela. Brolin está espectacular como Cable, aunque por algún motivo a nadie se le ocurre mencionar que es el hijo de Cíclope –al menos, en esta parte se resarcen de uno de los grandes errores de la franquicia cuando el Juggernaut hace al fin referencia a ser el hermano de Xavier–. Solo la Dominó de Zazie Beetz lo supera en carisma. Las escenas del uso de sus poderes de la suerte son gloriosas, pero no tanto como poder ver al fin en pantalla una de las peleas más esperadas por los fans: Coloso contra el Juggernaut, una de esas lizas que se dan cada cierto tiempo y son altamente aclamadas, como las de Hulk contra La Cosa. Tenemos a Estrella Rota mencionando haber nacido en Mundomojo, lo que nos da la esperanza de poder ver algún día en el cine a Mojo, uno de los villanos más divertidos de Marvel. Tenemos una canción de Celine Dion en los créditos de apertura y, por si fuera poco, una serie de escenas poscréditos en las que Wade destroza las leyes de los viajes en el tiempo, para hacer cosas tan divertidas como matar a Ryan Reynolds antes de que aceptase el papel de Linterna Verde y luego decir a cámara «de nada, Canadá».

Pocas películas de superhéroes –y en general– pueden alcanzar un nivel de comedia loca como el de estas dos joyas, sin dejar de lado la profundidad dramática.

CURIOSIDADES:

- Josh Brolin ya ha aparecido en el universo mutante como Cable, en el MCU como Thanos y en el universo DC como Jonah Hex.
- Durante el rodaje de la secuela, Reynolds colgó en redes una foto en la que aparecía junto a Hugh Jackman y Pierce Brosnan en el set, alentando el rumor de que ambos aparecerían en la película –como ya se había confirmado que saldría el villano irlandés Black Tom Cassidy, parecía lógico que lo interpretaría Brosnan–. Al final resultó que solo habían pasado a visitarlo y él aprovechó para *trolearnos* con la misteriosa foto.
- La poscréditos de la primera parte es un brillante homenaje a la de *Todo en un día*, una de las primeras películas que tuvieron una escena así.
- En la segunda parte, no cesan las bromitas sobre Barbra Streisand y su película *Yentl*. Algo todavía más gracioso cuando caes en la cuenta de que Streisand es la madrastra de Josh Brolin.

LA "BILOGÍA" DE KICK-ASS

El mundo real necesita héroes reales

Kick-Ass (2010), Matthew Vaughn / *Kick-Ass 2* (2013), Jeff Wadlow.
Intérpretes: Aaron Taylor-Johnson, Chloë Moretz, Nicolas Cage, Evan Peters, Mark Strong, Jim Carrey, John Leguizamo. **Cómic:** Marvel (Icon). **Películas:** Marv Films.

Un buen día, sin ninguna razón en especial, el friki adolescente Dave Lizewsky decide que el mundo real también debería tener superhéroes. Se hace un disfraz y sale a combatir el crimen, sin ningún superpoder ni la menor idea de cómo pelear. Por suerte, cuando deba enfrentarse a una banda de mafiosos que le viene muy, muy grande, contará con la ayuda de dos vigilantes enmascarados mucho más profesionales que él: Big Daddy –una clara parodia de Batman– y Hit-Girl –una niña de once años que reparte leña como la mismísima Viuda Negra–.

Dos películas basadas en el cómic homónimo de Mark Millar y John Romita Jr., publicado por Marvel, pero bajo su sello Icon: un apartado editorial que publica cómics cuyos derechos pertenecen a sus autores y que no tienen por qué estar situados en el universo Marvel. El binomio Millar-Vaughn siempre es sinónimo de calidad y tiene un tono muy propio que, aunque rebose comedia, no está exento de su buena dosis de dramatismo y de una ingente cantidad de adrenalina. Nadie es tan experto como Vaughn en aunar todos estos estilos y, para colmo, dotarlos de una imagen tan de cómic norteamericano y al mismo tiempo tan real. *Kick-Ass* es, por una parte, una mirada examinadora a lo ridículo que resultaría en la vida real ver a alguien ejerciendo de vigilante enmascarado. Por otra, aprovecha esta excusa para narrar una película de acción vertiginosa que se sale por los cuatro costados.

Sus escenas de acción son como para hacer ejercicio cardiovascular –especialmente aquellas que protagoniza la *badass* suprema Hit-Girl–, haciendo gala

de la habitual combinación entre el estilo de cómic pasado de vueltas y la ultraviolencia que caracterizan al que probablemente sea el mejor director de cine de acción de las dos últimas décadas. Algo que culminaría en el mítico plano secuencia de la iglesia en su obra magna, *Kingsman*. El clímax de la primera entrega es una verdadera barbaridad, apoyado en parte por una de las bandas sonoras más memorables del género –el tema instrumental final, que empieza a sonar justo después de matar al villano, pone los pelos como escarpias–. La segunda entrega, pese a no ser tan redonda debido al cambio de director, también tiene muy buenas escenas adrenalínicas y tramas muy interesantes.

Resulta hilarante que el personaje más malote, el que más se luce en las peleas y tiroteos, sea Hit-Girl, una cría de un metro de altura. Pero Nicolas Cage también está glorioso –el pobre no llegó a ser Superman, pero al menos se quitó la espinita de hacer de Batman–. Su subtrama, la de un expolicía desquiciado que busca vengar la muerte de su esposa y que entrena a una niña pequeña para ser una asesina, es muy potente, como también lo es la de la propia Mindy en la secuela, tratando de integrarse en la vida de una adolescente normal cuando lo único que siempre ha sabido hacer es matar. Vaughn elige como temible villano a su musa, Mark Strong, al que jamás se le puede poner una sola pega en sus roles malvados. El hijo de su personaje, en cambio, resulta un villano ridículo y risible, y por ello es tan divertido que sea el malo central de la secuela.

En la segunda parte, la mayor parte del peso emocional recae en Hit-Girl intentando descubrir cuál es su lugar en el mundo, aunque Dave también tiene su protagonismo, uniéndose a un grupo de superhéroes aficionados llamado Justice Forever. En él, nos encontramos a Jim Carrey como el líder del equipo, el Coronel Barras y Estrellas; a Donald

Faison –Turk de *Scrubs*– como el Doctor Gravedad, que parece que vaya a ser un gran héroe tecnológico y luego solo es un publicista con un bate de béisbol envuelto en papel de aluminio; y a una irreconocible Lindy Booth –*Cazatesoros*, *The Librarians*– como Night Bitch. Resulta especialmente emotivo esa suerte de epílogo en que la voz en off de Dave nos dice que lo que el mundo real necesita no son superhéroes disfrazados sino héroes reales, mientras vemos al personaje de Donald Faison –vestido de paisano y a sus quehaceres, después de que los superhéroes se hayan retirado– que echa a correr tras un ladrón de bolsos con una sonrisa satisfecha.

LO MEJOR:
Hit-Girl es uno de los personajes más badass del cine de superhéroes.

LO PEOR:
La manía en España de traducir los títulos de las películas con coletillas presuntamente «graciosas» por si no habíamos entendido que se trataba de comedias, en este caso «Listo para machacar» y «Con un par».

CURIOSIDADES:

- Dos de los actores de la primera película han interpretado al Mercurio de Marvel: Aaron Taylor-Johnson a la versión aburrida del MCU en *Vengadores: La era de Ultrón* y Evan Peters a su divertidísima contrapartida del universo mutante –probablemente, este personaje sea lo único que Fox ha hecho mejor que Disney en el terreno superheroico–.
- Jim Carrey se arrepintió de haber rodado una película que le parecía demasiado violenta y llamó al boicot contra ella. A Mark Millar le pareció bien, declarando que acusar a su obra de tener demasiada violencia era como decir que una película porno tenía demasiados desnudos.
- Evan Peters no pudo repetir el papel de Todd en la secuela porque estaba grabando *American Horror Story*, así que buscaron a otro actor, lo peinaron igual y procuraron que no saliera mucho.
- En la habitación de Dave se pueden ver dos pósters de cómics de Mark Millar: *Superior* y *American Jesus*.
- En la batalla final de la segunda parte, hacen sendos cameos Mark Millar y John Romita Jr., los creadores del cómic original.

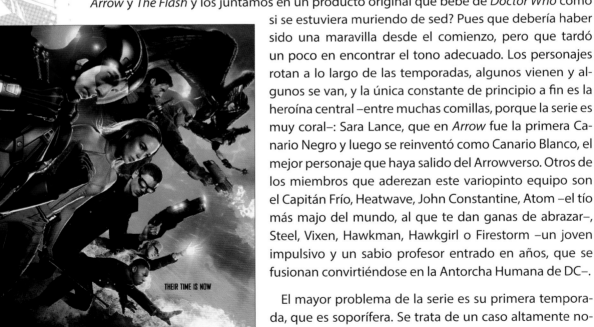

LEGENDS OF TOMORROW

El Doctor Who estadounidense

Legends of tomorrow (2016-2022), Phil Klemmer y Marc Guggenheim.
Intérpretes: Caity Lotz, Dominic Purcell, Matt Ryan, Nick Zano, Brandon Routh, Tala Ashe, Arthur Darvill, Jes Macallan, Maisie Richardson-Sellers, Victor Garber, Olivia Swann. **Cómic:** DC. **Serie:** Warner Bros.

El cowboy del futuro Rip Hunter reúne a un grupo de héroes y villanos de tercera a los que la historia no echará de menos, con el objetivo de derrotar a su enemigo inmortal Vandal Savage e impedir que asesine a su familia en el futuro. A bordo de la Waverider, una nave que viaja por el tiempo, este nuevo grupo bautizado como Legends of Tomorrow se enfrentará a situaciones cada vez más absurdas e hilarantes.

La premisa de la serie estaba clara: ¿qué pasa si cogemos a los mejores secundarios de *Arrow* y *The Flash* y los juntamos en un producto original que bebe de *Doctor Who* como

THEIR TIME IS NOW

si se estuviera muriendo de sed? Pues que debería haber sido una maravilla desde el comienzo, pero que tardó un poco en encontrar el tono adecuado. Los personajes rotan a lo largo de las temporadas, algunos vienen y algunos se van, y la única constante de principio a fin es la heroína central –entre muchas comillas, porque la serie es muy coral–: Sara Lance, que en *Arrow* fue la primera Canario Negro y luego se reinventó como Canario Blanco, el mejor personaje que haya salido del Arrowverso. Otros de los miembros que aderezan este variopinto equipo son el Capitán Frío, Heatwave, John Constantine, Atom –el tío más majo del mundo, al que te dan ganas de abrazar–, Steel, Vixen, Hawkman, Hawkgirl o Firestorm –un joven impulsivo y un sabio profesor entrado en años, que se fusionan convirtiéndose en la Antorcha Humana de DC–.

El mayor problema de la serie es su primera temporada, que es soporífera. Se trata de un caso altamente notable: no es raro que una serie mejore y evolucione con el paso del tiempo, pero ninguna ha mutado de una forma tan radical como lo hizo *Legends of Tomorrow* de su primer a su segundo año. Es como ver dos series distintas, que incluso cambian de género narrativo, pasando de un

infumable melodrama de opereta a una comedia desternillante, cuya inventiva no parece tener fin. No te estoy diciendo que el dramatismo sea algo negativo, por supuesto –ya has visto en el capítulo sobre obras más maduras y serias que hay verdaderas joyas–, pero hay historias a las que les pega el tono dramático y otras en las que no acaba de encajar y se desenvuelven mejor en el ámbito de la comedia, como es el caso que nos ocupa o el de la trilogía de *Thor*.

Los problemas que aquejaban a su flojísima primera temporada son palpables: una trama única sin capítulos autoconclusivos que puedan ser memorables, centrada en un villano plano y con cero puntos de carisma, que repite la misma fórmula en cada episodio y para colmo se toma demasiado en serio a sí misma cuando, en una historia de estas características, eso no procede. El magnífico Arthur Darvill está muy desaprovechado y, en cuanto a Hawkman y Hawkgirl, compiten con Vandal Savage en ser los personajes más insulsos jamás creados para una serie de televisión. Afortunadamente, todo este horror solo dura una temporada y entonces es cuando comienza la serie de verdad.

Todo empieza a funcionar cuando se elimina a los personajes menos interesantes, se acepta que el tono necesario es el humorístico y se añade a nuevos héroes mucho más divertidos, empezando por el caso más obvio: Steel –el Coloso de DC–, que se une a Atom para convertirse en el mejor dúo cómico superheroico de todos los tiempos. Cada nueva adición al equipo mejorará exponencialmente la serie, llegando a su punto álgido con el advenimiento de Zari –la primera Zari, no su versión pija alternativa– y Constantine. Los villanos también mejoran, empezando ya con recuperar a Malcolm Merlyn y Damien Dahrk –los dos mejores que habían pasado por *Arrow*– para ayudarnos a quitar el mal sabor de boca que nos había dejado el tedioso Vandal Savage.

LO MEJOR:
El humor autoconsciente
y metalingüistico.

LO PEOR:
La primera temporada.

De repente, hemos dejado atrás aquella trama repetitiva y vacía, y nos encontramos con una obra maestra del humor más loco, que derrocha metalenguaje, frikismo y una muy agradecible consciencia de sí misma. Parece como si, a partir de aquí, las reuniones de guion consistieran en una competición de «a ver quién la suelta más gorda» y toda majadería que se les ocurra acabe metida en el producto final. Las tramas de temporada son una locura y algunos capítulos autoconclusivos directamente parecen un viaje ácido, a saber:

- En el que hay un unicornio suelto en el festival de Woodstock, matando a hippies a cornadas, pero todo el mundo va tan colocado que nadie parece darse cuenta.
- En el que deben salvar el mundo llevándose de *after* a María Antonieta, que ahora es un zombi.
- En el que Gengis Khan descubre el patinete eléctrico y decide comprarlos en cantidades industriales para invadir China –el plano aéreo de Steel arrodillado gritando «Khaaaan» como guiño a *Star Trek* es lo más tronchante de toda la serie–.
- En el que Shakespeare los ve usar sus poderes y deben impedir que se ponga a escribir obras de teatro sobre superhéroes para no alterar la historia de la literatura.
- En el que deben evitar que George Lucas deje la escuela de cine antes de tiempo, para salvar *Star Wars*.
- En el que raptan a John Noble del rodaje de *El señor de los anillos* para que les ayude contra el villano de la temporada –al que también interpreta John Noble–.
- En el que Constantine no para de alterar la corriente temporal, creando realidades alternativas cada vez más absurdas –cada una con sus créditos de apertura, que imitan a series como *Los ángeles de Charlie* o *El equipo A*–, hasta que todos acaban convertidos en teleñecos.
- Y eso por no mencionar que el villano final de una de las temporadas es un Furby gigante.

El metahumor va en aumento constante y nos brinda capítulos con títulos tan divertidos como *Legends of To-Meow-Meow* o *Romeo vs Juliet: Dawn of Justice*. Tiene incluso un capítulo que es un musical de Bollywood, aunque, para número musical, ninguno supera a Zari y Constantine versionando el *Ever Fallen in Love with Someone* de los Buzzcocks en el episodio 6x03 *The Ex-Factor*. Aunque la serie nunca estuvo basada en un cómic concreto, sí que tendía a recolectar personajes que habían salido de las viñetas. Pero llega un punto en que se aleja de los cómics para ir creando a personajes nuevos directamente para la serie, como Mona, Gary, Zari, Spooner o incluso el villano de la sexta temporada, Bishop, que vendría a ser una versión modernilla del Mister Siniestro de Marvel –yo lo llamo «Mister Sinipster»–.

Las relaciones románticas entre los personajes están muy bien llevadas –por ejemplo, Atom y Nora Dahrk, Steel y Zari, o Constantine y la otra Zari–, aunque destaca por encima de todas la de Sara Lance y Ava Sharpe, las dos colíderes del equipo. En esta ocasión, sorprendentemente, DC se adelantó a Marvel en inclusión y abertura de miras y, donde *Guardianes de la Galaxia* había eliminado inexplicablemente a la pareja de lesbianas que protagonizaba los cómics, *Legends of Tomorrow* creó a una para su serie. Para qué nos vamos a engañar, los cómics Marvel siempre han sido mucho más progresistas e inclusivos que los de DC y llevan muchas más décadas mostrando a personajes no heteronormativos, pero en lo audiovisual la carrera la ganó el Arrowverso, mientras que el Marvel fílmico no mostró personajes gays hasta *Los nuevos mutantes*.

¿Querías una sitcom de superhéroes? Aquí la tienes. ¿Querías un *Doctor Who* a la americana? Aquí lo tienes. Disfrútalo como se merece porque, a partir de su segunda temporada, no tiene desperdicio.

CURIOSIDADES:

- Los Legends no aparecieron en uno de los *crossovers* anuales del Arrowverso, el que coincidió con el capítulo *Legends of To-Meow-Meow*, en el que Constantine alteraba la historia. En una de las alteraciones, los Legends se habían convertido en una especie de antihéroes malotes e histriónicos y, cuando veían unas llamadas perdidas de Arrow, Flash y Supergirl, Atom decía «debe ser para el *crossover* de cada año», a lo que Steel añadía «pues va a ser que pasamos».
- En un capítulo de la tercera temporada, el doctor Stein –Victor Garber– se niega a viajar al Titanic y asegura que habría que pegarle un tiro a quien sea que lo diseñó. Garber encarnó al ingeniero que diseñó el barco en *Titanic* de James Cameron.
- En la primera temporada, cuando están organizando una fuga de un gulag soviético, Wentworth Miller –protagonista de *Prison Break*– asegura que «no es mi primera fuga de prisión».
- Evidentemente, para una comedia sobre viajes en el tiempo, necesitaban a un mítico actor de *Doctor Who* y cogieron a Arthur Darvill, que fue el entrañable Rory Williams en la susodicha leyenda de la televisión británica. Otro actor relacionado con viajes temporales al que se fichó más adelante fue Tom Wilson, más conocido como Biff Tannen en *Regreso al futuro*, que aquí interpreta al padre de Steel.
- En el *crossover* en el que conocen a Supergirl, Atom comenta «¿Sabes lo más gracioso? Se parece un montón a mi prima», un guiño a que Brandon Routh ya había interpretado a Superman antes de volver a DC como Atom.

ANT-MAN / ANT-MAN Y LA AVISPA

Pym's Eleven

Ant-Man (2015) / *Ant-Man y La Avispa* (2018), **Peyton Reed.**
Intérpretes: Paul Rudd, Michael Douglas, Evangeline Lilly, Michelle Pfeiffer, Michael Peña, Hannah John-Kamen, Judy Greer. **Cómic:** Marvel. **Películas:** Disney.

Scott Lang, un ladrón recién salido de prisión, no tarda en dejarse convencer para un nuevo golpe. El problema es que lo que roba es el traje del Hombre Hormiga, un legendario superhéroe de la Guerra Fría. Sin saber cómo se ha metido en ese lío, Scott acaba convertido en el nuevo Hombre Hormiga, con Hank Pym, el original, como mentor. Desde entonces, puede encogerse y controlar a las hormigas, con lo que se enfrentará primero a un millonario que quiere usar la tecnología Pym para el ejército y luego a una villana intangible.

Si *Soldado de invierno* era una cinta de espionaje estilo años setenta y *Thor* una épica shakespeariana, este es sin duda un binomio de películas de robos al estilo de *Ocean's Eleven* y compañía, centradas en la organización de un gran golpe por parte de un grupo de pícaros. Además de una comedia de mucha, mucha risa, algo que queda patente ya desde la elección de Paul Rudd –el actor más divertido que salió de *Friends*–. Michael Douglas como un viejo y gruñón Hank Pym es otro de esos aciertos de casting del MCU que brillan con luz propia. Se juega a magnificar lugares cotidianos –una bañera, una discoteca, un trenecito de juguete– convirtiéndolos en escenarios impactantes gracias al punto de vista del minúsculo personaje. El homenaje al clásico *El increíble hombre menguante* de 1957 es evidente, tanto que la escena en que Scott cae hacia el Microverso es visualmente idéntica al final de la original –pero con mejores efectos, claro–.

El principal problema de la primera es que ostenta el record de tener al villano más soso de todo el MCU, ese Chaqueta Amarilla sin personalidad y al que todos olvidamos nada más salir del cine. El verdadero némesis del Hombre Hormiga siempre ha sido Ultrón, que fue fabricado por Pym y se volvió contra él como el monstruo de Frankenstein, pero como ya lo habían usado en la segunda entrega de *Vengadores* tuvieron que buscarse a otro malo para salir del paso. Por suerte, lo compensa con creces la Ghost de la segunda entrega –mucho mejor que la primera–, gracias al carisma que derrocha siempre Hannah

John-Kamen. Por cierto, impagables esas escenas de rejuvenecimiento facial de Michael Douglas y Michelle Pfeiffer en los ochenta. Una interesante idea a la que se deja la puerta entreabierta: que ya hubo algunos superhéroes menos conocidos antes de los Vengadores, aunque no nos lo hubieran mencionado. Si descubrimos más tarde que habían existido Pym, Van Dyne y Danvers, ¿por qué no podría pasar lo mismo con los 4 Fantásticos?

Algo que resulta incomprensible es que, de los tres Hombres Hormiga, eligieran al menos interesante para hacer una película, Scott Lang, en lugar de a Pym o a Eric O'Grady, que tenían mucha más chicha que explotar. Se hace imperdonable no poder disfrutar de una historia sobre unos jóvenes Hank y Janet viviendo aventuras, cuando siempre han sido dos de los mejores personajes de Marvel. En su lugar, se los sustituye por Hope, la hija de ambos, que no es que se la hayan inventado para la peli, pero casi: es la villana Red Queen en un futuro alternativo que apareció en los cómics A-Next, pero no en la continuidad real de Marvel. Actualmente, en los cómics, se ha creado a una hija secreta de Hank y su primera esposa: la chavala es rusa y se llama Nadya, que significa Hope. Algo curioso es que en la segunda película no se menciona qué le ha pasado a Janet en los años que ha estado atrapada en el Microverso –bueno, aquí lo llaman Reino Cuántico, pero intenta decirle a un lector de Marvel que eso no es el Microverso y verás–. Vemos que lleva ropas distintas y armas, así que por lógica debe haber coincidido con otros seres que vivan ahí,

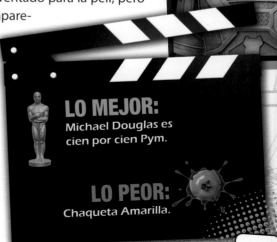

LO MEJOR: Michael Douglas es cien por cien Pym.

LO PEOR: Chaqueta Amarilla.

probablemente una sociedad entera de microorganismos lo bastante avanzados para tener materiales de fabricación, armas y tejidos. Marvel ya no tiene los derechos de su legendaria serie *Micronautas*: como sucedió con otras licencias de juguetes y películas que adaptaron a cómic –ROM o Fu Manchú–, sus derechos caducaron y Marvel ya no pudo seguir usando esos personajes ni mencionarlos. Pero de vez en cuando les gusta hacerles algún guiño cariñoso y es más que probable que esa fuera la intención con la subtrama de Janet Van Dyne en el Microverso.

CURIOSIDADES:

- La primera aparición del Hombre Hormiga fue en el número 27 de *Tales to Astonish*, en enero de 1962. A día de hoy, es uno de los cómics más buscados del mundo y llega a venderse por 200.000 dólares.
- Hay un guiño a dicho cómic cuando conocemos al soporífero villano, que está dando una charla sobre la leyenda urbana del Hombre Hormiga y al final dice que no son más que rumores y «tales to astonish».
- Los *flashbacks* del joven Pym se ambientan en 1989 porque es el año en que Disney estrenó *Cariño, he encogido a los niños*.
- Otro gran guiño es que el hotel al que va Scott hacia el principio de la primera parte se llama Hotel Milgrom, en referencia al mítico dibujante Al Milgrom.
- La aparición de Cassie, la hija de Scott, presagia la posible llegada de los Jóvenes Vengadores en un futuro no muy lejano. En los cómics, Cassie es una de sus integrantes, Estatura. El resto de los miembros ya han aparecido en el MCU, cada uno por su lado: Patriota en *Falcon y el Soldado de Invierno*, Kate Bishop en *Ojo de Halcón*, Wiccan y Veloz en *Bruja Escarlata y Visión*, y ya hemos visto a las versiones adultas de Kang y la Visión. Solo faltaría Hulkling, que, teniendo en cuenta que es uno de los variados hijos secretos del Capitán Marvel, esperemos que nos visite en *The Marvels*, la segunda entrega de las aventuras de Carol Danvers.

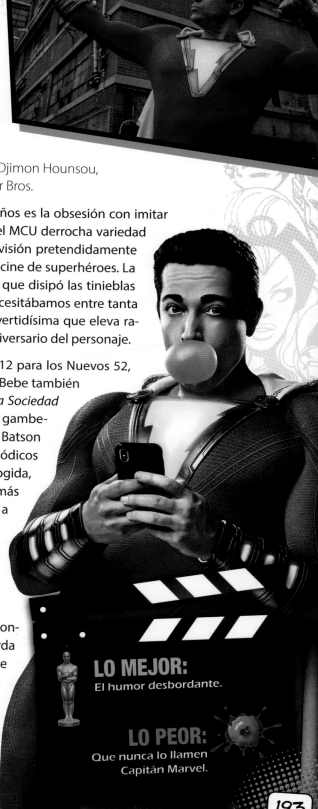

SHAZAM!

El Capitán Marvel que nos merecemos

***Shazam!* (2019), David F. Sandberg.**
Intérpretes: Zachary Levi, Mark Strong, Asher Angel, Djimon Hounsou, John Glover. **Cómic:** Fawcett Comics. **Película:** Warner Bros.

El mayor problema del cine de DC en los últimos años es la obsesión con imitar *El caballero oscuro* para repetir su éxito. Mientras el MCU derrocha variedad de estilos y subgéneros, el DCEU se enfanga en una visión pretendidamente «adulta» y oscura, que parece pedir perdón por hacer cine de superhéroes. La llegada de *Shazam!* a este cosmos fue un rayo de sol que disipó las tinieblas de los intensitos aspirantes a Nolan. El respiro que necesitábamos entre tanta tragedia emo, una obra fantasiosa, desenfadada y divertidísima que eleva radicalmente la calidad del DCEU y conmemora el 80 aniversario del personaje.

Se basa en la versión escrita por Geoff Johns en 2012 para los Nuevos 52, uno de los infinitos reinicios de la continuidad de DC. Bebe también de la aclamada miniserie de Jeff Smith *La monstruosa Sociedad del Mal*, de la que toma su particular sentido del humor gamberro. En esta modernización del origen del héroe, Billy Batson pasa de ser el entrañable huerfanito repartidor de periódicos a un delincuente juvenil que pivota entre casas de acogida, un sin techo que se niega a aceptar ayuda de los demás para demostrar que puede valerse solo. Tras conocer a un mago, obtiene el poder de Shazam y debe aprender qué hacer con él, mientras el psicótico villano Doctor Sivana trata de arrebatárselo, poniendo en peligro a su nueva familia adoptiva.

La cinta se centra en explorar qué haría un adolescente despreocupado si cayera en sus manos el inconmensurable poder de un superhéroe, temática que borda gracias a su alocado humor y lo bien que Zachary Levi se mete en el papel. Mark Strong está tan espectacular en su rol de villano como en todo lo que hace. La película se ríe de los clichés heroicos, algo que podemos observar cuando el villano suelta su discurso final pero está tan lejos que Billy no se entera de nada.

LO MEJOR:
El humor desbordante.

LO PEOR:
Que nunca lo llamen Capitán Marvel.

El Capitán Marvel fue creado en 1939 por Fawcett Comics –homenajeada en la película mediante el nombre del instituto– y resultó el cómic de superhéroes más vendido de los años 40. DC lo compró en 1972, tras una jugarreta legal que hizo quebrar a Fawcett. Debido a problemas de derechos con Marvel, su colección pasó a llamarse *Shazam!*, pese a que el personaje en sí conserva su nombre. En la película nunca se utiliza este alias, sino que van llamando a Billy por diferentes apodos aleatorios.

CURIOSIDADES:

- John Glover, que parece especializarse en padres de villanos tras interpretar a Lionel Luthor en *Smallville*, grita antes de morir «somebody save me» en un tono muy similar a la canción de dicha serie, como evidente homenaje.
- Hay un imperceptible cameo de Seth Green pasando frente a la puerta del club de striptease, porque el actor había ido a visitar el set de rodaje.
- En la pelea en la tienda de juguetes, Billy pisa las teclas de un piano gigante en un guiño a *Big*, otra película sobre un niño que se vuelve adulto de golpe.
- Tras una de las puertas mágicas que abren los niños en la fortaleza del mago, aparecen unos hombres-cocodrilo. En los cómics de Johns, son los esbirros del villano Mr. Mind, ese gusanito parlante al que vemos en la escena poscréditos.
- Cuando Billy conoce a su madre, esta lo toma por un repartidor de periódicos, como guiño al cómic original.

LA GARRAPATA

A veces, la lucha contra el mal es de lo más ridículo

The Tick (2016-2019), Ben Edlund.
Intérpretes: Peter Serafinowicz, Griffin Newman, Valorie Curry, Yara Martínez, Alan Tudyk. **Cómic:** New England Comics Newsletter. **Serie:** Amazon.

Arthur Everest es un contable con problemas mentales, convencido de que su ciudad está dominada en secreto por un terrible supervillano, El Terror. Cuando el estereotipado superhéroe La Garrapata comienza a ayudarle en sus indagaciones, Arthur se convence de que tenía razón. Pero… ¿de dónde diablos ha salido La Garrapata? ¿Por qué habla como un dibujo animado de los sábados por la mañana? ¿Y por qué no tiene recuerdos de su propia existencia?

Una mirada tan ácida como ridiculizante al mundo de los superhéroes, con un intenso aroma a *Kick-Ass*, aunque el cómic original sea anterior al susodicho. El personaje titular es sin duda lo más descacharrante de la serie, con su forma de hablar que pone nerviosos a todos los demás y su imposibilidad para perder el optimismo. Recuerda poderosamente al protagonista de *Johnny Bravo* o al de *Roger Ramjet y las Águilas Americanas*. Es un ser puro y bienintencionado, alegre, casi invulnerable y con la fuerza de «diez hombres, o quizás veinte, o una parada de autobús en la que hay muchos hombres». Y además, su traje tiene unas graciosísimas antenitas que se mueven de forma expresiva, como las de un verdadero insecto. Incluso el villano central, El Terror, es pura diversión, por lo histriónico y pasado de vueltas que resulta –y eso que lo interpreta nada menos que Jackie Earle Haley, el Rorschach de Snyder–.

Un punto muy original de la serie es que, en lugar de la subtrama romántica que en muchas de estas historias se mete con calzador, la relación emocional más intensa del protagonista es con su hermana mayor, que cuida de él siempre que tiene una crisis

nerviosa. Arthur solo quiere devolverle todas la cosas buenas que ha hecho por él y demostrarle que él también puede ser un buen hermano, y esa trama resulta infinitamente más potente que un «chico conoce chica» con mallas y capas.

En el cómic, todo era extremadamente surrealista, hasta había un personaje llamado Man-Eating Cow –que era justo lo que su nombre indica–. La serie rebaja el tono en este aspecto, para que todo el surrealismo se concentre en La Garrapata y su mamarrachez destaque más en un mundo en que los demás son más o menos normales. Se han oscurecido un poco algunas tramas y hasta se le ha dado un trasfondo trágico a Arthur, convirtiéndolo en una persona muy traumatizada. Quince años atrás, El Terror mató a los superhéroes de la ciudad y la nave de estos aterrizó sobre su padre, justo delante de sus narices. Desde entonces, está obsesionado con que El Terror va a volver, aunque todo el mundo le dice que está muerto. La serie indaga mucho en su trauma, disimulándolo entre el humor naíf que lo salpica todo.

CURIOSIDADES:

- El cómic es de Ben Edlund, conocido por ser uno de los artífices de *Sobrenatural*, y él mismo se ha encargado de esta adaptación.
- La Garrapata comenzó siendo la mascota del boletín de noticias de la cadena de tiendas New England Comics, un personaje creado por Edlund a sus dieciocho años, al que luego desarrolló en varios cómics que parodiaban los clichés superheroicos.
- Ya fue adaptado como serie de animación infantil en 1994, además de un videojuego estilo *beat'em up* de desplazamiento lateral.
- También se hizo una serie breve en 2001, en la que a El Terror lo interpretaba Armin Shimerman y Nestor Carbonell hacía de Batmanuel. Otros rostros conocidos de aquella serie son Ron Perlman y Missi Pyle. El protagonista de entonces, Patrick Warburton, es uno de los productores de esta nueva versión.
- Uno de los actores de la serie, François Chau, interpretó a Shredder en *Las Tortugas Ninja II: El secreto de los mocos verdes*.

SUPERLÓPEZ

Todos contra uno, uno contra todos

Superlópez (2018), Javier Ruiz Caldera.
Intérpretes: Dani Rovira, Alexandra Jiménez, Julián López, Maribel Verdú, Ferran Rañé, Gonzalo de Castro. **Cómic:** Bruguera. **Película:** La Gran Superproducción y Mediaset.

Cuando el planeta Chitón es atacado por el malvado general Skorba, un desesperado científico envía a su bebé con bigote, Joconél, en una cápsula hacia la Tierra. Allí es criado como Juan López por un humilde matrimonio del Masnou y crece para convertirse en el legendario héroe Superlópez, el hombre de acero en pijama.

Superlópez es, si no el que más, uno de los títulos más emblemáticos de la historia del cómic español. Creado por Jan en 1973, comenzó como una evidente parodia de Superman, pero no tardó en tomar su propio camino y alejarse del original, para crear un rico microcosmos de ficción. Recientemente, Jan se ha despedido de su personaje tras casi medio siglo dedicado a él, para poder dibujar otras cosas. Dada la relevancia del cómic, era cuestión de tiempo que se adaptase a la gran pantalla. Y la actual era dorada del cine de superhéroes constituye la ocasión perfecta para ello.

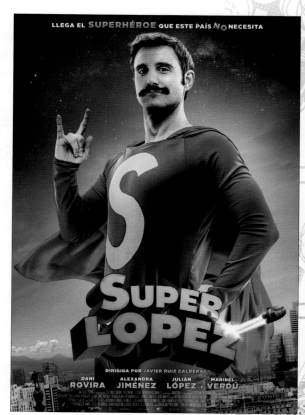

La verdad es que la película puede ser un tanto floja en comparación con la anterior adaptación de un cómic de Bruguera, *Anacleto: Agente secreto*, que resultó una grata sorpresa y una maravilla del humor más ácido y tronchante –y que no se incluye en este libro porque no es de superhéroes, sino de espías–. Aquella dejó el listón muy alto e hizo que *Superlópez* palideciera al contrastar ambos productos. El humor que se le quiso dar a esta obra es más blanco y sin pasarse de bestia, apto para todos los públicos, motivo por el que no causó tanta sensación entre la audiencia adulta. De cualquier modo, la película es altamente entretenida y tiene unos efectos visuales magníficos, que se llevaron tanto el Gaudí como el Goya en su categoría.

Dani Rovira está espléndido en la piel de Superlópez y representa de forma fiel al personaje. Luisa y Jaime varían un poco con respecto a sus versiones

originales, siendo ella menos antipática de lo habitual y él un poquito más malicioso, pero es perdonable por lo graciosos que están los dos –Julián López interpretando a un insoportable trepa siempre es un plus en cualquier historia–. Los padres adoptivos de López también son un hartón de reír y dos de los personajes más auténticos de la película. Quizás su mayor error es no haber recurrido a ningún antagonista identificable de los cómics, sino haber creado a unos nuevos para esta trama –aunque Maribel Verdú y Ferran Rañé están geniales como villanos–. Se echa en falta a los clásicos enemigos de Superlópez, como Escariano Avieso o Al Trapone, y también a sus secundarios de oro, como el inspector Hólmez, su hija Martha, Chico o, por supuesto, el Supergrupo –los Vengadores de Bruguera–.

Con todo, la obra logra recoger el espíritu del tebeo y hacerlo muy reconocible. No faltan las clásicas muletillas de Superlópez, como su habitual «mecachis en la mar», o ese típico momento en que se apoya medio dormido en la ventanilla del metro y pide un café con leche y un cruasán. Y cuando Luisa al fin lo llama «medianía», los fans de toda la vida aplaudimos como locos. Tiene una escena de acción visualmente magnífica, cuando López conoce a Ágata y se enfrenta a sus secuaces en esa sala futurista iluminada en rojo, una secuencia impecable que parece parodiar la del ascensor de *Soldado de Invierno* y, al mismo tiempo, la de Rey y Kylo contra los ninjas rojos en *Star Wars: Los últimos jedi*. La poscréditos, con Berto Romero en la piel del Señor de los Chupetes, deja la puerta abierta a una ansiada secuela que, por desgracia, no parece que vaya a producirse en un futuro cercano.

Es una lástima que no se haya continuado la saga, porque futuras entregas podrían haber adaptado álbumes legendarios como *Los alienígenas*, *Los cabecicubos*, *El señor de los chupetes*, *La caja de Pandora*, *Los petisos carambanales*, *El supergrupo* o, el mejor de todos, *La gran superproducción* –cuyo título se ha homenajeado con el nombre de la productora creada para lanzar la película–. Aunque la obra deja un buen sabor de boca, causa cierta tristeza saber que, con toda probabilidad, será la única. El riesgo de comenzar con una historia de origen, sin adaptar ninguna trama conocida sino creando una de cero, fue demasiado grande. Solo podemos soñar con cómo sería una saga completa de películas del supermedianía de acero chitoniano, que en posteriores entregas elevase las apuestas añadiendo al Supergrupo o a Escariano Avieso.

LO MEJOR:
Julián López en modo cuñao.

LO PEOR:
El humor es un poco demasiado blando.

CURIOSIDADES:

- La escena en que López detiene un tren desbocado en una estación contiene un cameo de Kike García de la Riva, uno de los principales artífices de *El Mundo Today*.
- Jan es un diminutivo de Joan muy común en Cataluña y el nombre artístico que siempre ha empleado Juan López, autor, entre otros, de *Superlópez* o *Pulgarcito*. Al padre chitoniano de López, que en los cómics no tenía nombre, lo han llamado Jan como homenaje.
- La subtrama de relacionar las aspiradoras tipo Roomba con una invasión extraterrestre es un guiño a la paranoia generalizada con las estufas Noser en el álbum *Los alienígenas*.
- En sus primeras fases de preproducción, Álex de la Iglesia estaba en el proyecto, con intención de dirigirla y con José Mota como Superlópez.
- Alexandra Jiménez lleva ya dos adaptaciones de cómic, siendo también coprotagonista de la desternillante *Anacleto: Agente secreto*.

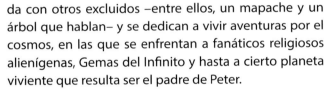

GUARDIANES DE LA GALAXIA / GUARDIANES DE LA GALAXIA VOL. 2

El Farscape marvelita

Guardians of the Galaxy (2014) / *Guardians of the Galaxy vol. 2* (2017), James Gunn.
Intérpretes: Chris Pratt, Zoe Saldaña, Vin Diesel, Bradley Cooper, Dave Bautista, Karen Gillan, Michael Rooker. **Cómic:** Marvel. **Películas:** Disney.

Un chaval de Missouri, Peter Quill, es abducido y criado por los piratas espaciales de Yondu. Ya de adulto, se gana la vida como un desarrapado forajido espacial sacado de un western de Leone. Tras dar con sus huesos en la cárcel, acaba formando una banda con otros excluidos –entre ellos, un mapache y un árbol que hablan– y se dedican a vivir aventuras por el cosmos, en las que se enfrentan a fanáticos religiosos alienígenas, Gemas del Infinito y hasta a cierto planeta viviente que resulta ser el padre de Peter.

Hay miles de cosas que decir de estas dos maravillas fílmicas que combinan el humor más desternillante con los puñetazos emocionales. Tantas, que ya te hablé de ellas largo y tendido en mi anterior libro, *Hacia las estrellas: Los viajes espaciales y la ciencia-ficción*. Así que en esta ocasión, para no repetirme, voy a optar por contarte algunas curiosidades.

Los Guardianes en los cómics Marvel eran un concepto totalmente distinto al de las películas, al menos los originales. Fueron creados en 1969 como un intento de lanzar una versión futurista de Los Vengadores. Sus aventuras transcurrían en el año 3000 y cada miembro del equipo era una copia de un Vengador famoso: el Mayor Victoria como un nuevo Capitán América, o Yondu como un nuevo Ojo de Halcón –en el cómic, Yondu era un simple arquero, no tenía flechas mágicas que obedecieran a sus silbidos–. Esta serie pasó sin pena ni gloria

a lo largo de sus numerosos intentos de resurrección. Hasta que en 2008, en el seno del *crossover Aniquilación: Conquista*, dos alocados escritores –Dan Abnett y Andy Lanning– decidieron crear una versión distinta, recopilando a olvidados personajes espaciales de la Marvel clásica: Phyla-Vell, Dragón Lunar, Star-Lord, Mapache Cohete, el rey Groot, Drax el Destructor, Gamora, Adam Warlock, Mantis, Bicho y Nova. Esta reinvención se ambientaba en el presente y estaba cargada de un tono de humor ácido y tronchante. Y apenas seis años después, el chiflado de James Gunn decidió adaptar esta versión al cine, con magníficos resultados.

La alineación era algo distinta, sobre todo teniendo en cuenta que el grupo estaba liderado por una pareja homosexual formada por Phyla-Vell, la Capitana Marvel de entonces –la hija del Capi original–, y Heather Douglas, alias Dragón Lunar –la hija de Drax, que empezó sus andanzas como una villana de Iron Man con el nombre más tonto y a la vez más genial que te puedas imaginar: Madame McEvil–. Una historia de superhéroes con protagonismo gay debió resultar demasiado avanzada a la época para los remilgos de Marvel Studios, con lo que se eliminó a estos dos personajes. Los Guardianes trabajaban en realidad a las órdenes de Cosmo, un gracioso perro parlante con acento ruso y un traje de astronauta que les encargaba misiones –y que haría un cameo en la escena poscréditos de la primera película–. Algunos personajes han sufrido cambios muy drásticos en la adaptación, sobre todo el siempre serio y terrorífico Drax y la mística y misteriosa Mantis, que en el cine se convirtieron en secundarios cómicos. Además, las versiones originales de ambos procedían de la Tierra: Drax era Arthur Douglas, un

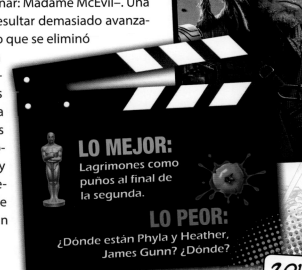

LO MEJOR:
Lagrimones como puños al final de la segunda.

LO PEOR:
¿Dónde están Phyla y Heather, James Gunn? ¿Dónde?

saxofonista de jazz asesinado por Thanos y resucitado por el padre de este, Mentor, en un poderoso cuerpo verde incubado genéticamente; Mantis era una chica vietnamita entrenada por sacerdotes fundamentalistas Kree para convertirse en la Madonna Celestial. Gunn decidió cambiar sus orígenes porque quería que Star-Lord fuera el único terrícola de la película, potenciando así la soledad y desubicación que lo caracterizan.

En realidad, una versión descafeinada de los Guardianes originales de 1969 acabaría haciendo una breve aparición en la segunda película –aparte de Yondu, el único al que se empleó para la saga–, aunque se les cambió el nombre por Saqueadores y se suponía que eran una especie de piratas, antiguos aliados de Yondu. Sylvester Stallone apenas se parecía al Starhawk que representaba ser, aunque otros como Martinex eran bastante clavados. Además, la poscréditos del volumen 2, con esa señora dorada creando a un ser supremo en un enorme huevo, presagia la llegada de Adam Warlock, otro de los miembros fundadores de la segunda génesis y un personaje tan absurdamente omnipotente que los guionistas no suelen saber qué hacer con él.

CURIOSIDADES:

- James Gunn asegura que el público aún no ha descubierto todos los guiños frikis a los cómics que incluyó en la saga y que quedan un par por encontrar. Mi teoría es que en la segunda parte, cuando la nave de Rocket y Yondu se cruza con Korg –el hombre de piedra de *Thor: Ragnarok*–, el alien al que le está dando una paliza es ROM el Caballero Espacial, un personaje del que Marvel perdió la licencia hace décadas y ya no puede emplear.
- Las películas se inspiran muchísimo en las series de western espacial *Firefly* y *Farscape*, de las que Gunn es un gran fan. Por eso sus protagonistas hacen cameos en ambas partes, Nathan Fillion en la primera y Ben Browder en la segunda.
- Fox tenía los derechos de Ego el Planeta Viviente –porque es un villano habitual de los 4 Fantásticos–, pero se los cedió a Disney a cambio de poder usar a Cabeza Nuclear Adolescente Negasónica en *Deadpool*.
- Kevin Feige ha admitido que el cameo de Stan Lee contando a los Vigilantes todos sus papeles en películas anteriores es un guiño a la teoría fan de que Stan es una entidad cósmica suprema en el MCU y que por eso va apareciendo en la piel de diversos personajes.
- La única película del MCU con cinco escenas poscréditos.

EL ESCUADRÓN SUICIDA

Solo existe una versión

The Suicide Squad (2021), James Gunn.
Intérpretes: Joel Kinnaman, Margot Robbie, Idris Elba, Michael Rooker, Sean Gunn. **Cómic:** DC. **Película:** Warner Bros.

Amanda Waller, la Nick Furia de DC, reúne a un grupo de villanos de lo más caótico para enviarlos a una misión suicida en la isla de Corto Maltese, a cambio de reducir sus sentencias. Allí tendrán que enfrentarse a hordas de esbirros y llegar hasta el Pensador –Peter Capaldi–, para evitar que lleve a cabo el proyecto Starfish.

El fichaje de James Gunn fue una de las mejores cosas que jamás le hayan pasado al DCEU. Consiguió que olvidásemos la desastrosa versión estrenada apenas cinco años antes y eso es todo un logro. Su humor resulta siempre fresco e imaginativo, llenando la obra de giros que ni el más avezado podría ver venir. Aunque la comedia sea el rasgo más emblemático de su estilo narrativo, no se puede negar que Gunn es un directorazo como la copa de un pino, capaz de rodar escenas de acción sublimes y con un control envidiable del pulso de la narración, que no permite que te despegues del asiento ni para ir al baño.

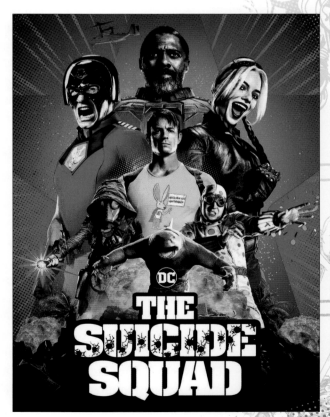

Como ya sucedía en su *Guardianes de la galaxia*, la mayor baza es la dinámica de grupo entre esos personajes tan, tan distintos, que aprenden a trabajar juntos pese a que al principio no se tengan mucho aprecio –ni al final, en este caso–. Esto dota a la historia de un tono tan tenso como desternillante. Ya el principio es un despiporre, presentándonos a una miríada de villanos de tercera que parece que vayan a protagonizar el filme, para masacrarlos a todos cinco minutos después y decirnos que en realidad los protagonistas eran otros. Un arriesgado movimiento que no todo el mundo se habría atrevido a llevar a cabo y que recuerda al inicio de la película *Los otros dos* o al de la serie *Enano rojo*. Nadie pudo haber previsto la

escabechina inicial y eso logra que el espectador esté en tensión durante todo el metraje, esperando que cualquiera de los «héroes» muera de un momento a otro.

Gunn consiguió algo que parecía impensable: aprovechar el talento de Margot Robbie para que Harley Quinn pueda caer simpática. El personaje siempre tuvo mucho potencial y es genial en los cómics, pero en sus anteriores apariciones fílmicas no consiguieron cogerle el punto. Aunque trataron de hacerla carismática, les salió tópica y forzada, mientras que en la obra de Gunn brilla al fin y demuestra que puede ser lo que sus anteriores directores intentaban que fuera. Otros secundarios que sorprende que puedan resultar tan divertidos son los ridículos villanos Polka-Dot Man y King Shark, el mayor punto humorístico de la película. Y luego está Ratcatcher, el verdadero corazón de la historia y el personaje más interesante, aunque se dé más protagonismo a Robbie y Elba por ser los famosos del reparto. Ratcatcher es el personaje con el que te puedes identificar, que causa empatía y, mientras los demás te hacen reír pero te da un poco igual si se los cargan, te pasas la película deseando que ella sobreviva.

CURIOSIDADES:

- El vestuario de Harley Quinn en esta entrega está inspirado en el que lleva en el mítico videojuego *Batman: Arkham City*.
- King Shark tiene un aspecto más de cabeza de martillo en los cómics. Gunn quiso respetar esto y hasta hizo unas cuantas pruebas con ese diseño, pero quedaba fatal y acabó dándole una cabeza de tiburón corriente.
- El guionista original de los cómics, John Ostrander, hace un cameo como el Dr. Fitzgibbon.
- Starro fue el primer villano al que se enfrentó la Liga de la Justicia en sus cómics.
- El proyecto Starfish saca su nombre de uno que sucedió en la vida real. En 1962, el programa espacial estadounidense lanzó un cohete al espacio y lo hizo explotar, poco más que por ver qué pasaba.

THOR: RAGNAROK

We come from the land of the ice and snow...

Thor: Ragnarok (2017), Taika Waititi.
Intérpretes: Chris Hemsworth, Tom Hiddleston, Cate Blanchett, Tessa Thompson, Mark Ruffalo, Jeff Goldblum, Karl Urban. **Cómic:** Marvel. **Película:** Disney.

La muerte de Odín desvela un gran secreto: Thor y Loki tienen una hermana mayor, ¡Hela, la diosa de la muerte! Tras expulsarlos a ambos para invadir Asgard, los hermanos van a parar al caótico mundo de Sakaar, donde Thor es obligado a combatir como gladiador. Con ayuda de Hulk y la Valquiria, el dios del trueno deberá planear una forma de regresar a Asgard y salvar a su pueblo.

Tras dos películas poco más que pasables, que se tomaban demasiado en serio a sí mismas para un personaje como el de Thor, la tercera logró al fin encontrar el tono adecuado para él: la comedia. Y es que, con una historia como la de la familia de Odín, si no le pones humor, corres el riesgo de acabar con un melodrama de sobremesa digno de Hallmark. Esta maravillosa entrega de la saga es casi una *buddy movie* con Thor y Loki como los dos compañeros que no se soportan pero trabajan juntos a regañadientes, a lo *Tango y Cash*. La escena inicial, con Thor dando vueltas colgando de una cadena, ya te deja claro por dónde van a ir los tiros y sienta las bases de un espectáculo de risas y acción que no te dejará descansar. El héroe haciéndose el tonto para que los villanos no se lo tomen en serio y no lo vean venir es toda una declaración de intenciones desde el primer minuto. Y esa escena de la obra de teatro representada por Matt Damon, Luke Hemsworth y Sam Neill –que vuelve a coincidir con Goldblum 24 años después de *Parque Jurásico*– es de romperse la mandíbula de tanto reír.

Cómo no, hubo un cierto sector del público –sí, de nuevo *ese* sector– que montó en cólera porque la obra no era trágica, oscura ni sucedía a cámara lenta en una noche lluviosa mientras sonaba Tokyo Hotel –esa gente no había leído muchos cómics de Thor, supongo–. Amén de que Hela es la primera villana central femenina del

MCU y que una de las protagonistas es una mujer negra muy capaz y autosuficiente, algo que enerva a cierto tipo de espectador… *peculiar*. Pero en fin, ya lo dijo el inspector Harry Callahan en *La lista negra*: «Las opiniones son como los culos, todo el mundo tiene una».

El caso es que *Thor: Ragnarok* no solo es, con diferencia, la obra más tronchante del MCU. También es un peliculón de pura acción, fantasía y aventura cargada de momentos espectaculares y adrenalina por un tubo. Las escenas de lucha son pura épica marvelita, desde la pelea inicial contra Surtur hasta el combate de gladiadores entre Thor y Hulk o la batalla del clímax. Ni todas las temporadas de *Bola de dragón* juntas pueden hacer sombra a la cantidad –y calidad– de guantazos que tiene esta película. Se nos deja claro desde un primer momento, con Hela reventando el *Mjolnir* como si nada al poco de empezar, que en esta ocasión las apuestas van a estar muy altas y Thor las va a pasar canutas para triunfar. El apartado visual es alucinante –con especial mención al *flashback* de la última cabalgata de las Valquirias– y, sinceramente, ningún superhéroe de cine tiene entradas en escena tan épicas como Thor: solo hay que ver cómo llega aquí a la batalla del Bifrost o cómo aterriza en Wakanda en *Vengadores: Infinity War* para tenerlo claro.

Como siempre en el MCU, hay mucho más de lo que parece a primera vista. Detrás de tanta carcajada, chiste y puñetazo, se encierra una enorme fuerza emocional en el viaje de los diversos personajes. El primer paso de Loki hacia la re-

CURIOSIDADES:

- Hay un guiño a los cómics de los sesenta en la primera aparición de Hela, cuando Thor golpea el suelo con el paraguas y este se transforma en su martillo. Esto sucedía cuando el impedido doctor Donald Blake golpeaba su bastón y mutaba en Thor.
- Otros personajes que han logrado alzar el martillo de Thor en los cómics son el Capitán América, la Viuda Negra, Bill Rayos Beta, Thunderstrike, Jane Foster, la Chica Ardilla, la Visión, Eddie Brock o… ¡Superman!
- Banner menciona que Hulk está al volante de su cuerpo y él está encerrado en el maletero. Esto es otro guiño a los cómics de Hulk, donde se empezó a emplear esta metáfora visual hace unos años.
- Cate Blanchett se suma a la lista de actores de *El señor de los anillos* que han acabado ejerciendo de villanos en el MCU, junto a Hugo Weaving, Andy Serkis, David Wenham o el propio Karl Urban.
- Es la segunda vez que Matt Damon interpreta a Loki. La primera fue en *Dogma* de Kevin Smith, donde encarnaba a un ángel caído llamado así. En la única escena memorable del flojo reboot de Jay y Bob, el propio Damon lo dice a cámara: «Yo ya fui Loki en los noventa, antes de que fuera guay. Y no me hizo falta ese acento británico tan falso».

dención, el retorno de la Valquiria que se había jurado olvidarse de Asgard, la lucha interna de Skurge entre ser un cobarde y sentirse culpable por ello… Pero es Thor quien tiene la mayor carga afectiva: todo lo que experimenta en esta secuela daría para pasarse horas llorando con una tragedia griega –o escandinava, más bien–. Precisamente, la originalidad de la película radica en haber elegido narrar esa traumática historia de pérdida y dolor dentro de la entrega más cómica de la saga. Podemos partirnos de risa, pero sin dejar de ser conscientes de que Thor ha perdido a sus padres, su preciada arma mágica, su ojo derecho, a sus tres mejores amigos e incluso el planeta en el que creció. Algunas escenas son realmente emotivas y la lágrima está asegurada con el final.

Thor: Ragnarok recoge –de forma muy, muy libre– parte de la trama de la aclamada miniserie *Planeta Hulk* –incluyendo a sus amigos Korg y Miek e incluso una versión muy cambiada del planeta Sakaar–. Y es que Marvel Studios tiene ciertos problemas legales para poder adaptar a Hulk en solitario, así que suele narrar sus grandes arcos en películas corales o incluso, en este caso, de otros héroes.

Hay una química brutal entre todos los personajes de la obra y la caterva de actores se luce sin que ninguno quede atrás. Aparece el Doctor Extraño, que se está convirtiendo en el nuevo Tony Stark, en cuanto a su papel como conexión entre las diversas obras y personajes de la franquicia. Goldblum está sencillamente magnífico –aunque eso es lo habitual en él– interpretando al Gran Maestro, el tercero de los Primigenios del universo Marvel en ser adaptado al cine –tras sus hermanos, el Coleccionista y Ego el planeta viviente–. Skurge es estupendo, muy lejos del típico esbirro tontorrón del villano. Y la versión de Valquiria que se creó para la película, tan distinta de la Brunnhilde original, es una de las incorporaciones más aplaudibles del MCU –tanto que, a posteriori, se ha «hecho un Coulson» añadiéndola al universo de los cómics, como una antigua Valquiria exiliada llamada Runa–. En esta entrega nos falta Lady Sif, ya que Jamie Alexander estaba ocupada protagonizando la serie *Blindspot*, pero Waititi ha prometido que regresará para la cuarta parte, *Thor: Love and Thunder*, que promete épica a raudales.

Es curiosa la elección de la banda sonora instrumental, a base de sintetizadores ochenteros, pensada sin duda para emocionar a nostálgicos de una cierta edad; pero no molesta, por suerte esta no es una obra que se centre en la nostalgia, como lo hacen muchas de ahora. Y por supuesto, los momentos en los que suena el *Immigrant Song* de Led Zeppelin están tan bien buscados que da gusto. Eso sí, llevamos ya tres películas de Thor y aún no ha sonado la elección popular obvia: el *God of Thunder* de los Kiss. ¿A qué esperas, Waititi? *Iron Man* nos trajo la canción homónima de Black Sabbath en su primera entrega. Ya tardas.

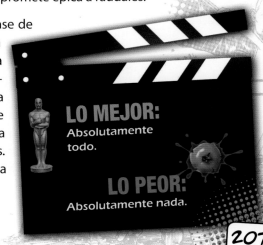

LO MEJOR:
Absolutamente todo.

LO PEOR:
Absolutamente nada.

MYSTERY MEN (HOMBRES MISTERIOSOS)

La Liga de la Estulticia

Mystery Men (1999), Kinka Usher.
Intérpretes: Ben Stiller, Janeane Garofalo, William H. Macy, Hank Azaria, Paul Reubens, Greg Kinnear, Claire Forlani, Geoffrey Rush, Tom Waits. **Cómic:** Aardvark-Vanaheim. **Película:** Universal Pictures.

Mister Furioso y su equipo son los superhéroes más cutres de Champion City, siempre a la sombra del espectacular Capitán Asombroso. Pero al Capi no le va todo tan bien como parece y, como no tiene enemigos dignos con los que lucirse, decide liberar del manicomio a su archinémesis, Casanova Frankenstein, para tener a alguien con quien luchar. Ese error lo paga muy caro y, con la ciudad bajo amenaza, los Mystery Men son los únicos que pueden detener a Frankenstein o, al menos, procurar no hacer mucho el ridículo intentándolo.

El surtido de personajes absurdos de esta película es espléndido: el único poder de Mister Furioso es enfadarse mucho; el Rajá Azul es lanzador de cucharas y tenedores; la Lanzadora es una jugadora de bolos que ataca a la gente lanzándoles una bola que lleva dentro el cráneo de su difunto padre; el Chico Invisible puede volverse invisible, pero solo cuando nadie lo mira; el Zapador es un tipo corriente que golpea a la gente con una pala; el Flato fue maldecido por una gitana y ahora, cuando se tira un pedo, la gente a su alrededor se queda inconsciente. Y esos son solo los protagonistas, porque luego tenemos como villanos a Casanova Frankenstein –Geoffrey Rush–, con unas uñas metálicas afiladas muy ridículas, y a su ayudante Tony P., un obseso de la música disco de los setenta. Como secundario de oro está Tom Waits en la piel del Dr. Heller, que inventa armas estúpidas para ayudar a los Mystery Men, como un fusil que encoge la ropa del enemigo para que le apriete y se sienta incómodo. El único personaje que no resulta patético es el Capitán Asombroso de Greg Kinnear, una mezcla entre Superman y Batman que es un superhéroe como dios manda, pero a la vez un verdadero cretino.

Un fracaso en taquilla que se convirtió, como muchos otros, en obra de culto. Una de esas películas de humor alocado en las que puedes palpar lo bien que se lo están pasando los actores, en especial los exageradísimos villanos –aunque Ben Stiller perpetuamente enfadado también es un hartón de reír–. Su imagen no está nada mal para la época y el aspecto visual de la ciudad, muy obviamente inspirado en Gotham, da el pego lo suficiente. Hay escenas de humor absurdo que son completamente hilarantes,

como la secuencia de entrenamiento en que Ben Stiller lleva sandías por zapatos sin que nadie se lo haya pedido, y su pelea final contra Geoffrey Rush es tan ridícula como aplaudible.

LO MEJOR:
El histrionismo visual y actoral.

LO PEOR:
Que no salga el hombre-zanahoria.

La obra adapta un cómic indie de Bob Burden llamado *Flaming Carrot Comics* –sobre un ridículo superhéroe disfrazado de zanahoria, con el superpoder de la «estupidez zen»–, en el que los Mystery Men eran secundarios habituales y acabaron teniendo su propia publicación *spin-off*. El cómic, que comenzó en una editorial independiente y luego pasó por Dark Horse y por Image, pretendía huir de la típica perfección superheroica y centrarse en personajes que sean verdaderos pringados con poderes mediocres.

CURIOSIDADES:

- Se reaprovecharon algunos decorados de *Batman Forever*.
- Hank Azaria, el Rajá Azul, es uno de más célebres los dobladores de *Los Simpson*. En la escena en que se sienta sobre un tenedor, grita «claibin» como guiño a uno de sus personajes, el profesor Frink.
- Antes de que la dirección recayera en el publicista Kinka Usher, se barajó a Danny DeVito y al propio Ben Stiller para dirigir la película.
- Casi todos los personajes vienen de *Flaming Carrot Comics*, excepto el Chico Invisible, que se creó para la película a partir de una broma que hizo Bob Burden borracho, y la Esfinge, un superhéroe de los años treinta que había pasado a ser de dominio público tras la quiebra de la editorial que lo creó.

M.O.D.O.K.

Organismo mental diseñado para partirnos de risa

M.O.D.O.K. (2021-¿?), Patton Oswalt.
Intérpretes: Patton Oswalt, Melissa Fumero, Aimee Garcia,
Ben Schwartz. **Cómic:** Marvel. **Serie:** Hulu.

El supervillano M.O.D.O.K. –siglas en inglés de «Mental Organism Designed Only to Kill»– compagina su trabajo en el grupo terrorista I.M.A. con una esposa y dos hijos a los que no hace mucho caso, porque su principal objetivo es dominar el mundo. La cosa se complica cuando, a través de viajes en el tiempo, su versión juvenil universitaria decide que su yo del futuro es un pringado y que tiene que acabar con él.

Una serie con la que, si te gusta la animación adulta de humor negro al estilo de *Archer*, te acabará doliendo la quijada de tanto reír. Aunque M.O.D.O.K. siempre ha sido uno de

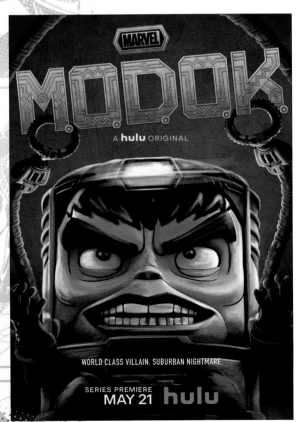

los grandes supervillanos de Marvel, su aspecto físico dificultaba mucho que se lo pudiera trasladar al cine sin que quedase ridículo, así que una serie de animación de humor negro, que se ríe tanto del personaje como con él, era la mejor opción. La enloquecida stop-motion y el humor salvaje recuerdan poderosamente a Robot Chicken, algo lógico si tenemos en cuenta que está animado por el mismo estudio, Stoopid Buddy Stoodios –y que Seth Green anda metido también en la producción–. El nivel de detalle en la imagen resulta espectacular, pero se ha procurado darle a la animación un aire manufacturado.

La historia no forma parte del MCU, ya que su continuidad no encaja con la de este, por mucho que aparezca a menudo Iron Man, sino que es más cercana al ambiente de los tebeos que al del cine. De cualquier modo, se han cambiado varias cosas con respecto al original. En los cómics, George Tarleton era un científico cualquiera de I.M.A. que se convertía en esa cabeza flotante con miniextremidades debido a un experimento. En la serie, es así desde que nació, sin motivo aparente. Además, se ha creado para él a una familia que antes no tenía: una esposa perfectamente huma-

na, una hija cabezona igual que él y un niño normal –aunque algo insoportable–. Lo que sí se ha trasladado muy bien es su clásica rivalidad con Monica Rapaccini, la Científica Suprema de I.M.A., con la que a menudo compite por dirigir la organización.

Encontrarás guiños visuales constantes en segundo término: cada dos por tres se deja caer por el fondo algún personaje olvidado de Marvel o algún lugar común del universo 616. Incluso tenemos al fin un cameo de Fin Fang Foom –¡ya era hora!–. La voz de Oswalt es ideal para M.O.D.O.K., clavando el tono ególatra que le sienta tan bien al personaje, declamando de forma grandilocuente en todo momento, sin importar si está tratando de matar a Iron Man o sentado en la taza del váter.

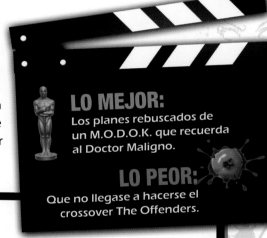

LO MEJOR:
Los planes rebuscados de un M.O.D.O.K. que recuerda al Doctor Maligno.

LO PEOR:
Que no llegase a hacerse el crossover The Offenders.

CURIOSIDADES:

- Inspirados por la serie, Marvel lanzó una miniserie de cómic, también en clave de humor, en la que se añadía a la familia de M.O.D.O.K. creada para la televisión.
- En los cómics, la organización terrorista I.M.A. tiene por objetivo crear una nueva sociedad en que la ciencia sea la base del mundo, las energías sean limpias y no haya desigualdad. Si no fuera porque van por ahí matando gente para lograrlo, serían la mar de majos. Suelen aparecer como enemigos de Los Vengadores desde hace décadas, aunque hace unos años Roberto DaCosta logró acabar con la organización… comprándola para reformarla desde dentro.
- Patton Oswalt ya es un viejo conocido de Marvel, después de aparecer en *Blade: Trinity*, *Agentes de S.H.I.E.L.D.* y *Eternals*.
- Aunque no pudo llegar a aparecer en *Guardianes de la Galaxia vol. 2*, Nathan Fillion ha podido al fin interpretar a Wonder Man en esta serie.
- Otras voces conocidas que se dejan caer por aquí son Jon Hamm como Iron Man y Alan Tudyk como el villano Arcade.

¡POR EL PODER DEL KITSCH!

OBRAS TAN MALAS QUE SON DIVERTIDÍSIMAS

«¡Te has quedado helado, pipiolo!»
—Mr. Frío

¿**S**abes esas películas tan, tan malas que acaban dando la vuelta y volviéndose buenas? ¿Esos hartones de reír que te puedes pegar con locuras como *Sharknado*, *Lavalántula* o *Zombeavers*? Pues el mundo de los superhéroes no está exento de ese tipo de obras. En algunos casos, podemos reírnos de ellas porque les han salido mal «sin querer», como pasa con el que quizás sea ya el mayor clásico de lo que es una desastrosa adaptación, *Dragonball Evolution*. Pero no es de esas películas de las que vamos a hablar aquí, sino de las que tienen algo más, de esas que empiezas a verlas riéndote de ellas y, cuando te quieres dar cuenta, te estás riendo con ellas, porque cogen lo cutre y *camp* de sus planteamientos y medios y se abanderan en ello para que nos echemos unas risas con complicidad.

BATMAN FOREVER

¡Santos homenajes sesenteros, Batman!

Batman Forever (1995), Joel Schumacher.
Intérpretes: Val Kilmer, Tommy Lee Jones, Jim Carrey, Nicole Kidman, Drew Barrymore. **Cómic:** DC. **Película:** Warner.

El cruzado enmascarado se enfrenta a un absurdo plan del Acertijo –llamado en esta ocasión Enigma–, que ha inventado una máquina para robarles el cociente intelectual a los demás y volverse más listo. Para detenerlo, contará con la ayuda del *sidekick* más soso de todos los tiempos.

Joel Schumacher, un directorazo capaz de crear obras maestras como *Última llamada* o *Línea mortal*, se lanzó de cabeza a dirigir una comedia histriónica y disparatada sobre Batman. ¿Por qué? Por su acérrimo fanatismo hacia la serie clásica de Adam West, a la que quiso homenajear con esta obra. Y ese homenaje se puede sentir en cada plano, en cada frase pasada de vueltas y en cada traje de colores chillones. Su objetivo era volver a aquellos locos sesenta, la época colorida y chistosa del dúo dinámico, pero la generación de fans del Batman siniestro y desgarrado montó en cólera ante tamaña afrenta –curiosidad histórica: esta gente ya existía antes de Snyder–.

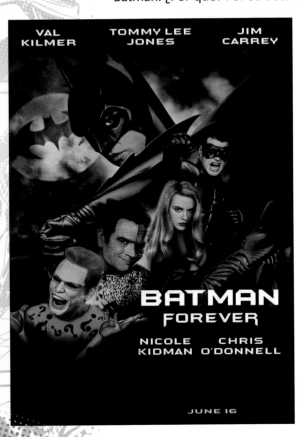

Se hacen ciertas referencias a las películas de Burton, para que nos quede claro que esta sucede en el mismo universo y es su continuación oficial, como cuando Kidman menciona el *affaire* de Batman con Catwoman –amén de que Alfred y el comisario Gordon son los mismos actores–. Pero la película es una canción de amor a la serie de los sesenta en cada segundo de su metraje. Un exceso estético detrás de otro que nos muestra cómo habría sido aquella serie de haber tenido un mayor presupuesto y los medios de treinta años después, algo que hace sin escatimar y sin avergonzarse de su devoción. La mezcla entre el *camp* de los sesenta y la estética videoclipera de los noventa produce resultados lisérgicos y muy divertidos. Los diálogos son tan conscientemente forzados como los

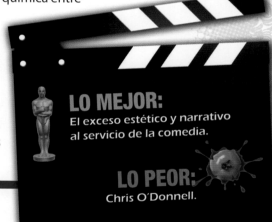

de entonces, los colores excéntricos y los decorados llamativos. ¡Si hasta termina con un plano de Batman y Robin corriendo hacia cámara con las capas al viento, al que solo le falta la pegadiza melodía sesentera!

Val Kilmer es uno de los mejores Batman que hemos vivido, con el nivel de carisma y encanto para un Bruce Wayne como dios manda. Tommy Lee Jones está tan magnífico como en toda su filmografía y Jim Carrey es Jim Carrey, ahora y siempre. Lástima que Drew Barrymore esté ahí de adorno y no tenga ocasión de lucirse más en su vertiente cómica que los fans de *Santa Clarita Diet* conocemos bien. La química entre Kidman y Kilmer es perfecta, cada intercambio de frases es una retahíla de los más obvios dobles sentidos sexuales, que resultan tronchantes por lo pasados de tono. El aspecto visual del Enigma y Dos Caras es fantástico –el estilismo de Carrey parece arrancado del armario de Sir Elton John–, aunque los trajes de Batman y, sobre todo, de Robin son un poco demasiado kitsch hasta para esta **película**: nunca olvidaremos las Bat-pezoneras y los estragos psicológicos que causaron en nuestras jóvenes mentes.

LO MEJOR:
El exceso estético y narrativo al servicio de la comedia.

LO PEOR:
Chris O'Donnell.

CURIOSIDADES:

- Uno de los guardaespaldas de Bruce Wayne al principio de la cinta es un joven Jon Favreau, adelantándose ya al papel de Happy Hogan que haría trece años después.
- También hay un cameo del mismísimo Bob Kane como uno de los invitados de Wayne.
- Cuando Robin propone posibles nombres superheroicos para sí mismo, uno de los que suelta es Nightwing, el que llevaría más adelante en los cómics.
- La primera vez que Arkham Asylum aparece en una película de imagen real.
- Justo antes del clímax, al salir de la trampa subacuática, Robin grita «santo metal oxidado, Batman» como homenaje a Burt Ward.

HOWARD... UN NUEVO HÉROE

¡Atrapado en un mundo que él nunca creó!

Howard the Duck (1986), Willard Huick.
Intérpretes: Chip Zien, Lea Thompson, Tim Robbins.
Cómic: Marvel. **Película:** Universal Pictures – Lucasfilm.

Howard T. Duck, un pato antropomórfico en plena crisis de mediana edad en Mundo-pato, es arrastrado hasta Cleveland por un misterioso fenómeno cósmico. Entabla amistad con una cantante glam, Beverly Switzler, que intenta ayudarle a desentrañar el misterio de su llegada. Howard se abre paso en nuestro mundo con su chulería, sus comentarios hirientes y su maestría en el Quack-Fu.

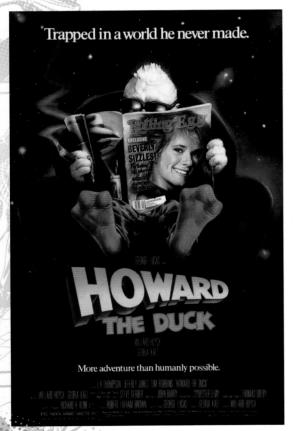

Imagínate el revuelo que se armó cuando, en los ochenta, George Lucas anunció que iba a llevar a cabo la primera gran superproducción basada en un cómic Marvel. Cuando concretó que iba a ser sobre *Howard el Pato*, el lisérgico y soez cómic de Steve Gerber, a todo el mundo se le quedó la cara de un conejo al que le dan las largas. Howard fue creado en el *Adventure into Fear* 19, en 1973, y consiguió serie propia en 1976: un cómic metalingüístico, con un humor ácido para público adulto y que se reía en la cara de los clichés de su propia editorial. Lucas decidió rebajar el tono de humor negro para dirigirla a todos los públicos, pero ni eso la salvó del fracaso: aparte de su patinazo en taquilla, ganó cuatro Razzies y fue nominada a siete Raspberries –premios irónicos a lo peor del cine–, pero consiguió un asombroso culto de seguidores.

La película, la mires por donde la mires, es un hartón de reír. Howard es el superhéroe más borde y reticente al heroísmo que puedas leer. Los efectos especiales son tan risibles como encantadores, Tim Robbins ejecuta el papel más histriónico de su carrera y aún no he podido decidir si me hace más gracia el disfraz del pato o lo en serio que se lo toma Lea Thompson.

A partir de la mitad de la cinta, la trama se va volviendo absurda hasta el dolor de costillas. La escena en la cafetería, cuando el Dr. Jennings intenta explicarles que ha sido poseído por un demonio del espacio, y Howard y Beverly pasan de él y se dedican a hacer bromitas estúpidas, es el súmmum del surrealismo. Momentos tan disparatados como Howard en una avioneta, aterrorizando a unos cazadores de patos al grito de «¡Tora! ¡Tora! ¡Tora!». Y qué decir de la extraña relación entre Howard y Beverly, que nunca te queda claro del todo si son muy amigos o si se gustan, y hasta tienen una escena relativamente subida de tono –que por suerte no va más allá–. Esta película lo tiene todo: ¡incluso un número musical ochentero al final con una canción sobre Howard!

No solo fue la primera superproducción de Marvel –producida por George Lucas, que también tiene nombre de pato–, sino la que abrió el concepto del multiverso. Si en la nueva fase del MCU no tenemos ni que sea un cameo del pato de los ochenta asomando por un portal, todos estos años de construcción narrativa no habrán servido para nada.

CURIOSIDADES:

- Al comienzo de la insuperable serie de cómic *Hulka* de Dan Slott, en el bufete de abogados en el que trabaja Jen, tenemos un cameo de Howard demandando a George Lucas porque «le prometió una trilogía y precuelas».
- En un reportaje sobre el aniversario del estreno, Tim Robbins declaró: «Han pasado 35 años y aún no entiendo de qué iba la película».
- Su fracaso en taquilla estuvo a punto de arruinar a Lucas, pero logró recuperarse vendiéndole a Steve Jobs la división de CGI de Lucasfilms, que acabó convirtiéndose en Pixar.
- Howard ya forma parte del MCU, aunque sea en brevísimas apariciones en las películas de *Guardianes de la galaxia* y esté hecho con CGI en lugar de su adorable disfraz. Lo dobla Seth Green.
- En aquel rocambolesco *crossover* noventero entre Marvel y DC llamado *Amalgam*, en el que fusionaban a superhéroes de ambas editoriales para crear a nuevos personajes, se cruzó a Howard con el malote supremo Lobo, dando lugar al hilarante Lobo the Duck.

AQUAMAN

Brilli-brilli bajo el mar

Aquaman (2018), James Wan.
Intérpretes: Jason Momoa, Amber Heard, Willem Dafoe, Nicole Kidman, Dolph Lundgren. **Cómic:** DC. **Película:** Warner Bros.

Arthur Curry, hijo de un humano –bueno, de Boba Fett– y una atlante, es más conocido como… ¿Namor? No, el otro. En su primera aventura en solitario, tras deshacerse del calzador con el que lo metieron en cierto *crossover*, se enfrenta a su malvado medio hermano, el Amo del Océano, mientras es perseguido por el enloquecido mercenario Black Manta.

Cuesta mucho decidir si es terriblemente mala o brillante, ya que jamás sabremos si el tono autoparódico es consciente o les ha salido de chiripa. Para el paupérrimo nivel de

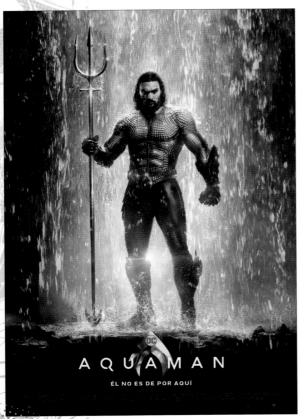

calidad al que el DCEU nos tiene acostumbrados, resulta sorprendentemente entretenida, pero no destacaría en cualquier productora con el listón un poco más alto. La dirección de Wan es impecable, su planificación es excelente y nos da grandes momentos visuales, aunque su CGI envejeció incluso antes de estrenarse. Se hace difícil observar algunas escenas sin tratar de pulsar la barra espaciadora para omitir la cinemática de videojuego de principios de los dos mil que creemos estar viendo. Por suerte, el carisma de Momoa y Heard lo compensa con creces. Ambos han sido meticulosamente seleccionados para alegrar la vista del público, con esas poses sexys de anuncio de colonia que exhiben cada cinco minutos sin venir mucho a cuento, pero además demuestran una vena cómica excelente.

Está claro que Wan se empapó –chiste intencionado– del *Thor* de Kenneth Branagh antes de rodar la historia de un borrachuzo de gran corazón que se enfrenta a su envidioso hermanastro para recuperar el trono, con un arma mística que solo empuñará aquel que sea digno. Pero, si en *Thor* las escenas ambientadas en Asgard eran tan maravillosas como soporíferas las de la Tierra, aquí las secuencias en Atlantis harían bostezar a un pulpo, mientras que los jaleos de Arthur en tierra firme son pura carcajada.

Los diseñadores de CGI sufrían el síndrome del que sabe cuándo empezar, pero no cuándo parar. Básicamente, arramblaron con todos los objetos brillantes de un bazar chino y se los dieron a un diseñador de máquinas tragaperras, advirtiéndole «no quiero un solo plano con menos de doscientas cosas con *brilli-brilli*». Los Stormtroopers raveros que sirven al malo, huidos de un videoclip de Daft Punk, aportan su granito de arena a este resurgir del arte rococó. Aun así, algunos puntos han salido bien: la persecución submarina en la que unos hombres-pez atacan un barco, con un CGI mucho más comedido, resulta visualmente preciosa, así como las escenas de Mera saltando por los tejados de un pueblo siciliano a lo *Assassin's Creed*, divertidas y muy bien rodadas.

En cualquier otra obra, la ausencia de un tono claro que la unifique sería un problema, pero aquí ayuda mucho a no tomársela en serio. Evita que haya escenas que se salen del tono, porque no existe un tono del que salirse. Puedes pasártelo muy bien con *Aquaman* si miras el móvil cada vez que salga Atlantis y prestas atención al resto de escenas. Al fin y al cabo, son mil películas distintas a la vez y, como tal, es normal que algunas gusten más que otras. ¿Te apetece echarte unas risas y entretenerte un rato? Es tu día de suerte. ¿Buscas un guion coherente? Mejor vete a ver *Soldado de Invierno*. Tampoco te la recomiendo si sufres de epilepsia en cualquiera de sus niveles de intensidad.

LO MEJOR:
Lo bien que se lo pasa Momoa haciendo posturitas «kawaii» a lo Sailor Moon.

LO PEOR:
Las dioptrías que ganas si miras mucho rato los fondos de Atlantis.

CURIOSIDADES:

- El absurdo cameo de un pulpo tocando la batería está sacado de un cómic de *Aquaman* de los años cincuenta.
- James Wan es fan confeso de H.P. Lovecraft y sus escalofriantes escenas con hombres-pez en las fosas abisales lo demuestran.
- El plano en el que Arthur cabalga un caballito de mar es un homenaje a la secuencia de créditos de la serie animada de Aquaman de 1967.

PILOTOS Y PELÍCULAS FALLIDAS DE MARVEL

Despiporre en el todo a cien

Nos hemos acostumbrado a que el logo de Marvel al principio de una película sea sinónimo de calidad, pero no siempre fue así. Durante décadas, la editorial se las vio y se las deseó para sacar adelante algún proyecto audiovisual. Mientras la Distinguida Competencia arrasaba en la tele –*Batman* de Adam West– y el cine –*Superman* de Donner y *Batman* de Burton–, la Casa de las Ideas no calaba en estos mercados. Su único éxito había sido la serie *El increíble Hulk* y sus posteriores telefilmes. A lo largo de la segunda mitad del siglo XX, se intentaron llevar a cabo una serie de proyectos que no lograron despegar, hasta que llegó *Blade* y salvó a la editorial. Unos pocos tuvieron especial gracia.

LO QUE NO PUDO SER

Además de los mencionados, Marvel pasó décadas preparando proyectos televisivos de los que no llegó a rodarse siquiera el piloto. Algunos de los más curiosos son:

- *Namor*, en los años cincuenta, lo iba a protagonizar Richard Egan.
- *Daredevil y la Viuda Negra*, en 1975, producida por Angela Bowie –la exmujer del cantante–, que además pensaba interpretar a Natasha.
- *Daredevil*, en 1983, cuyo piloto no rodado lo escribió Stirling Silliphant, ganador del Oscar en 1967 por *En el calor de la noche*.
- Una serie de *Thor* y otra de *Daredevil* a finales de los ochenta. Para intentar colarlas, se introdujo a los personajes en los telefilmes de *El increíble Hulk* de Lou Ferrigno, para ver si atraían al público.
- *Hulka*, que iba a coprotagonizar el tercer telefilme de Hulk, con el mismo objetivo: presentarla de cara a un *spin-off*. La idea se desechó de antemano y la buena de Jen Walters no llegó a aparecer en la película.
- *Bloodstone*, en 2001, una serie que no habría protagonizado la actual heroína Elsa Bloodstone sino su padre, el villano clásico Ulysses Bloodstone.
- *Hijas del Dragón*, también en 2001. Se empezó a escribir una serie protagonizada por Colleen Wing, pero, por algún motivo, en lugar de su eterna compañera Misty Knight, se le añadían unas *sidekicks* inventadas. Se canceló y al final pudimos ver a Knight y Wing en la serie *Iron Fist* –y esperamos verlas muy pronto pateando villanos en el MCU–.
- *Hellfire*, en 2015, iba a ser un *spin-off* de *X-Men: Primera generación*, producido por Fox, ambientado en los sesenta y centrado en el infame Club Fuego Infernal.

DOCTOR EXTRAÑO

Dr. Strange (1978), Phillip DeGuere Jr, Universal Pictures.
Con Peter Hooten, Jessica Walter, Clyde Kusatsu.

La hechicera Morgana LeFay vuelve a la Tierra desde una dimensión oscura para esclavizar a la especie humana. El Hechicero Supremo actual está ya un poco estropeado y decide pasarle el relevo a Stephen Strange para que la detenga.

Se rodó como el piloto de una posible serie de televisión, pero la CBS no se dejó convencer y acabó estrenándolo como telefilme. Su principal fallo es tomarse demasiado en serio y pretender una épica que no tiene, un error garrafal en un producto con tan pocos medios, que habría funcionado mejor en un tono más desenfadado. Dieron un toque al personaje que lo alejaba del original: en el telefilme, Strange es «el Elegido» por motivos aleatorios y, sin tener ni idea de magia, le otorgan poderes, mientras que la gracia del personaje siempre fue que es un héroe por su propio esfuerzo y por hincar los codos. También se ha cambiado su profesión de cirujano a psiquiatra.

Otra invención para esta funesta adaptación fue un Hechicero Supremo anterior que le pasaba el testigo. Aunque se lo sacaran de la chistera, su físico recuerda al del Doctor Druida de los cómics, un probable guiño intencional. El Doctor Druida fue el primer intento de Marvel de hacer un superhéroe algo distinto y debutó en 1961. Se trataba de un hechicero bajito, de edad avanzada, calvo y con tripa cervecera, un atrevimiento que creían que arrasaría frente a los tópicos superhéroes guaperas. La cosa no salió bien y Druida no duró mucho, pero a Stan Lee se le quedó el comecome de tener a un hechicero y creó al Doctor Extraño: básicamente el mismo personaje, pero en versión sexy.

El villano en las sombras es nada menos que el Sin Nombre, un monstruo de la Marvel clásica, pero su confección resulta ridícula: un muñeco de plástico cubierto de purpurina, con una terrible stop-motion y que, gracias a Agamotto, no sale demasiado. Si por algo vale la pena echar un vistazo a esta rareza es por las risas y, sobre todo, porque Jessica Walter –la gran Lucille Bluth de _Arrested Development_– está espectacular como Morgana.

CURIOSIDADES:

- Morgana LeFay es una villana recurrente en Marvel. Fue ella quien instruyó al Doctor Muerte en la magia negra. En _Runaways_ la interpreta Elizabeth Hurley.
- Morgana tuvo el honor de ser la primera de todos los villanos de Marvel en adaptarse a imagen real. Hasta entonces, tanto en los seriales del Capitán América como en la serie de Hulk, se empleaba a los superhéroes pero con nuevos enemigos que no venían de los cómics.

CAPITÁN AMÉRICA

Captain America (1990), Albert Pyun, Marvel Enterprises.
Con Matt Salinger, Ronny Cox, Scott Paulin, Francesca Neri.

En este caso, no hablamos de otro piloto televisivo sino de una película rodada para cines, una coproducción estadounidense-yugoslava que sacó adelante la propia Marvel. Se rodó con la intención de estrenarse en la gran pantalla, pero tuvo tantos problemas que acabó saliendo directa a vídeo –a excepción de unas pocas salas–. Ya se habían grabado en 1979 dos telefilmes del Capi como pilotos fallidos de una serie que jamás llegó a hacerse, pero aquellos son tan rematadamente malos que no tienen cabida siquiera en este capítulo.

Originalmente, la película la preparaba Universal, con planes mucho más ambiciosos, como que al Capi lo interpretase Jeff Bridges y Cráneo Rojo fuera Peter Fonda –qué curioso, ambos han sido villanos Marvel años después–. Por lo que fuera, Universal desechó el proyecto y Pyun se encontró con una financiación raquítica de Marvel Enterprises, así que hizo lo que pudo. El argumento cambia varias cosas, pero mantiene lo básico: Steve Rogers participa en un experimento para convertirse en supersoldado en la Segunda Guerra Mundial, lucha contra Cráneo Rojo, queda criogenizado en el fondo del Ártico y se despierta en la actualidad –bueno, en los noventa– para seguir haciendo sus cosas de superhéroe.

Hay curiosos cambios, como que Cráneo Rojo no sea alemán sino italiano, o sustituir al doctor Abraham Erskine por una tal doctora Maria Vaselli. Cráneo tiene una hija que está igual de chalada que él, como en los cómics, pero en lugar de llamarla Sinthea la han llamado Valentina. Se sustituye a Peggy Carter por Bernie Rosenthal, que fuera la novia de Steve durante mucho tiempo en los cómics, solo que aquí es el amor de Steve en los años cuarenta, en lugar de tras su descongelación. El origen de Sharon Carter también cambia: en lugar de ser hija de Peggy –después nieta, después sobrina… qué confusa es la continuidad Marvel, que venga el agente Mobius–, lo es de Bernie y no es agente secreta ni nada.

La película tiene cosas buenas. La escena inicial, en la que los nazis raptan al niño prodigio al que convertirán en Cráneo Rojo, está muy bien hecha, así como su primera pelea

contra el Capi –que Joe Johnston homenajearía en la escena de la fábrica–. Lástima que, para las escenas en el presente, alguien decidiera que Cráneo tendría mejor aspecto si se había hecho la cirugía estética para no parecer una calavera, porque a partir de ahí lo que parece es un Muñeco del Guiñol de Ortega Cano. Matt Salinger no será tan guapo como Chris Evans –para qué nos vamos a engañar, ninguno lo seremos jamás–, pero da el tipo como Capitán América. La película va degenerando y llega a extremos tan rocambolescos que Cráneo Rojo asegura haber asesinado a Kennedy, a Martin Luther King o incluso a Elvis Presley.

CURIOSIDADES:

- En una escena aparecen unos niños que mencionan no solo al Capi, sino también a Namor y la Antorcha Humana, los primeros superhéroes de Marvel. ¿Guiño, o intento de engendrar un universo cinematográfico?
- Matt Salinger es el hijo del mítico escritor J.D. Salinger, autor de *El guardián entre el centeno*.

LOS CUATRO FANTÁSTICOS

The Fantastic Four (1994), Oley Sassone, Constantin Film.
Con Alex Hyde-White, Jay Underwood, Rebecca Staab, Michael Bailey Smith.

Si un cómic de superhéroes revolucionó el mundo en su momento, sin duda fue *Los 4 Fantásticos*, la primera historia del género con héroes que tenían personalidades propias y diálogos reconocibles. Tal fue su relevancia que al universo de las viñetas se le dio el nombre de Tierra-616 en honor al nº 1 de esta serie, la que dio inicio a la Era Marvel: el cómic salió a la venta en junio de 1961 –es decir, 61-6–, pero por entonces se tardaba una eternidad en distribuir un tebeo por todo Estados Unidos, así que se les ponía fecha posterior para que los posibles lectores no pensaran que era un número atrasado, de ahí que en su portada ponga que es de noviembre.

Pese a la importancia del tebeo, que desde su origen ha llevado siempre el subtítulo «El mejor cómic del mundo», la presencia de Constantin Film nunca ha dejado que se le

haga justicia. Esta productora alemana se apropió de los 4F cuando Marvel estaba en horas bajas y vendía sus derechos fílmicos a la desesperada, motivo por el que Sony se quedó a Spider-Man, Universal a Hulk o Fox a los X-Men. El contrato estipulaba que debían comprometerse a estrenar un producto sobre los personajes una vez por década, o sus derechos volverían a Marvel. En 1994, se apresuraron a lanzar esta delirante película de serie Z, para que no se les echara el tiempo encima. Desde entonces han sacado otra cada diez años, para conservar los derechos: la primera en 2005 y la segunda en 2015, ambas en coproducción con Fox para no repetir los resultados de su primer intento –aunque la de 2015 les quedó incluso peor–.

Encargaron la adaptación al Pietro Maximoff del cine barato: Roger Corman, una leyenda de la serie B, capaz de finiquitar una película en apenas una semana. Corman buscó a un director de encargo para rodar la película en un par de días y estrenarla en una única sala de cine ante un público ínfimo, lo justo para considerarla oficialmente estrenada y que Constantin no perdiera la licencia. El mísero presupuesto se fue en el traje de La Cosa. Una vez firmado el papeleo, Constantin destruyó los negativos para que aquella abominación no

volviese a ver la luz y Marvel pasó años negando su existencia, asegurando que era una leyenda urbana. Pero acabó abriéndose paso hasta internet gracias a una copia casera en VHS que alguien había logrado sacar antes de la quema. La calidad de imagen del vídeo que hay en la red a día de hoy es incluso peor que la que ya de por sí tenía la cinta.

Narra el origen clásico de los 4F y cómo el Doctor Muerte intenta robarles los poderes. Pero es curiosa la cantidad de secundarios de los cómics que aparecen: Alicia Masters, Lyja la skrull, Weasel –el *sidekick* de Deadpool– y un personaje espeluznante al que han llamado El Joyero, pero que parece una mezcla entre el Hombre Topo y el Pingüino. Los únicos rostros conocidos que encontrarás son George Gaynes –el comandante Lassard de *Loca academia de policía*, o el padre adoptivo de *Punky Brewster*–, que apenas sale un poco al principio, y Mercedes McNab –Harmony de *Buffy, cazavampiros*, o la insufrible girl scout de *La familia Addams*– como la Sue Storm adolescente.

Una película terrible, pero muy curiosa de ver. La capacidad de Corman para salir del paso con un proyecto tan aberrante y cobrar su cheque dos días más tarde resulta abrumadora.

CURIOSIDADES:

- Mark Ruffalo hizo el casting para ser el Doctor Muerte en esta adaptación y Renée O'Connor –Gabrielle de *Xena: La princesa guerrera*– para ser Sue Storm.
- Julian McMahon, el Doctor Muerte de la versión decente de los 4F, se hizo famoso interpretando a Cole, el interés romántico de Phoebe en *Embrujadas*. Cuando se transformaba en Belthazor, aquel bicharraco rojo y negro, lo interpretaba Michael Bailey Smith, La Cosa de la versión del 94.
- El edificio Baxter es el mismo que se usaría veinte años después para las oficinas de Catco en *Supergirl*.
- El actor que interpreta al Doctor Muerte volvió a Marvel mucho después, como el presidente Franklin Delano Roosevelt en *Agentes de S.H.I.E.L.D.*

GENERACIÓN X

Generation X (1996), Jack Sholder, New World Entertainment.
Con Finola Hughes, Jeremy Ratchford, Matt Frewer, Heather McComb.

La Escuela Xavier, dirigida por Emma Frost y Banshee, acoge a mutantes con problemas para integrarse en la comunidad, como Júbilo, Pellejo, Monet o Mondo. En esta aventura, se enfrentan al científico Russell Tresh, con la habilidad de invadir los sueños ajenos, un villano creado para la ocasión, que resulta una curiosa mezcla entre Donald Pierce y el Rey Sombra.

Generación X fue un cómic muy de los noventa, cuyo título hacía referencia a la generación que por entonces pasaba la adolescencia –los nacidos entre 1970 y 1985–. Pretendía reflejar en sus páginas la actitud de los jóvenes de la época, irónica, posmoderna y adicta a la cultura popular, lo que fueron los Nuevos Mutantes en los ochenta o lo que son los Campeones para la generación Z. Dentro de la pesadilla que fueron los noventa para los tebeos de superhéroes, este no era de los peores, se dejaba leer y era más entretenido que otras obras más _edgy_ con exceso de testosterona y bolsillos.

La adaptación es divertida y no está nada mal. Puedes verla a día de hoy y su nivel de calidad está bastante por encima de otros proyectos mutantes como _X-Men Orígenes: Lobezno_, _X-Men: Apocalipsis_ o _X-Men: Fénix Oscura_. El telefilme es consciente de sus limitaciones y de no ser ninguna obra maestra, así que procura tomarse las cosas con humor y tiene diálogos muy graciosos –sobre todo los de Emma Frost–.

La imagen es videoclipera a más no poder y recuerda a los anuncios de la época, todo parece salido de un videoclip de Faith No More. Lo tiene todo: máquina de humo, planos inclinados a lo Tony Scott, colores vibrantes como los de _El mundo de Beakman_ y una loquísima iluminación expresionista. Los héroes visten de paisano a la moda grunge, aunque la aparición final de una de las protagonistas con un llamativo uniforme rojo lanza un _cliffhanger_ para dar paso a la serie que, tristemente, nunca llegó. Total, para luego en su lugar hacer aquel horror de _Mutante X_, un batiburrillo de Marvel Studios para poder hacer una serie apócrifa de X-Men sin entrar en conflicto con Fox y que es incomprensible cómo aguantó tres temporadas.

Emma Frost es lo mejor de la obra, con un carácter mucho más cercano al de la antiheroína original –una de las mejores de Marvel– que el que tendría la versión de January Jones. Y, por supuesto, la presencia de Matt Frewer como villano lo hace todo mucho mejor, con su hilarante histrionismo, similar al de Jim Carrey en _La máscara_ o Christopher Lloyd en todas sus películas.

El inicio recuerda a la serie animada de 1992, con una Júbilo metida en líos y rescatada por los X-Men, para presentárnoslos a través de sus ojos. En los ochenta y noventa, pare-

cía que Júbilo fuera a ser el personaje mutante estrella, hasta que Bryan Singer decidió hacer lo mismo –pero mucho más aburrido– con su insulsa versión de Pícara.

Algunos cambios curiosos: Mondo, que en los cómics puede transformarse en su entorno –una pared de ladrillos, o un montón de tierra con árboles encima–, cambia para tener los poderes del Hombre Absorbente, similares pero más fáciles de explicar. Buff y Refrax fueron creados para la película, sustituyendo a otros dos que habrían resultado muy caros. Los productores querían a Cámara, un personaje maravilloso –y con uno de los mejores diseños visuales que te puedas encontrar–. Cámara está hueco por dentro y lleno de energía atómica, pero le falta la mandíbula inferior y en su lugar solo emana luz y llamas. La otra a la que eliminaron fue Vaina, la hermana de Bala de Cañón, con el poder de arrancarse la piel y emerger convertida en materiales aleatorios. Ambos habrían necesitado mucho CGI y maquillaje, así que en su lugar se puso a una chica con superfuerza y un *cani* que lanzaba chispitas por los ojos. Una pena, porque nos quedamos sin dos de los mejores X-Men.

CURIOSIDADES:

- Este piloto se rodó ya en la misma mansión que luego emplearía Singer para su saga.
- Jeremy Ratchford interpreta a Banshee, al que ya dio voz en la serie del 92. A Finola Hughes, la actriz que encarna a Emma Frost, puede que la recuerdes como la madre de las Halliwell en *Embrujadas*. Y el villano, Matt Frewer, se convirtió en leyenda con su serie *Max Headroom*, aunque también ha pasado por *Watchmen*, *Fear the Walking Dead*, *The Magicians*, *The Librarians*, *Eureka* y un millón más.

NICK FURIA: AGENTE DE S.H.I.E.L.D.

Nick Fury: Agent of Shield (1998), Rod Hardy, 20th Century Fox.
Con David Hasselhoff, Lisa Rinna, Sandra Hess, Neil Roberts.

O tro piloto fallido para una serie que podría haber sido muy divertida. Ya hace años que el legendario espía Nick Furia se retiró, pero se ve obligado a volver para pararle los pies a Hydra, que planea atacar Manhattan con un arma biológica. Marvel intentaba por primera vez lanzar una serie que se centrase en los agentes de S.H.I.E.L.D. en lugar de los superhéroes, pero la cosa no acabó de cuajar. La idea se retomaría quince años después para la serie de Coulson. La imagen está mucho más lograda que en anteriores ocasiones –*Doctor Extraño*, *Power Pack* o *Generación X*– y se nota mayor calidad de producción.

Si te has fijado, en estas producciones televisivas, nunca aparece un villano importante al que todos esperemos, sino alguno de menor categoría. Al estar pensados como primer episodio de una serie, Marvel se guardaba a los villanos conocidos para más adelante, como final de temporada. En el caso que nos ocupa, la villana en cuestión sí tiene

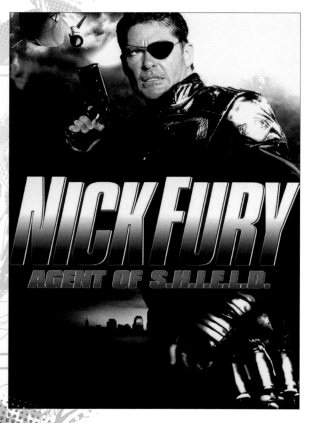

relevancia en los cómics y al final del piloto emplea el clásico truquito de escapar jurando venganza, con lo que podría haber sido la némesis principal de la temporada. Es curioso el personaje elegido, que fusiona a dos en una: Andrea Von Strucker –la hija del barón– y Víbora –la líder de Hydra–, a saber por qué.

El telefilme contiene a varios personajes importantes del entorno de S.H.I.E.L.D., además de Andrea Von Strucker. También está su hermano gemelo –como te mencioné al hablar de *The Gifted*, estos dos mutantes se hacían llamar Fenris–, el propio barón, Arnim Zola, Dum Dum Dugan, el agente Clay Quartermain, Alexander Pierce –Robert Redford en *Soldado de Invierno*– o el eterno interés romántico de Furia: la condesa Valentina Allegra de Fontaine –a la que vimos al final de *Falcon y el Soldado de Invierno* y en la poscréditos de *Viuda Negra*–.

La historia tiene los clichés necesarios para una película de espías de toda la vida: su escena en el laboratorio donde le presentan al héroe un montón de chismes pasados de vueltas; sus malvados alemanes que hablan entre ellos en inglés con acento; su *fem-*

me fatale que seduce al héroe para mosqueo de la heroína y sus rebuscados planes malignos. Y, por encima de todo, tiene a Hasselhoff, que ha nacido para interpretar a Furia. Un héroe testosterónico y chulesco que fuma puros y suelta burradas sin parar, como esta perla de diálogo que tiene con su superior:

– Volvemos a vernos, Furia.
– Sí, eres de esos tíos que vuelven a salir a flote por más veces que uno tire de la cadena.

CURIOSIDADES:

- Alexander Pierce asegura que se formó como agente secreto en la exclusiva Academia Kirby, un guiño al legendario dibujante.
- Escrita por David Goyer, guionista de la bat-trilogía de Nolan y la saga *Blade*.

DIRECTO A LA PANTALLA

SUPERHÉROES QUE NO ESTÁN BASADOS EN CÓMICS

> *«La vida es un cómic.»*
> *–Superlópez*

Aunque el cine superheroico tiende a estar formado, en su inmensa mayoría, por historias adaptadas desde las viñetas, también se da el caso, de vez en cuando, de que un director decida crear su propio superhéroe para la pantalla en lugar de recurrir al cómic como fuente de inspiración. Vamos a terminar este libro antológico repasando algunas de las obras más memorables que no surgieron de la tinta y el papel, sino que se plasmaron directamente en el celuloide –o los megapíxeles, que estamos ya en el futuro– sin pasar por la casilla de salida.

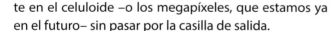

LOS INCREÍBLES 1 Y 2

La mejor adaptación de los 4 Fantásticos jamás producida

The Incredibles (2004) / The Incredibles 2 (2018), Brad Bird.
Intérpretes: Craig T. Nelson, Holly Hunter, Jason Lee, Samuel L. Jackson, Wallace Shawn.

Los superhéroes Mr. Increíble y Elastigirl abandonan la lucha contra el crimen y forman una familia. La aparición de un misterioso villano de su pasado les obliga a retomar las mallas y formar equipo con sus hijos, los Bart y Lisa del mundo heroico.

Antes de que el MCU debutara en 2008, ya hubo una película que era cien por cien Marvel… solo que sin serlo. Un derroche de diversión de Pixar que exuda espíritu de la *Silver Age* de los cómics. Su influencia más obvia, de la que no se esconde, son los 4 Fantásticos, a los que evoca ya desde el concepto de una familia de superhéroes, que es una fusión entre los Richards-Storm y los Simpson.

Puro humor desenfadado para todos los públicos, sin dejar de tocar temas serios y lidiar con la violencia –además de las bromas más adultas que Pixar suele incluir para

disfrute de los padres–. Resulta curioso que una cinta «para niños» tenga como temas la crisis de mediana edad, la añoranza de la juventud y el temor a la infidelidad. Probablemente la historia no esté tan pensada para el público infantil como nos la vendieron, sino más bien para padres frikis que rondaban la cuarentena y habían crecido leyendo a Stan Lee. Visualmente, una gozada, con alucinantes diseños de uniformes y de tecnología villanesca. Las escenas de acción no tienen nada que envidiar a las de Jon Favreau, ni la banda sonora épica de Michael Giacchino a las de Elfman, Williams o Silvestri.

Pese a ser una historia creada directamente para la pantalla, el desfile constante de superhéroes imaginativos y frescos está imbuido de un gran amor hacia la Marvel clásica –aunque con ciertos tintes de *Watchmen*–. Toca los tropos del género con mano experta y muchos personajes son guiños a los tebeos –Frozono es el Hombre de Hielo, el Socavador es el Hombre Topo, Ultravisión es Cíclope, Syndrome es Arcade–. Algunos tienen nombres tan maravillosos como Stratogirl, Dynaguy, Stormicide o mi favorito, Bomb Voyage.

La secuela, estrenada catorce años más tarde, es incluso más emocionante y redonda. Centra el protagonismo en Elastigirl, que en la primera quedaba relegada a un segundo plano, y se convierte en una historia de espionaje que recuerda a la miniserie de la Mujer Invisible como agente de S.H.I.E.L.D. –aunque esta salió un año después que la película–. El apartado gráfico es aún más impresionante, los balanceos de Elastigirl entre los rascacielos son puro Spider-Man y podemos disfrutar de muchos más héroes vistosos con poderes imaginativos –un aplauso a Reflujo, un anciano que vomita ácido corrosivo–.

LO MEJOR:
El tono de aventuras desenfadadas que evoca a los cómics de los sesenta.

LO PEOR:
El doblaje al castellano de la primera, lleno de famosos que no son dobladores profesionales, como Esther Arroyo, Ana Rosa Quintana o Carlos Herrera.

CURIOSIDADES:

- La diseñadora Edna Mode fue doblada por el propio Brad Bird.
- Cuando salió la película, si llamabas al teléfono que aparece en la tarjeta de Mirage, la voz grabada de su dobladora te daba la dirección de una web. Si entrabas a esa web e introducías ese mismo número como contraseña, podías acceder a escenas eliminadas que no aparecían en el DVD.
- Los dos ancianos que comentan al final que «la vieja escuela es la mejor escuela» son Frank Thomas y Ollie Johnston, dos animadores de la Disney clásica –*Blancanieves*, *Pinocho*, *Dumbo*, *Bambi*–, tanto en rostro como en voz.
- A Honey, la mujer de Frozono, la dobla Kimberly Adair Clark, una empleada de recursos humanos de Pixar cuya voz le hacía mucha gracia a Bird.
- Se eligió a Jason Lee para doblar a Syndrome por su actuación en *Dogma*. Brad Bird es fan del cine de Kevin Smith y hasta le hace un pequeño homenaje: cuando conocemos a Buddy de pequeño, Mr. Increíble lo llama Brody, que era el personaje de Lee en *Mallrats*.

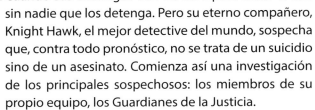

LOS GUARDIANES DE LA JUSTICIA

¿Pero qué locura es esta?

The Guardians of Justice (2022), **Adi Shankar.**
Intérpretes: Dallas Page, Tiffany Haynes, Denise Richards, Jane Seymour, Will Yun Lee, Christopher Judge.

Marvelous Man es el más grande de los superhéroes, un alienígena casi indestructible y rebosante de bondad. Harto de ver cómo la humanidad sigue destruyéndose a sí misma, se suicida en directo en televisión, con una bala hecha del único material que puede matarlo: un fragmento de un meteoro venido de su planeta. La consternación general y el caos se desatan cuando sus enemigos ven vía libre para hacer el mal sin nadie que los detenga. Pero su eterno compañero, Knight Hawk, el mejor detective del mundo, sospecha que, contra todo pronóstico, no se trata de un suicidio sino de un asesinato. Comienza así una investigación de los principales sospechosos: los miembros de su propio equipo, los Guardianes de la Justicia.

Una nueva reimaginación de la Liga de la Justicia –porque, al parecer, no teníamos suficientes–, en clave humorística, pero trepidante y violenta, al estilo de *The Boys* pero mucho más lisérgica, con tanto frikismo por metro cuadrado como histrionismo en todas sus formas. Lo que más llama la atención es cómo combina la acción real con escenas de animación 2D al estilo de las series animadas estadounidenses de los noventa, otras con muñecos de arcilla en stop-motion, otras al estilo de los videojuegos en 8 bits e incluso algunas que animan recortes de papel.

Los personajes son obvias parodias de los héroes de DC. El protagonista, Knight Hawk, es puro Batman, combinando su faceta oscura actual con la *camp* de la serie de los sesenta –en su primera aparición suena una melodía que imita a la de la serie de Adam West y en sus escenas de acción tienden a aparecer onomatopeyas escritas–. Marvelous Man es Superman, King Tsunami es Aquaman, Golden Goddess es Wonder Woman, Speed es Flash, Awesome Man es el Capitán Marvel, Blue Scream es Canario Negro, Black Bow es Flecha Verde, Addison Walker es Amanda Waller, Little Wing es Robin y Red Talon es Nightwing. También los villanos imitan a los de Batman, con un Mr. Smiles que es claramente el Joker y un The Demander que es el Acertijo. Incluso hay alguno que otro salido de Marvel, como esa parodia de Spider-Man llamada Sepia Spider. Y Christopher Judge –Teal'c de *Stargate SG-1*– está desternillante como un presidente ultrafascista de Estados Unidos que parodia muy obviamente a Trump.

Adi Shankar, creador de la serie, es el mayor frikazo que te puedas imaginar. Su compañía, Bootleg Universe, empezó como un canal de YouTube en el que hacía cortos de aficionado sobre los personajes de ficción que le gustaban y fue creciendo hasta que Shankar llegó incluso a ser el productor de *Dredd* en 2012. La serie puede parecer a primera vista una sarta de tonterías, pero encierra una crítica muy inteligente, que deconstruye tanto el género superheroico como el momento actual en que se encuentra la sociedad occidental.

LO MEJOR:
El frikismo intenso y las locuras visuales.

LO PEOR:
En ocasiones, la factura resulta un tanto amateur.

CURIOSIDADES:

- El propio Adi Shankar interpreta al villano Logan Lockwood, su parodia de Lex Luthor.
- No solo hay guiños a DC: el psiquiatra de Marvelous Man –que, por algún motivo, parodia al villano de *Golpe en la pequeña China*– se llama Ravencroft, como el manicomio en el que encierran a los villanos de Marvel.
- Denise Richards interpreta a la viuda de Marvelous Man, Laura Lang, una mezcla entre Lana Lang y Lois Lane.
- Entre los cortos fan que ha hecho Shankar, los hay sobre James Bond, los Power Rangers, Venom, Punisher, e incluso un curioso corto sobre el pasado de Mr. Rogers –un entrañable presentador de televisión infantil muy célebre en Estados Unidos– como héroe de guerra.
- Llamar al protagonista Knight Hawk también es un guiño a Marvel, que tiene su propia parodia de Batman llamada Nighthawk.

DARKMAN

Vendas, gabardina y angulaciones de cámara

Darkman (1990), Sam Raimi.
Intérpretes: Liam Neeson, Frances McDormand, Larry Drake, Ted Raimi.

E l brillante científico Peyton Westlake ha inventado una piel sintética para curar deformaciones, pero no acaba de funcionar del todo, porque se derrite al cabo de hora y media. Cuando unos mafiosos hacen estallar su laboratorio, desfigurándolo y dándolo por muerto, Peyton recurre a su invención para convertirse en Darkman, un sangriento vengador que puede adoptar el rostro de cualquiera. Y no parará hasta acabar con todos los miembros de la banda que le destrozó la vida.

Antes de meterse de lleno en Marvel con su célebre trilogía arácnida, el maestro del terror ya hizo sus pinitos en el género superheroico, en esta ocasión con un antihéroe que él

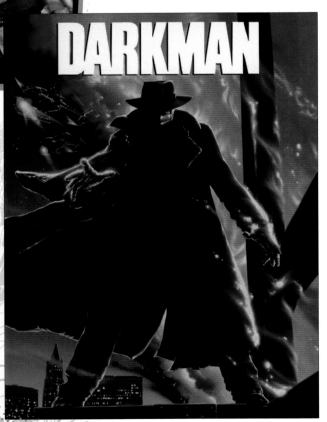

mismo se inventó, directo para el cine. La película es divertida, brillante y siniestra, Raimi en estado puro, con poco que envidiar a su clásica trilogía *Posesión infernal*. Esta fue, en realidad, su primera obra *mainstream*, después de que sus orígenes como genio de la serie B le proporcionaran una legión de seguidores de culto. Peter Travers, de la Rolling Stone, la definió en el momento de su estreno como «el Fantasma de la Ópera dirigida por los hermanos Marx» y aseguraba que Raimi había inventado algo llamado *high-camp*, es decir, una película de alto presupuesto pero con espíritu de obra cutre de serie B. Eso sí, disfrutable a más no poder, gracias a la inimitable maestría visual de Raimi.

La cinta tiene un montón de imágenes muy potentes, de cuando Raimi suplía la falta de medios con mucha imaginación en los planos –aunque de eso no le falta a día de hoy, por mucho más caras que sean sus producciones–. El encadenado del cementerio es magistral, cuando la imagen de Frances McDormand gritando ante la explosión que «mata» a Peyton se funde con una

de ella misma llorando en su funeral. Por si no nos quedaba claro el tono, la banda sonora de Danny Elfman lo acaba de encauzar y, por si no sabíamos quién la había dirigido, el cameo de Bruce Campbell al final no deja lugar a dudas.

Raimi quiso homenajear a los monstruos clásicos de la Universal, a los antihéroes trágicos como el Hombre Invisible –de ahí las vendas y la gabardina–, el Hombre Elefante o el Fantasma de la Ópera y, al mismo tiempo, a los superhéroes de la Golden Age de Marvel y DC. Darkman es un héroe violento y brutal, cuyo trauma fundacional le ocasionó un grave trastorno y problemas de control de la ira: la explosión lo volvió inmune al dolor e incapaz de sentir ninguna sensación física, pero a la vez causó que la adrenalina fluya incesantemente por su cuerpo, volviéndolo mucho más fuerte y ágil.

LO MEJOR: Su infinita imaginación visual.

LO PEOR: Sus secuelas.

CURIOSIDADES:

- Jove Books publicó la novelización de la película de forma simultánea a su estreno, escrita por Randall Boyll. A lo largo de la década de los noventa, Boyll escribió cuatro novelas más sobre el personaje.
- Para las secuelas –directas a vídeo y sin Raimi–, Neeson ya no estaba disponible, así que, con la excusa de que el personaje podía cambiar de rostro, se le sustituyó por Arnold Vosloo, el Imhotep de *La Momia*.
- Raimi quería a su amigo Bruce Campbell como protagonista, pero al estudio no le parecía lo bastante buen actor. Tuvo que conformarse con el cameo final.
- Marvel sacó un cómic que adaptaba la película en 1993 y luego una miniserie con nuevas aventuras de Darkman. Después, como casi todos los superhéroes de estilo *pulp* que no pertenecen a ninguna de las dos grandes *majors*, acabó en Dynamite Comics.
- Los hermanos Coen le echaron una mano revisando el guion, como casi siempre. Raimi y los Coen son buenos amigos y suelen colaborar mutuamente en sus películas. Los Coen llegaron a dirigir una película escrita casi enteramente por Raimi, *El gran salto*, y este a su vez una escrita por ellos, *Crimewave (Ola de crímenes… ola de risas)*.

HÉROES

Salva a la animadora, salva el mundo

Heroes **(2006-2010), Tim Kring.**
Intérpretes: Jack Coleman, Adrian Pasdar, Milo Ventimiglia, Hayden Panettiere, Masi Oka, Zachary Quinto, Ali Larter, Kristen Bell.

Un grupo de personas sin relación aparente desarrolla superpoderes y, aunque no tengan ninguna intención de ser superhéroes –bueno, excepto uno de ellos que es un pedazo de friki–, tendrán que unir sus esfuerzos para evitar una catástrofe.

Una historia-río muy innovadora en su primera temporada, que nos sorprendió con un segundo año también muy digno, con un nuevo y escalofriante villano interpretado por David Anders. Por desgracia, fue perdiendo fuelle a partir de ahí, con una tercera temporada que se dejaba ver, pero cuyos estirados argumentos se iban volviendo derivativos, desembocando en una cuarta y última que resultó una verdadera tortura para cualquiera que fuese capaz de aguantarla entera –personalmente, no conozco a nadie que lo hiciera–. Una lástima, una serie que comenzó revolucionando el panorama televisivo, pero degeneró tanto que a nadie le dolió su cancelación. Aun así, sus dos primeros años son muy recomendables. Se jugaba de forma inteligente con los tropos del género, retorciendo clichés para crear una historia fresca y sorprendente. Los efectos especiales no estaban nada mal y las subtramas atrapaban y hacían que quisieras saber más.

Nos dejó algunos personajes muy carismáticos, como Hiro Nakamura, Nathan Petrelli o Bennett, el único que no tenía poderes y el más *badass* de todos. Kristen Bell estaba que se salía en su papel de villana psicótica. Y además, la serie nos regaló a uno de los mejores villanos televisivos, el terrorífico Sylar. *Héroes* catapultó a la fama a Zachary Quinto y, durante un breve periodo de tiempo, parecía que fuese a hacer lo mismo con Hayden Panettiere y Milo Ventimiglia, pero aquello no acabó de cuajar.

No es ningún secreto que al autor le chiflaba Marvel. Muchos de los héroes tenían poderes que imitaban a los X-Men –Peter a Mímico, Claire a Lobezno, Hiro a Magik, D.L.

a Gatasombra, Micah a Forja–, aunque para otros se idearon habilidades más originales: el pintor Isaac veía el futuro cuando se pinchaba heroína, Niki podía ser poseída por sus clones malvados y Bob Bishop transformaba en oro lo que tocaba, como el rey Midas mitológico. Se publicaron algunos cómics autoconclusivos basados en la serie, de los que destacan los de la villana Wireless, que podía conectarse a internet con la mente –qué poquito trabajaríamos si tuviéramos ese poder, ¿verdad?–. Una de las peores abominaciones que cometió la serie fue matar a Nathan Petrelli, arrepentirse después y buscar una terrible excusa para recuperarlo y no perder al público –Sylar se transformaba en él, perdía la memoria y creía que realmente era Nathan–.

En 2015, se intentó resucitar la franquicia con una nueva serie, *Heroes Reborn* –un título que homenajeaba la mítica saga noventera de los Vengadores–, en la que Bennett entrenaba a una nueva generación de héroes, pero su única temporada pasó sin pena ni gloria.

LO MEJOR:
La dinámica entre los personajes, tan distintos entre sí.

LO PEOR:
La cuarta temporada.

CURIOSIDADES:

- Christopher Eccleston apareció como un sintecho con poderes de invisibilidad. En su primer capítulo, gritaba «*fantastic*», como homenaje a su muletilla recurrente en *Doctor Who*.
- Bryan Fuller escribió algunos capítulos y se notaba su toque magistral, que hace inconfundibles sus series *Tan muertos como yo*, *Criando malvas* y la temporada buena de *American Gods*.
- Varios actores de *Veronica Mars* coincidieron en *Héroes*: Kristen Bell, Francis Capra y Tessa Thompson.
- Seth Green y Breckin Meyer hacen un cameo en un episodio, como dependientes frikis de una tienda de cómics. Les falta Donald Faison para volver a reunir al trío cómico de los noventa.
- Los cuadros y comics del personaje de Isaac están dibujados en realidad por el legendario artista Tim Sale.

¿Es un pájaro? ¿Es un avión? ¿Es el Anticristo?

Brightburn (2019), **David Yarovesky.**
Intérpretes: Elizabeth Banks, David Denman, Jackson A. Dunn.

Un matrimonio de Kansas descubre a un adorable bebé que acaba de caer del espacio y, como suele hacerse en estos casos, se lo quedan –hay que ver lo laxas que son las leyes de adopción en Estados Unidos–. Pero, en lugar de crecer para convertirse en un héroe esperanzador como el personaje en el que está obviamente inspirado, Brandon Breyer resulta ser algo mucho más siniestro, un chaval sin ética, sin empatía, sin respeto por la vida ajena… y sin nada ni nadie capaz de pararle los pies.

James Gunn produjo esta curiosísima película de mucho, mucho terror, que escribieron su hermano Brian y su primo Mark. La premisa básica está clara: ¿Qué pasaría si Superman fuera, en lugar de un adalid de la justicia y la bondad, un retorcido asesino psicópata? Nos hace plantearnos que la idea de la existencia de un ser tan infinitamente poderoso como el hombre de acero es en realidad terrorífica, que los habitantes del universo DC han tenido mucha suerte de que Kal-El haya resultado ser un tipo majo, porque, con su nivel de poder, podría haber sumergido al planeta entero en un baño de sangre en cuestión de minutos.

El villano Brightburn resulta mucho más escalofriante porque es un niño. Pero un niño *creepy*, un niño vacío de emociones y de amor, como el Damien de *La profecía*. La tensión para los protagonistas de la obra –los padres adoptivos del pequeño monstruo– la genera la sospecha de tener a un asesino en serie durmiendo bajo su mismo techo, pero en este caso no se trata de un desconocido, no es un compañero de piso al que hace unos meses que conocen y que bien podría ser un chalado más: se trata de su propio hijo, al que ellos mismos han criado desde que era un bebé. Y eso da muchísimo más miedo que cualquier niñera asesina o que un nuevo novio de la madre divorciada que resulta ser un ciborg homicida.

El tono es mucho más oscuro y escalofriante que *Slither: La plaga*, la obra de culto del terror de James Gunn. Y resulta curioso porque, pese a tener un marcado carácter de terror psicológico, que se cimenta en dudas, suspense y cosas que no vemos, lo combina de forma sorprendente con escenas altamente gore, creando un estilo muy rompedor. El uso del suspense en la narración pone la piel de gallina: en todo momento ves venir lo que va a pasar a continuación, pero esto no hace la película menos interesante, sino justo lo contrario. Hace que te muerdas las uñas sabiendo que eso va a suceder sí o sí, sin que nadie pueda hacer nada para evitarlo. Resulta original, sobre todo, que toda la película sea la presentación de esta nueva pesadilla que podría extinguir a la humanidad y sus primeros pinitos en el mundo de la maldad, sin que veamos sus verdaderos actos de destrucción hasta unos breves flashes que se intercalan con los créditos finales.

La moraleja de la historia está clara: Si te encuentras a un bebé alienígena abandonado en el bosque, ¡huye! Si lo dejaron ahí, por algo sería.

LO MEJOR:
La atmósfera de terror psicológico concentrada en tan pocos personajes.

LO PEOR:
Se hace corta.

CURIOSIDADES:

- Vuelven dos de los actores fetiche de Gunn, Elizabeth Banks y Michael Rooker, que ya trabajaron juntos en *Slither: La plaga*.
- En el vídeo conspiranoico de Rooker al final, el resto de criaturas de leyenda urbana que menciona hacen alusión a versiones retorcidas de la Liga de la Justicia: una bruja que estrangula con lazos –Wonder Woman–, una criatura marina que ataca barcos –Aquaman–.
- El clímax contiene un claro homenaje al final de *Carrie*, pero digamos que sale un poco al revés.
- En una escena hacia el principio, Brandon habla en clase sobre las avispas, que para él son el depredador definitivo y más letal. La máscara que se pone cuando se convierte en Brightburn recuerda a la cabeza de una avispa.

LA TRILOGÍA HEROICA DE SHYAMALAN

John McClane contra el Profesor X y Nick Furia

Unbreakable (2000) / *Split* (2016) / *Glass* (2019), **M. Night Shyamalan.**
Intérpretes: Bruce Willis, Samuel L. Jackson, James McAvoy,
Robin Wright, Anya Taylor-Joy, Sarah Paulson.

David sobrevive de forma inexplicable a un accidente de tren y cada vez sospecha más que es invulnerable. Su vida se cruza con la de Mr. Glass, cuyos huesos se rompen con apenas mirarlo y que está obsesionado con los cómics. Años después, Kevin, un esquizofrénico con 23 personalidades, se dedica a secuestrar adolescentes. David, fugitivo de la justicia por sus actividades como vigilante, trata de dar caza a Kevin, pero ambos acaban metidos en un psiquiátrico… con Mr. Glass.

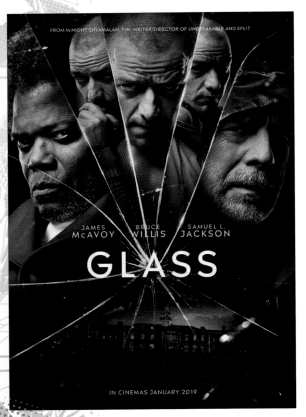

Una inesperada trilogía con dieciséis años entre sus dos primeras entregas. De las pocas películas de Shyamalan –junto a la joya *La joven del agua*– que aguantan un segundo visionado. La mayoría de su filmografía está construida siempre como excusa para llegar a un sorprendente giro final y eso tiene un problema: impacta la primera vez que lo ves, pero, al no tener las historias mayor profundidad que esa sorpresa, se hacen aburridas una vez que conoces el giro. Las partes de esta trilogía también guardan alguna pequeña sorpresa en sus finales, pero no son tan excesivas ni todo el guion gira en torno a ellas, con lo que se pueden disfrutar por su historia.

Cuando Shyamalan se deja de ilusionismo y se dedica al oficio de narrar, es un muy hábil director. Se le da de miedo jugar con el suspense y alargar las escenas de tensión. Procura que todo esté en el terreno de lo físicamente posible pero altamente improbable, para que siempre nos quede la duda de si las habilidades de los personajes son realmente superpoderes o solo es que se vienen muy arriba cuando algo les sale bien. Sus locuras directorales le dan una imagen identifica-

ble, con extraños movimientos de cámara, por ejemplo en la escena inicial en el tren, o ciertos encuadres rarísimos que evocan la fluidez de las viñetas de un cómic.

Mr. Glass es un villano escalofriante. Shyamalan logra que genere empatía y nos sepa mal su infortunio, aunque sea un maníaco que mata a montones de personas sin despeinarse. Es interesante la idea que plantea: que los cómics son en realidad una forma de narrar la historia del mundo, adornándolos para su comercialidad, pero postulando que los superhéroes podrían tener una base real. La obsesión de Glass hacia David resulta hasta cierto punto comprensible, teniendo él la desgracia de romperse con nada y siendo indestructible el otro, pero a veces sus razonamientos son un tanto absurdos: «Usted y yo estamos conectados, porque los dos tenemos la debilidad de que podemos morir si nos ahogamos» –bueno, sí, Samuel, vosotros dos y el resto de la humanidad, tampoco te emociones–.

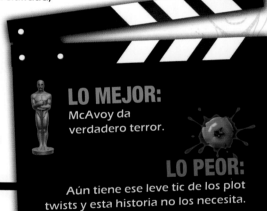

LO MEJOR:
McAvoy da verdadero terror.

LO PEOR:
Aún tiene ese leve tic de los plot twists y esta historia no los necesita.

CURIOSIDADES:

- Varios de los actores han sido héroes o villanos: Samuel L. Jackson es Nick Furia, Spencer Treat Clark –el hijo de David– es Werner Von Strucker en *Agentes de S.H.I.E.L.D.*, Anya Taylor-Joy es Magik en *Los nuevos mutantes* y Robin Wright es Antiope en *Wonder Woman*.
- Kevin resulta una copia muy obvia de Legión, el hijo de Charles Xavier. Podríamos decir que McAvoy ha interpretado ya a padre e hijo.
- Hacia el final de la primera, vemos a Mr. Glass sentado bajo las portadas de tres cómics: Daredevil, Thor y Nick Furia. Los tres son personajes con algún impedimento físico, con los que Glass puede identificarse: Daredevil es ciego, Thor fue cojo durante sus primeros años y Nick Furia es tuerto.
- En un primer borrador de *El protegido* ya aparecía Kevin como villano, pero a Shyamalan le pareció demasiado material para una sola cinta y lo reemplazó por el psicópata aleatorio al que David caza al final. Tardaría dieciséis años en darle su propia película.

MISFITS

Los antihéroes británicos

Misfits (2009-2013), Howard Overman. **Intérpretes:** Robert Sheehan, Iwan Rheon, Antonia Thomas, Nathan Stewart-Jarrett, Joe Gilgun.

Cinco delincuentes juveniles están haciendo servicios a la comunidad, limpiando grafitis y barriendo las calles, cuando una extraña tormenta eléctrica les otorga superpoderes.

Una serie que mezcla de forma curiosísima lo oscuro e incómodo con lo desternillante y juvenil. Derrocha el característico humor inglés, inteligente y ácido –vale, obviaremos a Benny Hill en la definición de «humor inglés»–. Pese a ello, resulta altamente violenta, con una cantidad apabullante de sangre y tripas. Su mayor baza son sus personajes, realistas y creíbles como pocos.

El mayor valor de esta pequeña joya fue el de atraer a un público de lo más *mainstream* hacia el terreno de los superhéroes. De ello hay que dar gracias a su tono: comenzaba empleando los superpoderes como mera excusa para tratar la psique de los personajes y centrarse en tramas mucho más emocionales que fantásticas, pero poco a poco fue virando el peso cada vez más hacia la parte heroica, acostumbrando de forma paulatina a un público *no-nerd* al más desenfrenado frikismo. Los guionistas pronto empezaron a pasárselo en grande, ideando situaciones cada vez más rocambolescas, para ver hasta dónde podían llegar. Y resultó que podían llegar muy, muy lejos. Aunque la marcha de Robert Sheehan tras la segunda temporada dejó un enorme vacío, siendo el personaje más notable y llamativo de la serie, Joe Gilgun logró ser un digno reemplazo y hacernos reír tanto como el borde de Nathan. Y en cuanto a Iwan Rheon, uno de los puntos fuertes de la serie, consigue generar tanto mal rollo aquí como en su papel de Ramsay Nieve en *Juego de Tronos*, y eso es mucho decir.

Misfits es un poco lo que *Héroes* trataba de ser y nunca llegó a dominar del todo: una historia sobre gente del montón que de repente obtiene superpoderes, pero sigue siendo gente normal, con sus taras y sus inseguridades. Es palpable que los guionistas han leído muchos, muchos cómics, conocen sus tropos y saben darles la vuelta para sorprendernos. Como te dije al hablar de *Umbrella Academy*, esto de dar un enfoque realista y mundano a una historia sobre personas con superpoderes no se ha inventado hace poco, lleva décadas haciéndose en los cómics *mainstream* –sin

LO MEJOR:
Lo insoportable que resulta Nathan.

LO PEOR:
Pues... lo insoportable que resulta Nathan.

ir más lejos, te recomiendo *Alias*, el cómic en el que debutó Jessica Jones–. Los creadores de *Misfits*, al contrario que el de *Umbrella Academy*, son conscientes de ello y procuran mantener un tono fresco y vivo que lo dota de originalidad, forzando al máximo las locuras que se pueden incluir en la historia sin perder su aire de credibilidad.

CURIOSIDADES:

- Los poderes de cada personaje reflejan sus defectos: Simon es muy tímido y se vuelve invisible, Alisha desprecia a sus parejas sexuales y de repente tiene el poder –o más bien la maldición– de que cualquier persona a la que toque se excite de forma desmedida, Nathan es un macarra que vive como si no hubiera un mañana y se vuelve inmortal.
- Ruth Negga y Joe Gilgun volvieron a coincidir como dos de los tres protagonistas de *Predicador* –Tulip y Cassidy, respectivamente–.
- Robert Sheehan abandonó la serie para dedicarse a la saga juvenil *Cazadores de Sombras*, que al final solo tuvo una entrega –y, sinceramente, lo único que valía la pena de la película era él–.
- Antonia Thomas fue más adelante la coprotagonista de la sitcom *Scrotal Recall*, una especie de versión británica de *Cómo conocí a vuestra madre* en la que el protagonista no daba tanta rabia y que, poco después, tuvo que cambiar su título a *Lovesick* porque el primero era bastante soez.
- Algunos de los protagonistas han repetido en el terreno superheroico: Robert Sheehan en *Umbrella Academy*, Iwan Rheon en la fallida *Inhumans* y Ruth Negga en *Agentes de S.H.I.E.L.D.*

GUARDIANS

Mucho ruso en Rusia

Защитники (2017), **Sarik Andreasyan. Intérpretes:** Anton Pampushnyy,
Alina Lanina, Sanjar Madi, Sebastien Sisak, Valeriya Shkirando.

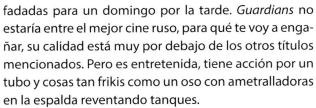

Durante la Guerra Fría, el programa secreto Patriota experimentó para crear a un equipo de superhéroes soviéticos inmortales. Tras la caída del telón de acero, se dispersaron y han vivido en el anonimato. Décadas después, deben salir de su ostracismo y volver a trabajar unidos para enfrentarse al Doctor Kuratov, un científico loco que pone en peligro al mundo entero.

Rusia se está convirtiendo en el Hollywood de Europa y sus *blockbusters* de fantasía y ciencia-ficción cada vez deslumbran más: *Coma*, *Blackout*, *Attraction* o *Cosmoball* son solo algunos de los títulos que arrasan en la taquilla –y en el corazón de un servidor–, destacando por su impresionante aspecto visual, aunque suelan ser aventuras desenfadadas para un domingo por la tarde. *Guardians* no estaría entre el mejor cine ruso, para qué te voy a engañar, su calidad está muy por debajo de los otros títulos mencionados. Pero es entretenida, tiene acción por un tubo y cosas tan frikis como un oso con ametralladoras en la espalda reventando tanques.

Ler puede hacer levitar piedras, Khan tiene supervelocidad y dos espadas semicirculares excesivamente molonas, Arsus se transforma en oso y Ksenia puede volverse invisible y hacer kung fu como el mismísimo Puño de Hierro.

Sus personalidades son más bien simples, todos son muy *badass* –especialmente Elena Larina, la militar que dirige el cotarro– y hacen algún comentario chulesco que otro. Sí que hay al menos una breve escena que profundiza en los traumas de cada héroe, pero en una cinta de hora y media tampoco da tiempo a meterse mucho más. Destaca Arsus, con un dilema bastante interesante: cuando se transforma en oso, tiene lapsos de falta de raciocinio que cada vez duran un poquito más y hacen que le cueste más regresar a su forma humana, así que sospecha que pronto llegará un día en

LO MEJOR:
El espíritu entre el blockbuster y el puro camp.

LO PEOR:
El CGI del oso.

que no pueda volver y le come por dentro no saber cuánto le queda. Este sinvivir del sufrido hombre-oso le da un ápice más de personalidad que a sus compinches.

Al director se le nota el amor por los tebeos de superhéroes y todo es puro homenaje, desde el concepto de la película, una adaptación no confesa de la Guardia de Invierno de Marvel –que también tenían a un hombre-oso, Ursa–. La dirección es buena y el CGI varía según personajes: los movimientos supersónicos de Khan son una maravilla, pero al oso le faltan horas de renderizado y parece de una de esas pelis de tarde con tiburones contra cocodrilos. Con todo, es divertida y deja buen sabor de boca. Es evidente que estaba pensada como primera parte de una saga, que esta era la entrega flojita de presentación y que habría mejorado a posteriori: solo hay que oír ese ambiguo «hemos encontrado a los otros Guardianes» del final, o ver la poscréditos en la que se planta información sobre el misterioso villano Ferrum, que dejan patente la voluntad de secuela.

CURIOSIDADES:

- Andreasyan asegura que ya había escrito el guion de una secuela mucho más potente, pero entonces se estrenó *Deadpool 2* y se dio cuenta de que su guion se parecía demasiado –incluso el tal Ferrum era un descarado Juggernaut–, con lo que se rindió y abandonó el proyecto.
- Se publicó un cómic-precuela para publicitar la película, *Guardians: Book 1*, otro titulado *Guardians: a Comic of the New Superhero Universe* y una novela en prosa con aventuras de los Guardianes por separado. Claramente, Andreasyan tenía en mente crear toda una Marvel rusa.
- La película se estrelló en la taquilla y en la crítica, que la puso a caer de un burro por copiar tantos elementos de los cómics estadounidenses.
- Hay un evidente guiño cuando el villano central, que es clavadito a Bane, parece partirle la espalda a Arsus sobre su rodilla igual que el original se lo hizo en su día a Batman.

Superhéroes a la finlandesa

Rendel **(2017), Jesse Haaja. Intérpretes:** Kristofer Gummerus, Alina Tomnikov, Rami Rusinen, Johnny Vivash, Sheila Shah.

El vigilante enmascarado Rendel intenta derrocar a una poderosa corporación corrupta, VALA, que está vendiendo vacunas defectuosas a países del tercer mundo, para ganar mucho dinero ahorrándose una mayor inversión, aunque ello implique millones de muertes. VALA contrata a toda una liga de siniestros mercenarios internacionales en su objetivo de matar a Rendel.

Black Lion Pictures nos presenta la primera película finlandesa de superhéroes, que poco tiene que envidiar a las estadounidenses. Su presupuesto estuvo por debajo de

un millón y medio de dólares, que aunque para ti y para mí parezca un pastón, es cien veces menor que el de las superproducciones heroicas de Hollywood. Y no necesita más, porque Haaja ha sabido exprimir hasta el último centavo para darle un aire de calidad mucho mayor a la que podrías esperar de un producto tan humilde. La imagen está muy cuidada y la fotografía es potentísima. La banda sonora resulta espectacular y las escenas de lucha son taquicárdicas. Por no hablar de ese uniforme del antihéroe titular, que es una maravilla.

Rendel está, siendo sinceros, como una regadera. Se dedica a masacrar villanos en compañía de una mujer rubia a la que solo él puede ver, Marla, una alucinación enfermiza que lo insta a ser más agresivo para que sus enemigos le tengan verdadero pavor. Un vigilante enmascarado oscuro, mucho más psicótico que sus villanos, al estilo de Batman –aunque cuando ves todo lo que lo han hecho sufrir los malos de la película, la verdad es que no te extraña que ande tan mal de la cabeza–. El «héroe» emana un aire a los Marvel Knights, los superhéroes oscuros a pie de calle del cosmos marvelita, como Daredevil, el Caballero Luna o el Castigador –sobre

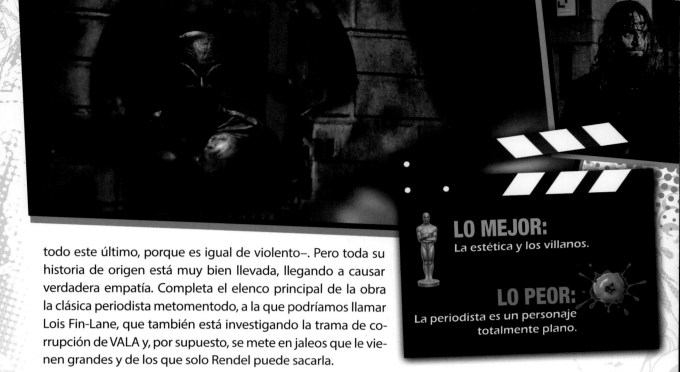

todo este último, porque es igual de violento–. Pero toda su historia de origen está muy bien llevada, llegando a causar verdadera empatía. Completa el elenco principal de la obra la clásica periodista metomentodo, a la que podríamos llamar Lois Fin-Lane, que también está investigando la trama de corrupción de VALA y, por supuesto, se mete en jaleos que le vienen grandes y de los que solo Rendel puede sacarla.

Este antihéroe no está adaptado de un cómic, sino que el propio director, Jesse Haaja, se lo inventó de niño y llenaba las libretas de apuntes del colegio con sus diseños y sus historias, soñando con publicar el tebeo algún día. Nunca llegó a hacerlo, pero, según él mismo explica en entrevistas, el día de su 30 cumpleaños estaba sentado a solas en casa con un vaso de whisky y se dijo a sí mismo: «ha llegado la hora de llevar a Rendel al cine». Para él, era el proyecto de toda una vida y logró dar a luz la primera película del género en su país. Eligió Mikkeli, su ciudad natal, como escenario de la acción, y fue precisamente allí donde se estrenó por pirmera vez, en un pequeño cine que la exhibía con orgullo municipal. Una película modesta, pero que sorprendió en su estreno. Su secuela, *Rendel 2: Cycle of Revenge*, ya está en posproducción y, debido a que la primera tuvo mucho más éxito en el mercado internacional que en la propia Finlandia, esta nueva entrega se ha rodado en inglés.

CURIOSIDADES:

- Toda la película está rodada de noche en localizaciones reales y, al ser Finlandia, el ambiente lóbrego y lluvioso es real.
- La primera película de Haaja, que hasta entonces solo había dirigido cortos y un especial de televisión de Red Bull.
- La canción principal de la banda sonora es de The Rasmus, para que quede claro que la película es finlandesa.
- En la web oficial de la película, puedes ver una gran cantidad de jugosos artes conceptuales, dibujados como si fueran viñetas de cómic.

THE NEVERS

Días del futuro victoriano

The Nevers (2021-¿?), Joss Whedon y Jane Espenson.
Intérpretes: Laura Donnelly, Ann Skelly, Olivia Williams, Pip Torrens, Nick Frost.

Un misterioso fenómeno cósmico en los cielos londinenses otorga superpoderes a una serie de mujeres –y algún hombre, pero pocos–. Una de ellas, Amalia True, dirige junto a su asociada Penance Adair un hogar de acogida para las afectadas, donde viven protegiéndose unas a otras del racismo de sus vecinos, que las consideran una nueva y peligrosa especie.

Una versión femenina de los X-Men en el Londres victoriano y, al igual que dichos cómics, una fuerte parábola antirracista. La fantasía más alocada se mezcla con la crítica social con fuerte componente feminista, sin dejar de lado un montón de divertidísima acción en una ucronía *steampunk*. Los personajes que pueblan ese extraño mundo cautivan desde el primer momento, en especial el dúo protagonista. La imagen es excelente, con impresionantes decorados de estética retrofuturista. Las temporadas tienen estructura británica de doce capítulos, aunque divididas en grupos de seis cada vez, como les ha dado por hacer últimamente a las plataformas de streaming, provocando la agonía del espectador al esperar meses y meses en mitad de una temporada.

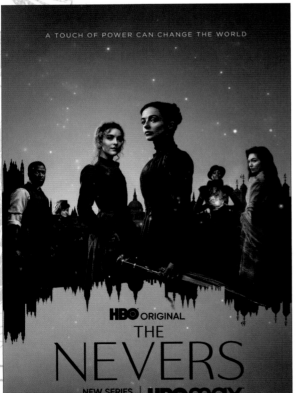

Como sello de calidad, una buena parte de los guionistas de *Buffy, cazavampiros* están metidos en el ajo –broma no intencionada, que a los vampiros de la serie no les molestaba el ajo–. Se combinan tramas sobre perversas conspiraciones, viajes en el tiempo, la búsqueda de asesinos en serie o invasiones alienígenas… y todo en solo los seis episodios que llevamos disfrutados.

Las dos protagonistas tienen una dinámica que recuerda a la de Xena y Gabrielle –con lo cual, todo el *fandom* está esperando que acaben juntas–. Los poderes de los personajes son variados e interesantes: Amalia tiene «ondulaciones psíquicas», que la permi-

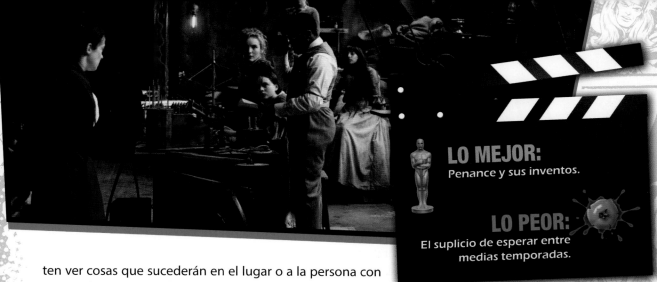

ten ver cosas que sucederán en el lugar o a la persona con que está interactuando; Penance es una genial inventora, capaz de ver patrones de energía y aprovecharlos para las más locas creaciones *steampunk*; la asesina en serie Maladie se vuelve más fuerte cuanto más dolor la rodea; Bonfire Annie lanza fuego con las manos; Augie puede poseer a los pájaros. Aunque la más divertida es Myrtle, una pobre chica que puede hablar cualquier idioma, pero es incapaz de escoger cuál va a usar, con lo que te puede soltar una frase que combina japonés, gallego y uzbeko, y nadie la entiende.

Nick Frost, la estrella de la *Trilogía del Cornetto*, interpreta al Rey Mendigo, líder de los criminales de los bajos fondos, al que todo el mundo teme. Curiosamente, no es el villano de la historia. Ese papel queda en manos del grupo de ricachones que lo controlan todo desde las sombras –unos *illuminati* con chistera y monóculo– y que no piensan permitir que las mujeres tengan tanto poder. Todo apunta a que el Rey Mendigo acabará por ser más un aliado de Amalia y sus superheroínas que un enemigo. Y por si no habían dejado claro que la serie va sobre mujeres duras, han traído de vuelta a la más *badass* que ha habido: Claudia Black, más conocida como Aeryn Sun en *Farscape*.

CURIOSIDADES:

- Olivia Williams es una vieja conocida de los trabajos de Whedon, desde su *Dollhouse*, aunque puede que la recuerdes de aquella película de Kevin Costner, *Mensajero del futuro*.
- *The Nevers* ostenta el récord de ser la serie original de HBO que más audiencia recibió en su primer capítulo.
- A la protagonista, Laura Donnelly, puedes haberla visto como la madre de Tolkien en el biopic de 2019. Tanto ella como Nicholas Hoult, que dio vida al famoso escritor, han sido superhéroes: él es la Bestia en las precuelas de X-Men.
- Whedon creó la serie, pero se retiró de ella tras su sexto episodio, debido a las fuertes polémicas por su cruel forma de tratar a los empleados. En adelante, Jane Espenson y Philippa Goslett se hacen cargo de la serie.

DEFENDOR

La maravilla indie

Defendor **(2009), Peter Stebbings.**
Intérpretes: Woody Harrelson, Kat Dennings, Sandra Oh, Elias Koteas.

Arthur Poppington es un hombre profundamente desequilibrado, que se disfraza de superhéroe y sale a combatir la corrupción. Vive obsesionado con encontrar a su archinémesis imaginario, el Capitán Industria, a quien cree responsable de la lacra del narcotráfico. Tras cruzarse su camino con el de un policía corrupto y entablar una sorprendente amistad con una prostituta drogadicta, nada volverá a ser lo mismo para el ingenuo Arthur.

Una hipnótica joya en la que resulta imposible apretar el botón de pausa. Su original aire mezcla lo ridículo con lo épico: aunque seamos conscientes en todo momento de estar viendo a un perturbado con un disfraz que le queda de pena, vemos el mundo a través de sus ojos y, para él, todo en la vida es un cómic de superhéroes. El estilo de la dirección y la banda sonora enriquecen esta idea, por la que la obra destaca sobre otras similares: mostrar la vida de un enfermo mental como una gesta heroica, pero sin dejar de tener los pies en el suelo.

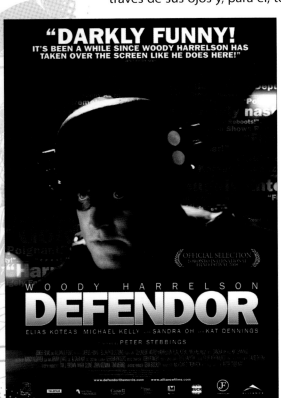

Aunque no faltan toques de comedia, prima el drama personal de ese infantil personaje que ha acabado creyendo ser un superhéroe. La enorme riqueza de matices que pueblan la narración no te la acabas en un solo visionado. Todo está hermosamente entrelazado: cualquier pequeño detalle cobrará un significado esencial más adelante, no hay una sola cosa que suceda porque sí. Brillan en especial las escenas compartidas entre Harrelson y Dennings, con una historia de amistad tan inesperada como magnífica.

El personaje central es lo más fascinante y meterse en su cabeza genera muchísima empatía, al ver una y otra vez que se trata de un pobre hombre con una disminución psíquica, que no entiende que pueda estar haciendo algo malo. Arthur parece incapaz de discernir la ironía y condescendencia hacia él, ve el mundo de forma épica y se toma cada frase, cada gesto con una seriedad

Woody Harrelson.

LO PEOR:
Que la película sea
tan poco conocida.

encomiable. Todo lo dice de forma grandilocuente, soltando perlas como «cuando rompes la ley, eres un macarra; cuando rompes la ley con una placa, eres un macarra con una placa», que hacen que el resto de personajes, mucho más afianzados en la realidad, se pregunten si ese tío va en serio o les está tomando el pelo. Woody Harrelson está espectacular en el papel y te deja con la boca abierta del primer al último minuto.

El arsenal de *gadgets* de andar por casa que usa Defendor es la mar de imaginativo: explota un petardo dentro de un chicle para reventar cerraduras; arroja un tarro de cristal lleno de avispas a los pies de los enemigos para que les piquen; lanza canicas al suelo para que se resbalen y les echa zumo de limón en los ojos. Hay unas cuantas películas, como *Kick-Ass* o *Super*, que inspeccionan el mundo de los superhéroes desde un prisma real, preguntándose qué pasaría si una persona normal se disfrazara y saliera por ahí a luchar contra el crimen. *Defendor* es, sin lugar a duda, la más inteligente. Estas obras tienden a empezar con esa premisa para acabar yéndose a un terreno más fantasioso, pero *Defendor* mantiene en todo momento la credibilidad, la sensación de estar viendo algo factible que podría pasar en tu barrio.

CURIOSIDADES:

- Debut como director del actor canadiense Peter Stebbings, al que hemos visto en papeles recurrentes en *Los misterios de Murdoch*, *Bates Motel* o *Los Borgia*.
- El propio Stebbings hace un cameo como el médico que atiende a Arthur en el hospital.
- La mayoría de actores han repetido en el terreno heroico: Harrelson como Carnage en *Venom: Habrá matanza*, Kat Dennings como Darcy en la saga *Thor*, Elias Koteas como Casey Jones en la trilogía *Tortugas Ninja* de los noventa, Tatiana Maslany muy pronto como Hulka, Sandra Oh como Debbie en *Invincible*, Michael Kelly como Lombard en *El hombre de acero* y A.C. Peterson como Zeta-Rho en *Superman & Lois*.

253

SUPERHÉROES... ¿ADÓNDE VAN?

Vivimos una era dorada del género superheroico en el cine y la televisión, de eso no hay duda. Pero, ¿será cierto eso que dicen según qué fervientes opinadores multidisciplinares, que hay demasiadas películas de superhéroes y ya no se hace nada más que eso? La respuesta, te diga lo que te diga ese señor que blande su carajillo y su palillo de dientes como armas intimidatorias, es no. A día de hoy, el porcentaje de cine superheroico sigue siendo minúsculo, menos del 1% de las películas que se estrenan cada año lo son. ¿Se les da mucha publicidad a las películas de superhéroes para que destaquen en la cartelera? Sí, los estudios invierten muchísimo dinero en su producción, porque han visto que resulta rentable, y parte de ese presupuesto se va en buenas campañas publicitarias. ¿Significa eso que no exista nada más en la cartelera o en la parrilla televisiva? Solo si al 99% de la producción audiovisual mundial lo llamas «nada». Se siguen estrenando incluso más películas del oeste al año que de mallas y capas, y eso que había quien decía también que el western era un género marchito.

Lo que sí podemos augurar es que aún nos esperan grandes sorpresas que disfrutar en este ámbito y que el género no parece dispuesto a morir en un futuro próximo. Mientras escribo estas líneas, tenemos la perspectiva cercana de las series *Caballero Luna* y *Hulka*, las películas *Doctor Strange en el multiverso de la locura*, *Black Adam*, *The Flash*, *Thor: Love and Thunder*, la secuela de *Shazam!*, *Batgirl* y la tan ansiada versión Disney de los 4 Fantásticos. La diversión no parece tener fin.

Y con esta ampliación de los caminos del género, que parece dispuesto a tocar todos los rincones de los cómics, se abren infinidad de preguntas. ¿Se apuntarán al carro del cosmos compartido otras editoriales como Dark Horse, Wildstorm o Image, para crear sus propios universos fílmicos como el de Marvel o el de DC? ¿Subsanará Disney su mayor error y meterá de una vez por todas a Rick Jones en una película? ¿Veremos a Dwayne Johnson en bañador y con alitas en los tobillos, gritando «Imperius Rex»? Ahora que el MCU parece encaminarse a un área más centrada en lo esotérico, ¿tendremos por fin a un Doctor Muerte que cause verdadero terror? ¿Veremos una nueva hornada de películas del DCEU que no giren en torno a los cuatro personajes de siempre, que exploren a otros mucho más interesantes y que no se limiten a intentar imitar el tono oscuro de Nolan como si no existiera nada más? ¿Fin Fang Foom nos obsequiará al fin con su presencia? ¿Habrá un Universo Cinematográfico Bruguera con *crossovers* épicos entre Superlópez, Anacleto, Sacarino y Pafman? ¿Se hará de una maldita vez una película sobre Spider-Wo-